U0336848

Susan T. Fiske
[美]苏珊·T.菲斯克 著

邓衍鹤 译

嫉妒与鄙视

Envy Up
Scorn Down

社会比较心理学

How Status Divides Us

机械工业出版社
CHINA MACHINE PRESS

图书在版编目（CIP）数据

嫉妒与鄙视：社会比较心理学 /（美）苏珊・T. 菲
斯克 (Susan T. Fiske) 著；邓衍鹤译 . -- 北京：机
械工业出版社，2024. 12. -- ISBN 978-7-111-77037-4

Ⅰ . C912.6

中国国家版本馆 CIP 数据核字第 2024BQ9123 号

机械工业出版社（北京市百万庄大街 22 号　邮政编码 100037）

策划编辑：向睿洋　　　　　　　　责任编辑：向睿洋
责任校对：杜丹丹　马荣华　景　飞　责任印制：张　博
北京联兴盛业印刷股份有限公司印刷
2025 年 1 月第 1 版第 1 次印刷
170mm × 230mm・16.5 印张・1 插页・221 千字
标准书号：ISBN 978-7-111-77037-4
定价：79.00 元

电话服务　　　　　　　　　　　　网络服务

客服电话：010-88361066　　机　工　官　网：www.cmpbook.com
　　　　　010-88379833　　机　工　官　博：weibo.com/cmp1952
　　　　　010-68326294　　金　书　网：www.golden-book.com
封底无防伪标均为盗版　　机工教育服务网：www.cmpedu.com

Envy Up,
Scorn Down

序

今天的美国人被嫉妒和鄙视所分裂，这是由美国社会中普遍存在的对地位的关注造成的。目前处于历史高位的收入不平等加剧了地位差异。我们中的许多人嫉妒地位高于自己的人，鄙视地位低于自己的人，但无论我们是被比较的对象还是主动进行比较的人，嫉妒和鄙视的感觉都可能危害我们的健康。那么，为什么我们总是与他人比较呢？当我们这样做时会发生什么呢？我们如何利用这种执念，并使其对我们自己、我们的人际关系、我们的工作和社会有益呢？

我之所以对这些问题感兴趣，既有政治原因，也有科学原因和个人原因。每到选举季，美国社会都会让普通民众与华尔街精英对立起来——在其背后，两者还共同与贫民区对立。谁才是美国的英雄？为什么美国人不信任精英？为什么美国人不想高学历的人来治理国家？为什么美国比大多数其他工业化国家更忽视穷人？这本书探讨了这些美国政治问题背后的心理学原因。

对于心理科学，尤其是实验社会心理学和社会神经科学来说，这是令人兴奋的时刻。我们探究了很多关于人们对他人的即时反应,这些反应既包括经过深思熟虑的,也有未经思考的;既有对待社会阶层中的上层人物的,也有对待下层人物的。这本书深入地借鉴了普林斯顿大学菲斯克实验室的工作(这是一个由学生和博士后组成的团队,他们不断地激励着我),并参考了我的同事们正在做的一些实验,这些实验即使是最刻薄的看客也会感到惊讶。

我是怎么开始写这本书的?这并不像看起来的那么简单。作为普林斯顿大学的教授,我拥有令人羡慕的地位,对此我感到感激,我很幸运,但我的好运气有时会让我与我珍视的人分开。因此,我努力更好地理解,那些被视为嫉妒对象的人,在与可能感到受到鄙视的人交往时,是如何化解不愉快的。此外,尽管我尽量避免这种情况,但偶尔我也不得不应付自己对他人的嫉妒,我还担心我的地位可能会让不经意的鄙视悄悄溜进我的日常生活。

因此,这本书是对这些主题的政治、科学、个人思考。没有一本书是独自完成的,我首先要感谢古根海姆(Guggenheim)和拉塞尔·塞奇基金会(Russell Sage Foundations,RSF),它们支持我在学术天堂度过了一年,还有普林斯顿大学,它允许我暂离教学岗位。特别感谢 RSF 的主席 Eric Wanner,出版总监 Suzanne Nichols,信息服务总监 Claire Gabriel,图书管理员 Katie Winograd,行政助理 Alexsa Rosa,研究助理 Sophia Leung,以及其他完善这个学术天堂的工作人员。在我们优秀的访问学者队伍中,我感谢 Diana Sanchez 和 Tim Salthouse 对部分草稿的回复,以及 Julia Ott 和 Ann Swidler 提供的参考资料。感谢 Tom Pettigrew(这么多年过去了,他仍然是我的导师)快速而富有建设性的评论。评论员 John Clayton、Annette Lareau 和 Paul DiMaggio 也对部分草稿做出了回应。Shelley Taylor 给了我承担这个项目的勇气。这本书献给激励和支持我的 Doug 和给我提供写作指导,阅读我的草稿、每天都给我带来惊喜的 Lydia。

Envy Up,
Scorn Down

目　录

序

Envy Up,
Scorn Down

第 1 章

与他人比较：
嫉妒和鄙视使我们彼此分裂

我试着保持好心态。可有时候当我看到某个东西，我就会说："哦！我想要这个！"

——小企业主

人们总说我们非常幸运，但是实际上我们付出了不懈的努力才有了今天的成就。

——还是这个小企业主

　　我们不断地拿自己与他人进行比较，而比较其实是很自然的事。正如我们所知的，狗和黑猩猩也会这样做。与此同时，比较使我们嫉妒处于自己之上的人，并鄙视那些不如自己的人，从而使我们彼此分裂，让我们沮丧。那么，我们为什么还要执着于与他人比较呢？我们是否能因势利导，让这种与他人比较的倾向带来某些好处呢？

　　克里斯西和史蒂夫在新英格兰西部农村的一个小镇上开了一家咖啡馆。当他们从旧店主那里接手时，小店需要重新粉刷，开业时间和商品供货时间都不稳定。新老板刚从大学毕业，充满活力，把咖啡馆经营得愈加红火。现在这里的常客既有喝普通咖啡的本地人，也有在点咖啡时喜欢使用更多形容词的外来居住者（例如，"一杯由浓缩咖啡、脱脂奶和奶泡组成的热卡布奇诺，装在我的旅行杯里"）。克里斯西和史蒂夫热爱所有的顾客们，但他们生活于一个双层经济体系里。大多数当地人往往要从事两项工作，许多年轻人会为了薪水和福利去参军。但在从平原地区来此居住的人当中，很多人拥有两处住宅，而他们的孩子也很少加入军队。当地人有理由为他们的小镇、他们的历史、他们的奉献精神感到自豪，外来者们也有理由感到自豪，但后者的满意度更多的是取决于个人的成就而非社区关系。尽管大多数当地人和外来居住者之间的交流是彬彬有礼的——当然也有令人不快的例外发生——但他们仍然被划分成两种不同的社会阶层。

　　美国人既承认不同社会阶层之间存在差异，又试图弱化这种差异。美国社会让普通人对抗华尔街，让精英对抗诚实的劳动人民，让懒惰的吃白食者对抗值得救助的穷人。这些因阶层差异造成的紧张局势在选举年始终占据舞台的中心，而随着社会阶层分化的日益加深，这种紧张关系也越来越普遍。收入分配的顶层和底层之间的差距比以往任何时候都更悬殊。美国社会中社会阶层隔离的程度几乎和种族隔离的程度一样严重，但社会阶层的偏见又不似种族、宗教和性别偏见那样被视为禁忌，所以人们经常不假思索地表达社会阶层的偏见。更重要的是，最新的研究表明，各种各样的地位偏见——不仅仅是社会阶层，还有任何能让人们相互对立、高低有别的地位维度——在美国社会中普遍、持续地存在。所有这些观察都是对"比较"及其如何分化美国社会的思考的基础。

什么？我会烦恼？

多年来，我和同事一直在研究人们如何对他人形成地位等级高低的印象。人们的日常生活需要迅速对大量的其他个体形成有效的印象。这种日常社交挑战的模式是什么？在研究个人和群体之间如何互相了解的过程中，我和同事都发现了两个明显的区分人与人的普遍维度[1]。对于普通人、研究人员和政策制定者来说，两个基本维度构成了日常社交过程中认知的心理：一个是**地位**（我们研究的重点），另一个是**合作与否的意图**（为相互信任或不信任的人提供背景，而无论地位差异如何）。

当你走在一条漆黑的小巷里，发现一个人影正在靠近，这时候你最想知道的是什么？如果你是一个哨兵，你就会大喊："站住！是谁？朋友还是敌人？"因为你需要知道这个陌生人对你的意图是好还是坏。如果这个人看起来是站在你这边的，是朋友，你就会认为这个人是值得信赖和真诚友善的。然而，如果这个陌生人看起来像个敌人，那么你可能不会认为这个人具有这些温暖的特质，事实上你甚至可能会怀疑这个人还具有一些不好的特征。我们通过了解谁打算与我们合作来判断谁是站在我们这边的，也就是说，我们想知道谁的目标与我们一致，谁的目标与我们是零和的。

在推断出陌生人的意图后，你会想知道他是否能在行动中实现这些意图。毕竟，一只愤怒的兔子有什么大不了呢［除了蒙提·派森（Monty Python）的杀手兔］？如果这个陌生人能够有效地采取行动，那么他的意图对你来说就很重要。奇怪的是——关键在于——我们通过了解他们的地位来决定谁是重要的，也就是说，谁能有效地采取行动。在世界范围内，人们都相信地位高意味着能力强（但当我们想到一些小丑也掌权了时，就很难相信这一点了[2]）。在理论上和通常的实践中，我们相信精英主义，认为其他人的所得与能力相配。在世界各地，高地位的、担任显赫工作并取得经济成功的人，被认为比地位低的人更有能力。艾米·卡迪（Amy Cuddy）、彼得·格里克（Peter Glick）和我一起把这些想法归纳成了表 1-1 所示的 BIAS 地图。

表 1-1　BIAS 地图：热情（朋友－敌人）和能力（地位）的刻板印象

	低地位-无能	高地位-有能力
朋友-温暖（友好的、值得信任的）	残疾人、老年人	中产阶层、美国人
敌人-冷漠（敌对的，剥削的）	穷人、吸毒者、无家可归者	富人、专家

Source: Author's compilation based on Fiske et al. (2002); Fiske, Cuddy, and Glick (2007).

这些差异很重要，因为在日常社会接触中它们将我们彼此区分开，无论是在新英格兰的村庄、芝加哥的黄金海岸、威基基的海滩，还是在中间的任何地方。人们对社会中的群体往往有强烈的感觉。如表 1-1 的上半部分所示，许多美国人对自己属于标志性的美国中产阶层感到自豪。另外，人们也会怜悯残疾人和老年人。尽管这些反应会让人们感到不安，但它们大多反映了善意的意图，因为这些人都是与人们处于同一阵营的，无论他们被认为是有能力的人（中产阶层、美国人）还是缺乏能力的人（老年人、残疾人）。

更令人困扰的是 BIAS 地图的下半部分。我们经常嫉妒上层，鄙视下层。这两种做法并不令人钦佩，但都源于本性。这些地位高低的比较将人们彼此分割开来。最令人不安的是，我们坚持否认这些困扰着我们的东西。

美国人淡化了地位差距，难道我们不都是平等的吗？

美国人是出了名的平等主义者。美国的建国宣言宣称，美国人拥有追求幸福的相同起点和平等权利。然而现实是，美国社会并没有想象的那么平等。美国人因阶层和地位之间的鸿沟而被严重分裂。

在这一章之后，本书的其余部分将把重点更多放在个人视角的地位差异上，这些差异是基于困扰我们的日常比较，涉及范围从工作中的等级制度到在健身房看到的身材好坏，再到我们在亲密关系中进行的威胁性比较。为了从总体上更好地了解社会地位，让我们从社会阶层这个禁忌话题开始。

美国人不都是中产阶层吗？

美国人自夸生活在一个无阶层的社会中。根据《纽约时报》执行主编比尔·凯勒（Bill Keller）的说法，在美国，"绝大多数人都将自己视为'中产阶层'"[3]。用不那么正式的说法来讲，社会学家认为：美国社会中的许多人都相信这种观点。大多数美国人认为自己是中产阶层，这让他们确信自己并非身处于一个受阶层问题困扰的社会，也让他们相信自己已经摆脱了那种造成欧洲社会分裂的阶级意识形态。三分之二的美国人不相信存在激烈的阶层冲突[4]。美国人信任中产阶层，把社会阶层淡化；75%的人说"大多数（中产阶层）是可以信任的"，这与美国人对其他特定群体的看法不同（例如，只有20%的人信任保健组织）[5]。美国人对自己所熟悉的中产阶层职业的信任（83%的人信任教师，76%的人信任小企业主，68%的

人信任教练，66% 的人信任牧师），超过了对一般人的信任（仅 41%）。相比首席执行官（23%）、律师（25%）和汽车经销商（16%），美国人更信任中产阶层。正如小说家理查德·罗素（Richard Russo）在他对小城镇地位体系的研究中所说，"中产阶层……才是真正的美国，重要的美国，值得为之而战的美国"[6]。我们都相信中产阶层（也就是我们自己）。

这种信念只存在一个问题："美国人都是中产阶层"的老生常谈并不完全正确。"无阶层社会的神话本身就是一个神话。"为了阐明他的观点，《哈珀》（Harper's）杂志的编辑罗杰·霍奇（Roger Hodge）列举了大约 100 个常用术语[7]，从"文艺"、"蓝领"，到"城市贫民"和"雅皮士"，不一而足。几十年来，当民意调查机构在提供"高收入阶层"和"低收入阶层"选项时，大致同样多的美国人已经将自己称为"工薪阶层"和"中产阶层"（各占 49% 和 45%）（见图 1-1）[8]。

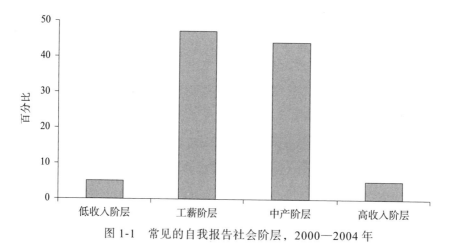

图 1-1　常见的自我报告社会阶层，2000—2004 年

Source: Author's compilation based on Hout (2008) and data from General Social Survey (2000 to 2004).

在调查中，"中产阶层"仍然不能完全描述美国社会中一半的人，所以我们并不能轻易就同意比尔·凯勒的说法，即"绝大多数"美国人自认为属于中产阶层。在标准调查数据库中，没有一项民意调查显示，美国社会中的大多数人自认为是中产阶层。然而，他们却禁不住去相信"美国人都是中产阶层"这一神话。那他们是如何形成这种信念的呢？

也许"美国人都是中产阶层"神话的起源，可以追溯到第二次世界大战之前的早期民意调查。当时盖洛普问了一个关于社会阶层的问题，列出了一系列对称的可能答案列表——低收入阶层、中下阶层、中产阶层、中上阶层和高收入阶层，由民众的回答得出了一个可爱的钟形曲线：分别为 6%、12%、63%、11% 和 5%[9]。"中产阶层"占据了相当大的人口比例，如果我们把中下、中产和中上阶层组合成一个通用说法的中产阶层，那么的确会得到凯勒所说的 86% 的"绝大多数"，认定多数美国人属于某种形式的中产阶层。也许这就是这个都市神话流传背后的原因，可这个神话存续了很长时间，有一代调查者的一辈子那么长，却毫无确凿的证据佐证。1939 年之后，盖洛普和其他所有的调查都开始修改，民意测验专家很快就认为"工薪阶层"听起来比"中下阶层"好，因此后者再也没有被使用过（见图 1-2）。但有一点是不变的：美国人很少称自己为富人或穷人，也不愿意把自己置于不符合条件的上下两个极端[10]。

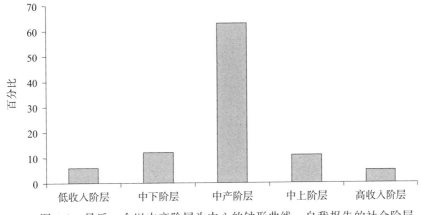

图 1-2　最后一个以中产阶层为中心的钟形曲线：自我报告的社会阶层

Source: Author's compilation based on data from Gallup Organization, poll 150 (1939).

事实上，如果美国人自20世纪初就不是民主的中产阶层，那如何决定美国人属于哪个阶层呢？《纽约时报》的作者们在他们的论文集《阶层很重要》中，最终确定美国社会面对的阶层牌包括四种花色：**收入、财富、教育和职业**[11]。正如《纽约时报》撰稿人珍妮·斯科特（Janny Scott）和大卫·莱昂哈特（David Leonhardt）所说，有三种花色的人头牌就可以让你跻身中上阶层，反之，如果其中几种花色的牌面为2、3，则会降低你的身份，因此，没有一种花色是必要且充分的[12]。根据霍特的数据，并追溯到最早的调查，家庭收入是影响美国社会对阶层的感知的最重要的因素[13]，紧随其后的因素是职业，因为美国人是根据收入和职业来决定自己属于哪个阶层的，所以在调查中认为自己是工薪阶层的可能性和认为自己是中产阶层的可能性一样大，这与公认的观点相反。

根据路易斯·哈茨（Louis Hartz）的说法，美国人不仅没有感觉到自己的中产阶层身份，而且美国人肯定缺乏欧洲人那种"富有激情的中产阶层"意识："一个成功的中产阶层……可以认为自己是理所应当如此的。"[14]在哈茨的描述中，美国在作为殖民地期间，既没有教会教规，也没有封建法律需要推翻。殖民者既没有统一的宗教（他们为了保护许多小的难民教派的宗教自由而移民），也没有世袭的贵族，他们没有引进任何宗教。亚历克西斯·德·托克维尔（Alexis de Tocqueville）认为，美国人"生而平等，并不需要特意去争取平等"[15]。

最近的研究还表明，美国人对社会阶层认同的重视程度并不高。在民族志访谈中，蓝领很少自发地谈论日常生活中的阶层，尽管他们确实会讨论种族、移民、宗教、地区，以及极端富裕或贫困[16]。一般来说，美国人不会特别坚持中产阶层身份，因为他们不需要这样做。

如果美国人不都是中产阶层，那美国梦到底是什么？

如果宣称中产阶层身份不能让美国社会团结起来，至少美国梦可以。那现实情况确实如此吗？是的。对于美国梦的含义，美国人的想法几乎是一致的（85%的人）：至少要有高质量的医疗保健，能够养活自己和家人。但是大多数人还将更崇高的东西视为美国梦的一部分，比如教育机会和言论自由[17]。美国社会共同的"美国梦"包含了诸如拥有自由和机会、优先考虑孩子的未来等鼓舞人心的价值观，但不一定包含诸如个人变得富有甚至成为中产阶层等物质主义价值观[18]。

金钱并不代表美国梦，这是一件好事，因为财富和收入比以往任何时候都更能分化社会。正如伊莎贝尔·索希尔（Isabel Sawhill）和萨拉·麦克拉纳汉（Sara McLanahan）所指出的[19]，现在的美国社会比过去50年中的任何时候都更不平等。当前的"镀金时代"，首席执行官的平均收入是普通工人收入的185倍，而40年前，许多首席执行官还在上高中时，这一数字仅为24。在过去的30年里，超级富豪（前1%的人）的税后收入增长了129%，而下层阶层（最贫穷的五分之一）的收入只增长了4%。更具体地说，根据人口普查局最新的人口报告，2008年收入处于最低的五分之一的家庭获得了全国家庭收入的3%，而收入最高的五分之一的家庭获得了整整50%[20]。

为了排除所有这些数字干扰，经济学家开发了一种单一的衡量收入不平等的数字，可以预测一个国家的许多情况，即基尼指数[⊖]，数值从0（收

⊖　国内更常用的是基尼系数，是比例数值，在0~1之间。这里基尼指数是基尼系数乘100倍得到的。——译者注

入分配完全平等的乌托邦）到 100（一个人拥有国家全部收入的完全不平等的反乌托邦）。在过去的十年里，美国的基尼指数一直徘徊在 47 左右；中位数是比较平等的以色列，为 39；最平等的是瑞典，为 23；最不平等的是纳米比亚，为 71。莫桑比克代表了第 25 百分位（非常不平等），加拿大代表第 75 百分位（非常平等）。大多数不平等的国家是欠发达国家，而大多数较平等的国家是高度发达国家。不过，排在美国旁边的是乌拉圭和喀麦隆——并非常见的与美国进行对比的典型对象。美国几乎排在最不平等的三分之一国家之列（见图 1-3）[21]。第二次世界大战前后，美国处于中等水平，但现在美国的不平等程度超过了所有其他发达国家[22]。

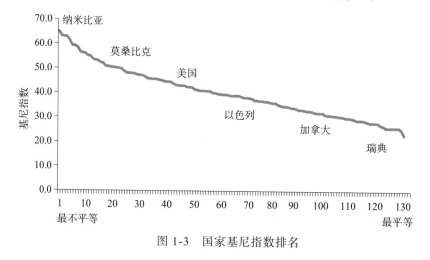

图 1-3　国家基尼指数排名

Source: Author's compilation based on data from Central Intelligence Agency (2010; see note 21, this volume).

　　美国是一片不平等的土地；在美国，富人要比其他人富有得多。美国是一片充满发展机会的土地吗？或者说至少还存在社会阶层之间的流动吗？根据流动性统计数据，美国社会中的大多数人永远不会从其目前所处的阶层实现向上跃升。男性的收入在很大程度上反映他们父亲的收入[23]。另一项调查也揭示出同样的结果，女性的收入很大程度上取决于她们的丈夫，她们倾向于嫁给与父亲收入相当的男性，因此女性的收入在几代人之间也基本稳定[24]。

就业的稳定性情况也类似。只有大约三分之一的儿子能超过父亲的职业声望，三分之一能保持，三分之一则更低[25]。在收入和职业这两个常见的衡量标准上，美国的职业流动性充其量与世界平均水平相当，而美国人实际的劳动收入流动性则要低得多。有悖于美国人的集体错觉，美国社会并没有在发展机会上领先世界。

因此，如果美国梦不像刻板印象中的那样致力于获取物质财富，如果美国社会的大多数人无论如何都无法致富，那么人们显然是被其拥有的资源所划分的。那是什么把美国社会团结在一起呢？让我们回到共同意识形态中令人鼓舞但又难以捉摸的环节：机会。

人们得到他们应得的地位

美国是一片充满机会的土地，这是美国的正统观念。根据詹姆斯·克鲁格尔（James Kluegel）和艾略特·史密斯（Eliot Smith）的一项重要调查，美国人坚定的共识支持了机会三段论：

（a）假设机会均等，那么

（b）人们得到他们应得的，并且

（c）制度是公平的[26]

第一步，将机会均等作为一种共识性假设，无论在1952年、1966年还是1980年[27]，都赢得了70%到88%的人们的一致同意。最近的盖洛普民调数据显示，对美国机会水平满意的人从2002年的77%的峰值下降到了2009年的57%，但这仍然代表了美国社会中的多数群体[28]。尽管经历了战争和经济衰退，美国人仍然相信，只要努力工作，机会就唾手可得。总的来说，认为确保机会本身很重要的人（66%）大约是认为减少实际不平等很重要的人

（28%）的两倍[29]。几乎每个人（87%）都认为"我们的社会应该采取必要措施，确保每个人都有平等的机会"[30]。机会是美国社会的口头禅。

机会三段论的第二步是：人们得到了他们所应得的。如果机会只给那些努力工作的人，那么努力就决定了经济的命运。我们通常能控制自己努力的程度，当我们可以有所掌控时，我们就不会被动成为环境的无辜受害者了。事实上，关于贫穷和富有的常见解释常常把原因归咎于受害者，而把功劳归于胜利者。大约有一半（47%）的人把贫穷归咎于穷人缺乏努力，而另外一半（48%）的人则把贫穷归咎于穷人无法控制的情境[31]。相对应的，大约一半（54%）的人说，赚很多钱的人只是得到他们应得的，而另一半（45%）的人不同意。我们之后将对此进行更详细的讨论，但现在我们假设至少有一半的人赞同三段论的第二步。

一方面，根据艾米·卡迪、我和我们的国际合作者收集的数据，与人们普遍认为个人的财富与其能力相匹配的观点一致，世界各地的穷人被视为无能，而富人被视为是有能力的。甚至穷人尤其容易受到指责[32]。正如安·玛丽·罗素（Ann Marie Russell）所指出的那样，在职业道德方面，观察者对穷人诟病颇多，但对富人却少有苛责[33]。这种模式就是社会心理学家所说的可控污名化。与通过输血受到感染相比，通过随意性行为感染艾滋病毒的人更容易受到指责。如果你给自己带来不幸，别人会生你的气，同时也不想帮助你。另一方面，根据伯纳德·韦纳（Bernard Weiner）几十年的研究[34]，如果不幸的起因似乎超出了你的控制范围（由环境引起），其他人会同情你并施以援手。事实上，穷人几乎被普遍认为是活该变得贫穷的，因为他们被视为懒惰、不道德且愚蠢的人[35]。我们特别关注人们对坏结果的解释，而穷人尤其会引发这种归因模式。不过，对财富的解释也倾向于归功于富人的地位。简而言之，精英主义使人们看起来像是得到了他们应得的命运。

不可否认的是，美国社会对精英主义的信仰是有两面性的。美国人对此能有多信奉，首先取决于领域：美国在经济领域最推崇精英主义，并根据能力允许不平等。在对富人和穷人的采访中，詹妮弗·霍克希尔德（Jennifer Hochschild）发现，富人和穷人都抵制政治和社会环境中的不平等，认为在这些领域每个人都应该是平等的，但是，他们却能够容忍经济领域的不平等，因为这种不平等仅仅体现了努力的价值[36]。米歇尔·拉蒙特（Michèle Lamont）对中上阶层的采访也区分了经济领域和社会领域，人们在前者上重视能力和抱负，在后者上重视友好和团队合作[37]。因此，美国社会对精英主义持有两种看法，而这取决于领域。

诚然，美国人在经济领域内所持的信念可能是矛盾的。在他们期望穷人为自己承担个人责任的同时，至少一半的人也明白运气不好也会造成贫穷。例如，56%的受访美国人将无家可归者视为无法控制的环境的受害者[38]。然而，另一种流行的观点（38%）认为他们应该为自己的处境负责。此前，有一半的人会责怪穷人，而另一半人不会。总的来说，美国社会认为引发贫困的个人原因和环境原因都"非常重要"[39]。美国人中的大多数人（85%）拒绝明确地说穷人在某种程度上"活该"贫穷[40]，40%和61%的人认为穷人也会工作[41]，但挣不到足够的钱。在调查中，受访者对个人责任的共识与对社会责任的支持是并存的[42]。

在美国社会的偏好中，人们在有效奖励个人努力（高收入应该作为激励）的经济体系和提供收入平等（收入应该更加平等）的经济体系之间寻求妥协[43]。特别是在美国社会普遍认同的精英主义之下，他们不仅对最贫困的人表现出社会责任，而且还奖励个人努力，让其劳有所得。在回答民意调查时，他们同样重视机会和个人责任，尽管这些价值观受到了社会舆论的影响。所有这些为美国社会的共识给予了支持，即大多数人都得到了他们应得的——这是机会三段论的第二步。

现在我们到了三段论的最后一步。假设机会均等，人们得到他们应得的，当前的制度是公平的：人们的成功或失败取决于他们的内在品质。这一假设与我们刚刚看到的经济不平等正在加剧、向上流动处于停滞状态的证据截然不同[44]。然而，根据三段论的精英主义逻辑，这个制度体系是公平的，人们通过个人努力得到了他们应得的[45]。如果是这样，那么人们应该钦佩精英，因为他们代表了公众所重视的一切，他们的声望地位当之无愧。但是我们钦佩他们吗？

如果是精英主义统治，我们为什么讨厌精英？

在 2008 年总统大选期间，"精英"是每个人最喜欢的侮辱性词语。希拉里·克林顿（Hillary Clinton）将"精英"一词掷向巴拉克·奥巴马（Barack Obama），因为他说，宾夕法尼亚的小镇居民因经济不平等而感到沮丧，"他们变得尖酸刻薄，他们紧紧抓住枪支、宗教或反感情绪不放"[46]。"精英主义者"通常与"脱离群众"一起出现，就像克林顿的批评那样。奥巴马反驳道："不，我一直与大家同在。"[47]

当 Politico 网站采访约翰·麦凯恩（John McCain），问到他有多少套房子时，他无法回答；后来估计他的房子数量在 4 到 8 套之间[48]。麦凯恩的竞选团队反驳道，奥巴马的豪宅有四个壁炉和一个酒窖。奥巴马的竞选团队回应道，他的单亲母亲在他小时候用过救济食品券。当麦凯恩的竞选团队回应说奥巴马的收入已经超过了 400 万美元时，奥巴马的支持者们反驳说辛迪·麦凯恩的净资产超过了 1 亿美元。双方都不想被贴上"富人"的标签，尽管两人目前都享有特权——希拉里·克林顿也是如此。

克林顿的竞选活动提醒代表们，之前的民主党候选人都被视为极度脱离群众。据说约翰·克里（John Kerry）一点儿都不"平易近人"[49]。阿尔·戈尔（Al Gore）只是另一个"特权之子"[50]。在一份很快走红的报道中，乔治·H.W.布什（George H. W. Bush）暴露出了他对食品扫描仪工作机制明显的无知[51]。总的来说，在最近的总统竞选中，大多数候选人都曾就读于常春藤盟校，这对于许多高级职位来说，似乎是一份相当好的敲门砖。但在美国大选中，这种教育背景却算是一种侮辱。精英让美国人紧张。《纽约时报》的大卫·布鲁克斯（David Brooks）指出，美国人希望有钱人通过在餐车上拉票来降低自己的身份，希望共和党人支持圣经地带的文化民粹主义，民主党人支持工薪阶层的经济民粹主义[52]。

在民意调查中，美国民众的确听起来有些激进：令人震惊的是，同意"不平等持续存在，因为它有利于富人和有权势的人"[53]的人数是不同意者的两倍。大多数美国人（71%）认为，最富有的1%人群的财富增长是一个严重或非常严重的问题[54]。尽管他们相信机会均等，但其中的一些人似乎比其他人更平等：大多数美国人（63%）认为，高收入人群获得经济收益的机会最大[55]。

美国人都知道憎恨精英的感受。但他们知道被憎恨是什么感受吗？当常春藤盟校的学生被问到时，他们会含糊地说，他们上的大学"在波士顿附近""在康涅狄格"或"在城里"，因为他们知道自己的常春藤身份可能会成为谈话的阻碍。作为普林斯顿大学的一名教授，我更希望在社交场合中，精英身份不是人们了解我的第一件事。教授们已经花了很多时间来转变人们对他们从不为谋生努力工作的想法。常春藤的身份只会让这种刻板印象更加糟糕。大多数精英专业人士为自己的辛勤工作辩护，大多数美国人也是如此。当美国人认为自己反映了"通过寻求机会和努力工作以获得结果"的主流价值观时，他们会抬起头来。如果这些努力得到了回报，就像一位朋友说的那样："我不想被人嫉妒，但我不介意变得令人嫉妒。"在内心深处，大多数美国人相信自己和其他人一样脚踏实地。

别回头，敌人正是美国自己

尽管美国民众可能怨恨他们社会中的精英，但美国人本身就被认为是世界精英。令美国社会整体沮丧的是，即使自认为是无阶层的美国人，都有可能被认为是在国际社会中脱离现实、享有特权的群体。由于美国的文化信仰是成为一个无阶层的社会，并保护机会，他们应该不会感到骄傲自大，但其他国家却经常认为美国人无知、投机取巧。在过去的十年里，皮尤全球态度项目（the Pew Global Attitudes Project）调查了 25 个国家的人对美国的看法，结果却并不甚好。在 12 个国家中，大多数人认为美国的经济影响是负面的，其余国家中对美国持怀疑态度的人数比例的中位数在 39% 左右[56]。在大多数国家（68%）中，大多数人认为美国没有考虑他们国家的利益。美国的影响通常被认为是消极的而不是积极的。不过，与乔治·布什（George W. Bush）执政时期相比（当时美国的声誉甚至更为负面），这些最新的观点甚至还是一种进步。

研究显示，美国拥有着强大的经济和军事力量[57]，这种形象迫使其他国家的人尊重美国，但美国并没有赢得其他国家的人的喜爱。根据我的合作者彼得·格利克对 11 个国家的 5000 多名受访者进行的调查[58]，美国的能力受到尊重，但美国的意图却不受信任。其他国家的人认为美国政府有能力，但傲慢冷漠。结果就是，他们对美国既钦佩又鄙视。这种美国作为全球排名前列的富国和强国而被人憎恨的经历，与精英阶层作为本地富人和权贵而被人憎恨的经历相似。虽然美国的高地位有其优势，但在声誉上也有其缺陷。

作为公民，美国人并不比美国政府的声誉好多少；作为一个民族，美国人被认为比美国政府更无知，但更友好。大卫·布鲁克斯夸大了这种动态作用：他称生活在天堂大道上的美国人为"世界上的傻瓜"，并指出美国人被视为舒适但空虚的人[59]。在他的分析中，美国社会的物质主义反映了其野心，但美国人对乌托邦的想象使其从完全无脑的刻板印象中摆脱出来，使其能够专注于未来。美国人被驱动着，他们的职业道德在世界舆论中同时引起了尊重和怨恨。但是为什么其他国家的人会在意美国人的想法、感受和行为呢？为什么美国人对他们很重要？能力只是故事的一部分。

比较是再自然不过的

> 回报……在这一生是他人的尊重和钦佩；惩罚，是忽视和鄙视……渴望得到别人的尊重，就像饥饿一样，是一种真实的自然需要，而对世人的忽视和蔑视，就像痛风或结石一样，是一种严重的痛苦。
>
> ——约翰·亚当斯，《论达维拉》
> (*Discourses on Davila*)（1805），341页

全世界的人都被钦佩和忽视、嫉妒和鄙视所困扰。权力（资源）和地位（声望）之间的差异分裂我们彼此[60]。美国国内的精英和世界上的美国人会引起人们的嫉妒，并且冒着被认为鄙视那些不如他们富裕的人的风险。

通常来说，位高权重的人容易忽视权力较小的人。相比之下，没有权力的人会密切关注有权力的人，但可能怨恨他们。人类是如何理解那些拥有或多或少权力的人的想法和感受的呢？同理心是否能让我们不顾个体、群体和国家权力差异造成的分裂而去理解和欣赏他人？什么时候权力差异会损害同理心，导致我们将彼此去人性化？什么时候人们会鄙视地位低

于自己的人，嫉妒高于自己的人？当我们这么做的时候，我们之间会发生什么？

在《绿阴山强盗》(*The Housebreaker of Shady Hill*) 一书中，约翰·契弗 (John Cheever) 描述了威彻斯特居民约翰尼·哈克 (Johnny Hake) 的现金流问题。刚被解雇，身无分文的他"从来没有像那天晚上那样渴望金钱"。他既嫉妒又恨他富有的邻居（"有钱……是那种你在学校里不会喜欢的人。他皮肤不好，声音刺耳，思想固执，好色。沃伯顿家的人总是花钱，这就是你和他们谈论的话题"）。在偷了沃伯顿装满钱的钱包后，哈克嘲笑了一个咖啡店的顾客，他把前一个顾客的 35 美分小费收入囊中（"真是个骗子！"）[61]。虽然我们中很少有人会去偷邻居的东西，更不用说偷女服务员的小费了，但我们每个人都被夹在我们嫉妒的人和我们鄙视的人之间。我们是比较的机器。

即使是狗也知道别的狗什么时候得到了它们应得的东西。弗里德里克·兰奇 (Friederike Range) 和他的同事们让几对狗伸出爪子来换取食物奖励；圈套在于一只狗在另一只狗得到一大块德式黑面包后却什么也不会得到（这是在维也纳的实验）[62]。在得到奖励的伙伴的陪伴下，受骗的狗很快就拒绝在没有奖励的情况下表演。当两只狗都得到奖励时——如果一只狗得到了狗粮和香肠，而被试狗只得到了面包，或者两只狗都得到了面包——它们就会合作。完全没有得到奖励的、被欺骗的狗会表现出更多的犬类痛苦的迹象：抓挠、打哈欠、舔嘴唇和躲避另一只狗的目光（见图 1-4）。弗兰斯·德瓦尔 (Frans de Waal) 和他的同事们研究发现，黑猩猩和猴子与人类更接近，它们也会关注同伴的相对奖励并抵制不平等[63]。比较似乎是自然而然的。

比较的副作用是什么？嫉妒那些做得比我们好的人，鄙视那些做得比我们差的人？关于社会比较，社会心理学家有很多话要说，但这本书的重点是比较的副产品：嫉妒和鄙视。所以让我们具体一点儿，更好地决定是否比较，如何比较，与谁比较，何时比较，为什么进行比较。

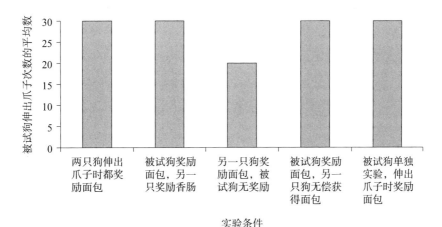

图 1-4　什么时候狗会伸出爪子

Source: Author's adaptation of data from Range et al. (2009).
注：最大试验次数为 30 次。

嫉妒：我希望我拥有你所拥有的（而你不应有）

理查德·史密斯（Richard Smith）指出，心理学家一致认为，嫉妒是伤害和愤怒的结合[64]。作为这方面的资深专家，史密斯解释道，感受着嫉妒的人正在经历着对应得的自我的一种不合理的威胁[65]。这种不合理的体验激起了愤怒感，而对自我的威胁则造成了伤害。嫉妒根植于身处的劣势。正如格罗德·帕罗特（Gerrod Parrott）所指出的，嫉妒是看到另一个人拥有你想要的东西，你希望那个人没有它，因为他拥有的东西让你感到自卑[66]。当嫉妒集中于从另一个人身上夺走某些东西，而不仅仅是让自己获得这些东西时，嫉妒可能是恶意的。想要损害有特权的人是嫉妒的本质，因为这些被嫉妒的人造成了你的不利处境。莎士比亚笔下的伊阿古就是嫉妒的典范。伊阿古因为被奥赛罗占了副手这个令人嫉妒的职位而产生了致命的嫉妒心，促使了他对奥赛罗、他的妻子苔丝狄蒙娜和他的助手凯西奥的报复[67]。在这场浩劫中，伊阿古甚至不希望自己拥有苔丝狄蒙娜，而只是希望使她失去奥赛罗。因此，嫉妒既有被动的一面（渴望），也有潜在的主动的一面（侵略）。

不公平的劣势是令人不快的。嫉妒的人不仅憎恨拥有特权的人，也憎恨赋予这种特权的命运。帕罗特在分析嫉妒的日常报告时，发现我们不仅怨恨造成我们不利处境的人，还怨恨不公平的环境。我们说，嫉妒意味着渴求和受挫的欲望，以及对自卑的痛苦和对失去地位的焦虑[68]。

有时候，嫉妒的人会产生足够的自我意识以至于对嫉妒感到内疚。社会规范不允许嫉妒，所以我们不愿意承认自己有这种感觉。在对社会外群体的情绪的研究中，我和我的同事们发现人们最不愿意报告嫉妒，也许是因为一旦承认自己嫉妒就会暴露出一种自卑感[69]。具有讽刺意味的是，嫉妒之所以普遍存在，正是因为所有的社会制度都会带来不平等。嫉妒的存在是因为社会制度的存在。正如莫里哀（Molière）所观察到的，嫉妒者会死，但嫉妒永远不会被扑灭[70]。嫉妒甚至在所谓无阶层的美国社会中也能生存。所有类型的社会制度，不仅仅是以平等为导向的社会制度，都必须谴责嫉妒以维护社会安宁。而一个明显以阶层为导向的社会，则会通过告诫人们"知道自己应处的位置"是一种谦卑的美德来维持社会稳定。即使在所谓无阶层、流动性驱动的美国社会中，表达嫉妒也是一种不好的行为。

为了避免混淆，让我们来探讨嫉妒和其他主题的区别。嫉妒不是妒忌。妒忌的人害怕珍视的个人关系被竞争对手夺走。妒忌比嫉妒更强烈、更尖锐，因为个人依恋的变化比社会系统的变化更快。根据帕罗特的受访者所说，妒忌往往是感到害怕、担心、威胁、拒绝、怀疑或背叛，而嫉妒的人更经常感到自卑、羞愧、惊恐、痛苦或被剥夺[71]。

嫉妒也不是钦佩，至少不是像大多数讲英语的人所使用的词语。荷兰语、波兰语和泰语中都有一个特指良性嫉妒的词（"benijden""zazdrość"和"ìt-chǎa"），其含义是模仿、激励和改进的动力[72]。如果恶性嫉妒是"我希望你没有你所拥有的"，那么良性嫉妒就是"我希望我有你所拥有的"[73]。有时人们会受到足够的鼓舞，承认别人的卓越，产生欣赏，并努力奋斗去实现自己。良性嫉妒可能会变成解决问题的一个方案，但正如我们所见到的，恶性嫉妒总是问题的一部分。

鄙视：你不值得我注意（而且我希望你走开）

嫉妒的反面是鄙视，也可称之为不屑、蔑视或不尊重。鄙视很少受到研究关注，可能出于两个原因。当我们嫉妒别人的时候，我们通常会意识到它，并对它进行反思：我们的嫉妒使我们困扰。然而，我们往往没有意识到对他人的鄙视：正因为鄙视不引发思考，所以它往往不会困扰我们。心理学家最常研究的是困扰他们的东西，而作为人，他们遭受嫉妒的困扰甚于鄙视。

心理学家不研究鄙视的另一个原因是，它往往涉及一个忽视和无视其他人的问题。"沉默是鄙视的最完美表达"，萧伯纳深谙这一点。鄙视是缺乏尊重，缺乏关注，没有顾及[74]。没注意到另一个人，就佐证了鄙视的存在。在一个名为《银色马》（*Silver Blaze*）的著名故事中，夏洛克·福尔摩斯解决了一个有关"深夜看门狗神秘事件"的案件：当得知看门狗没有对一个入室作案者吠叫时，福尔摩斯推断出罪犯一定是狗的主人。以这种行为的缺失作为非典型证据，轻蔑的狗不仅不会惊慌吠叫，而且甚至不会通过摇尾巴来表示意识到某个人[75]。鄙视是通过它没有做的事情来判定的。

政治制度可以创造鄙视。政治理论家唐·赫尔佐格（Don Herzog）认为：等级制度的中心地位表明，鄙视和冷漠之间存在着联系。但冷漠处于可悲的弱势地位，所以鄙视也并非要通过冷漠的形式表现出来[76]。约翰·亚当斯（John Adams）总是敏锐地察觉到（不）尊重，他描述了穷人的羞耻：

> 他受到忽视和轻蔑。他觉得自己在别人的视线之外，在黑暗中摸索。没有人注意到他。他四处游荡，无人理睬。在人群中……他没有遭受反对、谴责或责备，他只是没有被看到[77]。

可以肯定的是，鄙视并不会止步于被动的忽视。在其更主动的形式中，鄙视是一种驱逐被鄙视者的侵略性愿望。因此，被鄙视的人确实受到了一丁点儿的注意，但这并不是好事。查尔斯·达尔文（Charles Darwin）是第一位描述人类鄙视、不屑、蔑视和厌恶的面部表情的科学家：讥笑（露出一边的犬齿），挪揄的、并不有趣的微笑（只用嘴唇，眼角没有皱纹），或转身离开（"噗！"）都表达了鄙视[78]。当鼻子两侧的肌肉（提鼻肌）被抬起来时，就能表达出厌恶：这种表情会使人皱起鼻子，就像闻到了不好的味道。

面部情感编码系统的创始人、美剧《别对我说谎》（*Lie to Me*）的顾问保罗·艾克曼（Paul Ekman）声称，鄙视是极少数在所有文化中都能被普遍识别的面部表情之一。他将最常见的鄙视表情描述为单侧抬高嘴唇，也被称为半笑。鄙视的表情稳定地出现在某些情况下，例如当我们遇到一个熟人吹嘘完成了某件并非由他负责的事情。更为普遍的是，当我们感到比另一个消极行事的人更为优越时，我们会表现出鄙视[79, 80]。

尽管当情况需要时，我们能识别鄙视，但鄙视却是一种备受忽视的情绪，因为在人们报告的所有情绪中，表达和体验到鄙视是最少出现的。鄙视是不礼貌的。它的近亲——蔑视、不屑和不尊重——在社会和行为科学中甚至更少被涉及。然而，当我们看到这些情绪时，我们能识别它们。就像嫉妒——虽然很少被承认——显然是重要的。鄙视也是如此，因为涉及比较，无论是向上还是向下的社会比较，都可能侵害到我们。

比较使人堕落

保持领先地位是很令人精疲力竭的，而把别人落在身后也需要付出相应的代价。想要保持领先，意味着要么努力赶上引领者（良性嫉妒），要么，就像之前提到的，拖住他们（恶性嫉妒）。为了延缓别人进步，你必须压制他们，让他们知道自己所处的（劣等）地位。然而，所涉及的这两个过程对你的健康毫无益处，更不用说它们对你所瞄准的对象的健康状况了。让我们进一步审视其中蕴含的原因。

鄙视会反噬鄙视者

有权势的人在与他人打交道时，往往缺乏同情心[81]。例如，权力加剧了剥削、戏弄、成见，甚至是性骚扰。权力拥有者像对待工具一样对待他人。在黛博拉·格林菲尔德（Deborah Gruenfeld）及其同事进行的一项研究中，实验条件下的成年参与者被要求回忆他们拥有权力的时刻，而其他在对照条件下的参与者则被要求回忆他们去杂货店的时刻（和与权力相关的体验毫无关系）[82]。在实验组的参与者被安排写一篇文章，叙述他们拥有权力的时刻，从而可靠地启动他们表现出权力：他们会对自我利益更敏感，而不考虑人际关系。例如，通常大多数人都会避开浑蛋（在这项研究中，是指没有对一个残疾人施以援手的人）。本研究的结果显示：对照条件下的参与者倾向于避开这个浑蛋，即使他们可以通过组成团队来表演并赚钱；但是，当权力启动后的参与者可以通过这个极其不仁慈的同伴赚钱时，他们更愿意容忍这个可以使他们受益的浑蛋。不过，当他们无法从中获益的时候，权力启动后的参与者与基线控制条件下的参与者一样，会拒绝这个浑蛋。掌握权力的人似乎完全愿意在符合他们个人需要时去接近这个浑蛋，但除此之外则会拒绝这个人。以这种方式利用某些人是一种鄙视的表现。

　　数十项研究表明，领导者面对他人的需求，会以自私鄙视的态度行事。例如，在大卫·德·克里莫（David De Cremer）和埃里克·范·戴克（Eric van Dijk）进行的实验性游戏中，领导者为自己拿走了更多利润[83]。虽然大多数玩家都会平分利润，但被指定为领导者的人却更有可能把大部分利润据为己有。领导者会攫取权力，特别是在他们觉得自己有资格去领导时，例如当领导权是由选拔测试决定的时候。即使他们的领导地位实际上是由实验者随机决定的，同样会出现这种倾向（见图 1-5）。

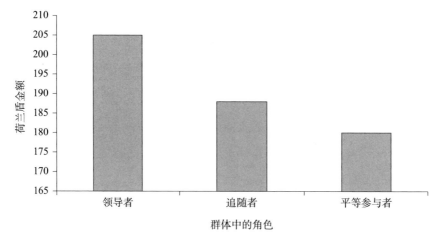

图 1-5　由指定的领导者、追随者和平等参与者分配给自己的金额

Source: Author's adaptation of data from De Cremer and van Dijk (2005).

　　傲慢的掌权者不仅自私，而且故意保持无知。刺激有权有势的人有愚蠢但可怕的效果。试试这个：在你的额头上画一个大写的字母 E。（如果你是在公共场合，就想象一下。）E 的开口朝向哪边？把 E 画出来，从你的脑袋里正确地读出来——开口方向指向你自己的右边——这与你没有从其他人的角度出发有关；把 E 画出来，让开口指向你自己的左边，这与你从脑袋之外的其他人的角度出发有关。这个实验论证和其他的论证来自亚当·加林斯基（Adam Galinsky）的社会心理学实验室[84]。他们更可怕的研究显示，启动的影响使我们更不善于阅读他人的面部表情。这种"我一点儿也不在乎你"的态度显示出了鄙视。

其他研究权力的学者们在给予人们对他人的实际权力的情况下，同样重复出了加林斯基的启动实验结果[85]。在我们的实验中，我和斯蒂芬妮·古德温（Stephanie Goodwin）及同事们招募了一些学生，他们期望与来自不同专业的其他学生一起工作[86]。在这种情况下，告知参与者们角色将基于他们在哈佛管理能力量表上的得分进行分配，但实际上是随机分配的。一些学生可以成为老板，而另一些学生必须在一项联合任务中成为助手，任务有巨额奖金作为奖励。在一个初步的管理练习中，他们要对一系列仅用大学专业和个性特征描述的其他学生进行评判。（在大学校园里，专业可以充当公认的刻板印象的标签，比如工程师和艺术家的公认形象。）不出所料，在他们的评价中，老板比助手更倾向于依据自己对大学专业的刻板印象进行评判。也就是说，他们做出了更多的肤浅判断。相反，助手比老板更倾向于依据个人性格特征进行评判。在其他的研究中，这些权力掌控者同样对他人的独特个性特征不那么敏感——而这是另一种形式的鄙视。

可以肯定的是，在适当的情况下，权力拥有者有时可以为他人承担责任。然而，权力和地位总是伴随着一种风险，即对下属产生一种轻蔑的冷漠：权力拥有者掌控着他们，贬低他们，不将他们视作独特的个体，并削弱他们自我的主体性，同时一直表现出自私自利和工具化他人的倾向[87]。最近的研究表明，被启动了权力感的人在理解他人的情绪和想法方面会出现特定的缺陷。他们不能识别他人的表情，不能考虑他人的观点，也不能欣赏他人的知识。这种对人的漠视提出了一种令人不安的可能性：权力抑制了我们将他人视为拥有思想的独立人类个体的能力，也就是说，权力可能促使鄙视的产生。

与这一观点相一致的是，人们经常将社会外群体视为非人，这是一种充满鄙视的评价。这种情绪化的逻辑是这样的：我们比他们更富有人性，因为我们有更复杂的内心生活。正如雅克－菲利普·莱恩斯（Jacques-Philippe Levens）和他的合作者所揭示的，我们更容易认为内群体成员能够体验到微妙的、复杂的和独特的人类情绪，诸如爱、希望、悲伤和怨恨[88]。而外群体成员——与我们不同的人——似乎只能体验到类似于动物那样的简单和原始的情绪（如快乐、恐惧、愤怒或悲伤）。例如，把"他们"看成是暂时感到悲伤，但并不是为失去家庭成员而深感悲痛，这使得我们更不容易为他们所遭受的不幸而担忧。在卡特里娜飓风的灾难中，这种去人性化的机制抑制了人们的同情心。一般来说，白人和黑人观察员报告其他种族的受害者所经历的独特的人类情绪（痛苦、哀悼、悔恨）较少。而在观察员确实察觉到这些情绪的情况下，他们更有可能提供帮助[89]。

某些形式的社会权力降低了我们理解他人内心体验（思想和感受）的能力，从而降低了我们的同理心，并导致对下层的鄙视。社会神经科学家拉萨娜·哈里斯（Lasana Harris）和我把这些想法带入了大脑扫描实验室。根据我们实验室以前的工作（其中大部分是与艾米·卡迪合作），我们预测最不让人同情、最底层的外群体将是无家可归者和吸毒者。再回过头看一下 BIAS 地图（表 1-1）。无家可归者是远离社会中心的异类。在我们的调查数据中，他们在两个负面维度上都与所有其他的社会群体相距甚远，从统计学上讲，他们在人们心目中与所有其他的人群都不同[90]。

大脑扫描的结果恰恰证实了这种预测。大脑运作的模式是如何反映鄙视的呢？人类的大脑已经很好地适应了社会生活。当我们遇到其他人时，尤其是当我们在思考他们的想法和感受时，大脑的社会认知网络会稳定地受到激活[91]。特别是，在前额之后有一片垂直弯曲的皮质区域（神秘主义者认为这是第三只眼睛的位置，但我这么说可能会被社会神经科学界踢出去）。当我们遇到别人时，内侧前额叶（medial prefrontal cortex, mPFC）会得到激活，这是我们这个前沿研究领域中最可靠的发现。作为一个社会心理学家，我喜欢这个结果，它指出了我们对其他人的神经适应性。

然而，有些人却并不能激活我们的内侧前额叶。在所有的外群体和内群体中，只有引起鄙视和厌恶的社会群体不会像其他人那样激活我们的内侧前额叶。哈里斯和我在菲斯克实验室的研究基础上发现，无家可归者和吸毒者被其他人厌恶，也就是说，人们鄙视他们。在进入普林斯顿大学的扫描仪后，我们的志愿者观看了几十张所谓令人厌恶的外群体以及其他不令人厌恶的外群体的照片，如老年人或残疾人（他们被同情）、富人（他们被嫉妒），以及内群体，如全能的美国人和大学生（他们激发了自豪感）。那些所谓令人厌恶的、最极端的外群体未能显著激活内侧前额叶（见图1-6）[92]——这只神经狗绝对没有吠叫。在常规的问卷调查中，参与者报告说这些所谓的令人厌恶的外群体成员看起来不那么有热情或熟悉，不那么有能力，不太能言善辩或不聪明，而且不那么像典型的人类。此外，他们还报告说更难以认为思想为这些外群体成员所具有，正如安静的内侧前额叶所暗示的那样，他们不期望与这些人发生互动。

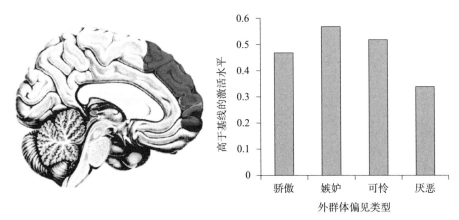

图 1-6 内侧前额叶

Source: Graph is author's compilation based on data from Harris and Fiske (2006).

注：（左）深灰色部分显示，中前额叶区域通常是大脑中与思考人有关的部分。（右）面对不同社会群体的人时，内侧前额叶的激活水平。单独在其他群体中，引起厌恶的群体（如无家可归者）不会激活显著高于基线的内侧前额叶。

　　这种厌恶－轻蔑－鄙视的反应符合一种对其他特定人群的思想的去人性化忽视。诚然，我们不仅鄙视而且还怜悯那些无家可归和吸毒的人，然而这种怜悯并不像对老年人或残疾人那样强烈。而厌恶却是针对这些社会弃儿所独有的。可悲的是，这种不幸的反应却是自然发生的。我们需要避开令人厌恶的人和事，因为它们常常是污秽的，正如史蒂夫·诺伊伯格（Steve Neuberg）和凯西·科特雷尔（Cathy Cottrell）所证明的那样[93]。从适应性意义上而言，我们会避开那些可能危及我们的人。卡迪的调查证实了这种对令人厌恶的外群体的回避倾向：受访者报告说，其他人会忽视和贬低这些位于社会最底层的人，这是一种被动形式的伤害[94]。人们还报告说，其他人甚至会攻击他们，而这是一种不幸的主动形式的伤害，在那些针对无家可归者的无端暴力事件中经常出现。在 BIAS 地图空间的左下方的人，被认为是"一无是处"的。

　　当我们把人去人性化时，我们不仅否认他们典型的人类品质，如热情和熟悉感，而且否认他们独特的人类品质，如微妙的情感、清晰的语言和复杂的思维。正如早期关于否认外群体的微妙情感的研究一样，尼克·哈斯拉姆（Nick Haslam）将这种形式的去人性化描述为将人比作动物。世界各地的人都会无意识地而非故意地将某些类型的外群体与动物联系起来[95]。与之类似的反应是，人们同样也不会去欣赏和同情某些外群体成员[96]。所有这些形式的去人性化都拒绝承认其他群体具备复杂的人类体验。

当我们鄙视他人时，我们不仅是一无所知和无意识的，而且还可能真的使自己生病。根据20世纪70年代流行的一种观点，以干劲十足著称的A型人格有更高的患心脏病的风险；最近的研究发现，这种人格类型所涉及的敌意就是罪魁祸首。健康心理学家现在将其归咎于一种以支配为导向的特定的敌意[97]。这可能就是极端形式的鄙视。正如保罗·艾克曼和他的同事所指出的，心脏病患者的面部鄙视表情（但不是愤怒）与其敌意水平有关，这一发现支持了一种更为聚焦的敌意是健康的风险因素之一的观点。如果得到证实，这就符合这样的观点：鄙视或轻蔑比纯粹的愤怒本身对你的健康更不利[98]。就像积极的情绪能促进健康一样，痛苦的情绪一般会损害健康[99]。尽管目前关于鄙视和健康之间的联系的证据还很薄弱，但一些有进取心的研究人员很快就会证明，鄙视和轻蔑可能是公共健康的一个重要敌人。

根据詹姆斯·杰克逊（James Jackson）所提出的一个激进的理论，种族主义作为一种类型的鄙视，对种族主义者本身来说也是一种健康的风险因素。种族偏见在种族主义者和他们的目标对象之间产生影响，从而给社区带来压力，并损害双方的健康[100]。总而言之，鄙视会使身居高位的人变得剥削、自私自利、麻木不仁，同样还有害其健康。也就是说，鄙视会反噬鄙视者自身。

遭受鄙视者受鄙视所害

遭受剥削、忽视、冷落以及去人性化，显然会让我们不高兴，如此显而易见，几乎没有必要对证据进行验证。正如后面的章节所阐述的，遭受排斥和拒绝是我们可能经历的最糟糕的惩罚之一，因为我们是社会性生物。除了伤害和烦扰之外，从长远来看，经历鄙视会伤害到我们吗？

许多间接证据确实暗示种族主义损害了受歧视者的健康。但这些证据常常被认为是间接证据，因为大多数证据只能反映出两者在某一时刻是存在关联的。最有可能的是，你因你的种族而被骚扰，比如在日常的烦扰中，在重大的生活事件中，或在面临生命和躯体的实际风险中，产生了破坏健康的压力。可惜我们无法通过实验来确定两者之间的因果关系方向，而且据我所知，这种随着时间推移的影响还没有被记录下来，所以我们必须允许这样一种可能性，即压力大或易怒的人更频繁地激发或觉察到种族主义。尽管如此，种族主义对压力有影响似乎也是可能的[101]。

成为任何一种被社会鄙视污名化的对象，都会危及健康[102]。无论是人类还是灵长类动物，对压力的非自主性生理反应都会破坏心脏健康和免疫功能。鄙视可以使其目标对象感到不舒服[103]。去人性化会破坏所有相关方面，所以鄙视似乎几乎不具有适应性。

嫉妒伤害被嫉妒者

那么指向上层的嫉妒呢？虽然嫉妒地位高且被冠之为"剥削者"的人似乎并不重要，但事实上，我们对拥有较高地位的群体和个人的感觉，会促使我们对那些勉强尊重但并不喜欢的人产生不稳定的反应。

在哈斯拉姆的系统中，一种独特的去人性化目标针对的是被嫉妒的群体：他们被剥夺了典型的人类品质，如温暖和社会性。这些冷漠但有用的外群体被比喻为机器人。由于他们看起来像机器人，所以被视为具有威胁性，以这种方式被去人性化的外群体与其说是令人恶心的，不如说是令人不寒而栗的。想想半机械人。从公文包到西装，商务人士和他们的随身用品在我们的脑海中都与自动机械相关联，从机器人到软件无所不包[104]。从负面因素来看，我们把商人和机器人都与冷漠、保守、无情和肤浅联系起来，尽管我们承认他们很有条理、有礼貌且思维缜密。首席执行官和计算机都不具有典型的人类品质：人类应该富有好奇心、友好、善于交际以及热爱娱乐。

在我们的研究工作中，我们发现，作为企业家成功的少数族裔成员（犹太人、亚裔）和作为专业人士成功的属于外群体的成员（中产阶层黑人、职业女性）陷入了这种矛盾的地位，引发了人们对其的嫉妒和怨恨。社会认为他们为了出人头地而牺牲了自己的人性，这一发现与哈斯拉姆系统中令人胆寒的机器人如出一辙。在调查中，人们报告说，这些群体的成员（通常被视为富人）是冷漠但有能力的[105]。这些特殊的外群体也比其他群体更能引起民众的嫉妒。在 BIAS 地图右下方的人被认为不属于美国社会的主流群体，但他们的能力使其表现出威胁性（见图 1-7）。

我们对被嫉妒的群体的复杂反应的不稳定性是危险的。当我们普遍认为被嫉妒的群体暗中有所图谋时，他们就尤其容易成为被针对的目标。我们常常认为，有权势的人是串通一气来实施他们的危险意图的，他们都具有同一种邪恶的灵魂。就像"犹太人控制着银行业"的说法。在一项研究中，埃里克·德普雷（Eric Dépret）和我模拟了一种情境，即当权者掌握着所有的牌，他们团结在一起，所以人们感到无力影响到他们。一批大学生参加了这项研究，他们可以在通常由其室友造成的注意力分散的情境下通过自己的表现挣钱。这些干扰者的权力或多或少（他们可以稍微进行干扰，或者进行强力干扰），他们要么来自同一个专业（他们是一伙的），要么来自几个不同的专业（他们不太可能合谋）。相对于面对一个由数学、艺术和商务专业组成的混合高权力群体[106]，心理学专业的大学生在面对一个均来自数学专业的统一高权力群体时感到更不高兴，并感受到更多威胁。他们认为高地位的外群体有头脑，但是冷酷、精于算计、充满威胁和爱耍阴谋。在最坏的情况下，这种看法会为消灭一个对"我们"构成威胁的高地位群体提供正当性。

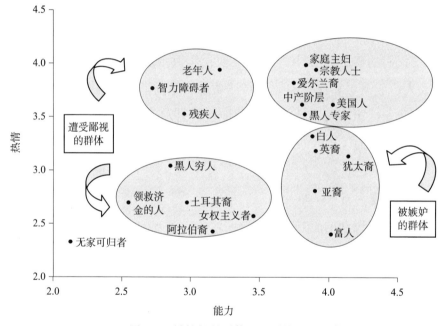

图 1-7　被嫉妒的群体和遭受鄙视的群体

Source: Author's adaptation of Cuddy, Fiske, and Glick (2007).

当嫉妒带来愤怒和怨恨的时候，它就会伤害到被嫉妒的人。在社会层面上，对拥有特权的群体既嫉妒又愤怒的人也报告说他们有更强烈的倾向去伤害这些人[107]。在个人层面上，被嫉妒的外群体会容易遭遇幸灾乐祸（对他们的不幸感到有恶意的开心）和攻击行为[108]。

嫉妒反噬嫉妒者

在日常生活中，我们很容易指责有权势的人。为了给自己经济困难的处境找原因，低薪工人往往会指责有权力的机构，如政府（74%的人责怪程度为"一些或很多"）和美国公司（64%），至少和他们责怪自己（63%）的程度相差无几，而且远高于指责命运（29%）或歧视（30%）的程度[109]。美国社会中的许多人将低收入和高收入之间的差距归咎于政治制度（63%）[110]。这种不平等感危害了社会信任，而信任的丧失又转而破坏了对当地社区的参与度[111]。指责有权势的群体可以说破坏了我们的掌控感，众所周知，这种破坏会危害到健康。嫉妒会危害到嫉妒者本人[112]。

嫉妒研究领域的专家理查德·史密斯和他的同事，令人信服地阐述了嫉妒致病的"秘方"[113]。第一，挫折感是嫉妒的一个组成部分，它与未满足的欲望有关，并充斥着不公平感。沉溺于不满情绪的倾向会破坏我们的幸福感。第二，嫉妒是自我毁灭的，因为怨恨、羞耻和敌意会促使我们做出伤害他人的举动，甚至不惜伤害自己。例如，有些人为了能把他们嫉妒的目标拉下水，甚至愿意放弃个人利益。第三，嫉妒破坏了亲密关系，而亲密关系原本可以是一剂治愈痛苦的解药。嫉妒使我们感到自卑，并可能会难以接受帮助或表达感激之情。

除了以上这些心理风险外，嫉妒还会造成非常可怕的低地位综合征。身处较低的社会地位促使人们警惕地关注那些地位较高的人，而这种警惕性会危害到他们自己的健康。原因就在这里。得益于身体的短期应激反应，对暂时性威胁的单次和急性反应通常在危险过去后就会平静下来。然而，如果身体的应激系统长期处于警戒状态，就像那群一直保持着警惕的人那样，那么人们的身心健康就会受到损害[114]。

警惕性使神经系统长期处于警戒状态，并对心血管和免疫系统造成下游风险，人们为它所付出的代价是高昂的。地位较低的人承担警惕性的代价是有道理的。当人们感到生活失去控制时，他们会长期保持警惕。事实上，这就是在等级制度中处于较低地位并一直仰视那些掌控自己命运的人，所要付出的代价。与这一分析相一致的是，男性的社会阶层可以预测他们的心脏病风险：在一项开创性的研究中，迈克尔·马莫特（Michael Marmot）和他的同事对英国政府的公务员群体进行了调查，结果显示，在工作中缺乏足够控制感的体验会增加患病风险[115]。除了控制感匮乏可以作为风险因素外，负面情绪也与这一发现有关，因为愤怒、敌意、焦虑、绝望和愤世嫉俗（与嫉妒有关的情绪）是控制感匮乏造成伤害的潜在作用机制[116]。

嫉妒可能比其他负面情绪更糟糕，因为控制感匮乏与之如影随形。要想跟上富裕阶层的前进步伐，需要不断地付诸努力和关注。小说家理查德·罗素说明了这一点：

> 我父亲对我们亲戚的情况（相对于邻居）有相当深入的了解。马可尼家族获得了什么？他们在经济上取得了多大的进步？这些进步在多大程度上被另外两个小儿子所抵消？他们仍然在租房，这意味着什么？但也许他们在为房子的首期付款而储蓄。他们是在接近目标还是还需要几年时间？我父亲喜欢刨根问底。

只有表现稍好的同伴才有其价值：

> 你不认同比你更穷的人。如果可以的话，你和那些拥有更多财富的人做交易。因为你希望有一天自己也能拥有更多财富。理解了这一点，你就理解了美国[117]。

嫉妒所涉及的向上社会比较相对于向下比较，更能给人们带来压力。社会神经学家温迪·贝里·门德斯（Wendy Berry Mendes）和她的同事在一个需要合作的文字游戏中对本科生进行了配对[118]。在面对面交流后，每个参与者都单独完成任务；然后随机抽取一半参与者，告知其表现优于同伴（错误信息），另一半参与者则被告知他们的表现不如同伴。当参与者不得不与排名较高的伙伴合作时，他们的心血管活动显示出一种不可控的威胁性反应，但当参与者与排名较低的伙伴合作时，他们的心血管活动则显示出一种更为可控的挑战性反应。

嫉妒不只是涉及向上的社会比较。嫉妒中所蕴含的愤恨的警惕激发了敌意，如前所述，这是一个已知的增加心脏病患病概率的风险性因素。正如特定类型的敌意可以解释鄙视对健康的影响一样，敌意的一种亚类型也可能解释嫉妒对健康的危害作用[119]。饱含敌意的屈服刻画了一个人充满愤恨的自卑情绪。这种情况同样会加剧心血管方面的健康风险。

当我们嫉妒别人时，身心健康都会受到威胁。在实验室和现实世界的工作团队中，处于较低的地位会让人产生绩效焦虑[120]。较低的权力感会损害大脑的执行控制功能，如更新信息、集中注意力和计划[121]。因此，知道我们处在其他人之下——有利于嫉妒的产生——会危害我们的思维。作为回应，地位较低的群体往往专注于寻求尊重，而不太在乎情感[122]。但是，他们争取尊重的能力恰恰会被其对社会阶层刚好高于自己的人的愤恨所危及。这种情绪动力破坏了可能让他们获得尊重的行为表现。由此，嫉妒反噬了嫉妒者。

如果嫉妒和鄙视的危害如此之大，那么这种危害有多么普遍？

正如本书的其余部分所说明的那样，地位无处不在。从猩猩到群体，生物体都将自己置于等级制度当中[123]。这个过程十分基础，我们在不到一秒内就能利用某些线索（比如体力）去自动化判断另一个人的主导地位[124]。在亲密关系中，我们会进行比较和竞争，将自己与对方进行排名，尽管这样做会造成损害[125]。很多已知的组织机构都倾向于构建地位和权力等级制度，因为这种组织结构使群体运行得更顺畅[126]。在宏观层面上，人类社会通过支配等级来划分社会群体，特别是社会阶层[127]。

尽管美国人认为自己坚持平等主义、机会和无阶层性，但"在美国文化的核心有一个非美国式的秘密：长期以来，它被阶层所占据"。[128] 正如本章所表明的，美国人总认为美国在尽量淡化阶层之间的差距，但实质上他们比自己想象的更关注阶层。美国人并不是压倒性地认同一个快乐的、同质的大中产阶层群体。相反，他们敏锐地意识到阶层之间的区别。美国社会赞同机会三段论，这表明人们获得了他们应得的阶层地位。美国人嘲笑精英们脱离现实，却没有注意到自己其实就是被别人嘲笑的精英。比较是社会生活的事实。

所有的人都会把自己和别人作比较，这是大自然的规律。作为对活动和勤奋的持续激励，为了获得同伴的关注和赞美、认可和钦佩，人们可能会被敦促不断努力奋斗……去生产出一些东西。[129]

约翰·亚当斯像往常一样谈到了比较。社会比较，尤其是向上的比较，是普遍的。甚至狗和黑猩猩也会这样做。哪里有普遍性，哪里就有对进化适应性的争论。也许在生存和发展的竞争中，人类必须注意到自己和其他表现稍好的人之间的差距，并以此为动力[130]。萨拉·希尔（Sarah Hill）和大卫·巴斯（David Buss）认为，我们有一种位置偏见，它向我们展示了自己相对于相关人等的排名。由此，向上的嫉妒会提醒我们注意对手的优势，并激励我们去竞争。大多数社会都谴责嫉妒，认为它是和平的破坏者[131]。尽管如此，它依然存在。

在比较的另一端，潜藏的是受到谴责的向下鄙视。"在人性中，没有比鄙视倾向更令人生厌的品质了"，小说家亨利·菲尔丁（Henry Fielding）如此评价。我们会自发地表现出来，但很少会承认自己有鄙视和轻蔑的感觉[132]。在亲密关系中，鄙视是一个杀手，对鄙视的恐惧也是如此。在家庭之外，我们与下属保持距离，无视他们，贬低他们的人性。社会鼓励我们怜悯那些处境较差的人，我们也确实同情某些不幸的人，但只会同情那些不是因自己的过错而落入底层的人。

我们将去往何处

难道这只是对不可避免的事情进行一连串令人沮丧的冗长陈述吗？如果我们明白，我们无法改变自己不了解的东西，就不只是这样。把嫉妒和鄙视从未开化的灌木丛中拉出来，使我们能够在我们的社会中、我们的关系中、我们自己身上察觉到它们。比较永远不会消失，所以我们最好能够了解它。也许通过消除这些话题的禁忌性，个人生活和整个社会都将得到改善。

在第 2 章中，我们将进一步揭示有关嫉妒和鄙视的神经、情绪、认知和行为特征。普通人和科学家都具备检测到这些真实反应的系统，并且实际上他们在日常生活中都在对它们进行定义。

第 3 章会探讨嫉妒和鄙视的作用范围。谁经历得最多，谁没有？哪些个体和群体最常进行这些比较？人们在哪些领域最容易进行比较？哪些文化最能体现这种动力倾向？

为了解释人类为什么要进行自我比较，我们会在第 4、5、6 章中分别集中讨论比较所产生的各种实际影响中的一部分：我们比较是为了让自己了解所处的位置；我们比较是为了维护自身的自尊心；我们比较是为了确认自己所属的同伴群体，即那些与我们处境相似的人。

所有这些动力倾向都告诉我们，我们什么时候有可能将自己与他人进行比较，嫉妒上层，鄙视下层。嫉妒和鄙视都有更温和的一面，而这暗示着另一种情况。了解这些机制可以激励我们更富有自我意识、社会意识和文化意识。也许我们可以利用这种理解来超越我们对比较的沉溺。

Envy Up,
Scorn Down

第 2 章

嫉妒和鄙视的特点：
看见它们，我们就能认出它们

……但这是一个常见的证明，

那卑微是少年志气的阶梯，

攀登者仰面而上；

但当他爬到最上面时，

他就转过身去，

望向云中，鄙视

他登上的阶梯。

——莎士比亚《尤里乌斯·恺撒》中布鲁图斯的台词

（Brutus，*Julius Caesar*，Ⅱ.1.21–27）

嫉妒和鄙视的迹象是无处不在的，因为垂直层级是无处不在的。这种垂直的社会结构，或叫"野心的梯子"，是人类社会系统的重要组成部分。群居动物都存在等级制度，哪怕是鸡群也有其吃食的先后顺序。社会的协调、稳定和调节都需要这种等级制度。尽管嫉妒和鄙视会带来危害性副作用，但我们的社会系统仍然需要这种地位上的差异存在。因此，当我们看到它们时，我们就能认出它们。

但嫉妒和鄙视也会使我们尴尬。无论在公开还是私下场合，我们并不情愿去承认自己拥有这两种感觉。当我在聚会上告诉朋友们我正在筹备此书时，他们非常好奇，却不愿提供一个嫉妒或鄙视他人的故事。没有人想有这些不良的情绪反应。这就好像我们对动词"比较"进行了定义和修饰，因此："我评估，我们判断，你批评，他们着迷。"在我们自己的内心看来有用的东西，在别人看来往往是可悲或者可鄙的。那么，我们如何发现这些我们都不愿承认的社会比较呢？

正如在第 1 章中所提到的，地位－能力是形成第一印象的两个主要维度之一，另一个是合作－温暖。当我们遇见一个人时，最先要做的判断之一就是看对方是否有能力去执行他自己的意图。我们的研究表明，地位－能力是社会认知的两个基本维度之一。该结论也得到了其他研究者的支持[1]，例如欧洲的研究就发现，在形成第一印象时，人们有近三分之一的行为可以通过地位－能力维度来解释[2]。因此，从我们第一次与其他人相遇开始，我们就会对对方的相对地位和大致能力有所警惕。

一旦群体形成，有些人在其中的地位就会慢慢高于其他人[3]。这是因为，群体会自发地授予成员们地位[4]。那些天生的领导者似乎最能代表群体的共同价值观，所以他们在解决不确定性方面似乎是最有能力和最专业的。这样一来，他们就影响了群体中的其他成员，同时也控制了奖励机制；此外，他们还提供了令人放心的组织结构和可预测性。这种模式会发生在所有的社会群体中，但在工作群体中更为突出。

当我们去工作时，我们不仅仅是为了谋生，更是为了满足一些其他的需要，比如，想要对某个群体有归属感，想要拥有可预测性，以及想要在群体中能够掌控自己的生活。这些对预测和控制的需要，可以说会在一个具有等级制度的组织中得到最好的满足。正如黛博拉·格林菲尔德和拉里萨·蒂登斯（Larissa Tiedens）所说，尽管在 21 世纪出现了温和的管理风格 [5]，但在所有的组织结构中，地位始终是核心。群体之所以成为群体，是因为如果不授予某些小群体和个人相比于其他人更大的权力和价值，那么这些组织就难以协调它们的活动，也难以激励它们的成员。有些学者致力于去寻找没有等级制度的群体组织，但据他们所言，每一个已知的组织内部都有其等级制度的存在。当组织形成时，地位随即自然而然地产生。人们比较偏好那些对群体成员的地位高低拥有共识的组织。更重要的是，地位一旦构建起来，地位体系就会自我延续、自我辩护和自我合法化 [6]。等级制度似乎是不可避免的，甚至是有用的。

如果我们如此不懈地需要等级制度，那我们的大脑肯定也会为此而被塑造。因此，本章将探讨我们在不同研究领域中对等级制度的认识：我们的情绪如何标记它，我们的大脑如何理解它，我们的行为如何表达它。在每一种情况下，讨论所依托的证据都来自个人、同伴、群体和社会层面，并且个体会受到这些层面的共同影响。我们每个人都仿佛是礼仪大师，精通上上下下的礼节。同时，我们也能够注意到嫉妒和鄙视的迹象，尽管不总能意识到 [7]。

地位的神经特征

在我们的大脑中，有两个像杏仁一样的微小区域，被称为杏仁核，它们时刻提醒着我们哪些事情是真正重要的。当我们遇到一些能够唤起我们情绪的事情时，杏仁核就会被激活，例如一条足以致命的蛇或者是我们自己的小孩。杏仁核能够存储情绪记忆，集中注意力，联络并控制着"战斗或逃跑反应"的生理系统[8]。那些杏仁核有损伤的人，对任何事物都不会感到害怕。而那些杏仁核过度活跃的人，甚至会害怕自己的影子。杏仁核能够对重要的事件做出快速、自动的反应，集中注意力并唤醒情绪。杏仁核参与对刺激的即时评估，尤其是不可预测的刺激。在生活中，这些最不可预测但又最重要的刺激因素，往往就是其他人[9]。在社会认知中，当我们遇到在情感上对我们很重要的人时，无论是好是坏，杏仁核都会稳定地运作起来。

正因如此，人们的杏仁核会在我们这里讨论的两种社交场合中变得活跃，即产生嫉妒（向上社会比较）和鄙视（向下社会比较）的社交场合。正如杏仁核的活性变化所揭示的那样，向上和向下的社会比较对我们而言都具有重要的意义。就在这种上下的社会比较过程中，我和拉莎娜·哈里斯观察了人们杏仁核的激活情况。在普林斯顿大学的脑部扫描仪中，大学生们观察了 48 个人的图片，这些图片显示了在群际情绪 – 刻板印象 – 行为趋向系统模型（Behaviors from Intergroup Affect and Stereotypes Map，BIAS Map,Cuddy, Fiske, & Glick, 2007）的温暖 – 能力维度空间中可识别的社会群体（见图 2-1）。

图 2-1 BIAS 地图中的社会群体

Source: Compilation copyrighted 2010 by Fiske and Harris.
注：从右上顺时针顺序依次为：骄傲、嫉妒、厌恶和怜悯。厌恶组和怜悯组会引起鄙视。

在实验中，大学生被试需要花 6 秒钟来观察每张图片，然后报告自己对此的情绪反应。我们预测，大学生被试在俯视那些社会地位比较低的群体时，例如无家可归者和吸毒者，通常会报告出厌恶（一种与鄙视和蔑视相近的情绪反应）；相反，被试在仰视那些社会地位比较高的群体时，例如富人和商人，通常会报告出嫉妒。事实上，他们确实在进行向下和向上的社会比较时[10]，分别报告了厌恶和嫉妒情绪。更重要的是，他们的杏仁核在这两种情景下都被激活了（见图 2-2）[11]。

其他的研究同样也揭示出嫉妒者和鄙视者的杏仁核活跃现象。在另一项关于嫉妒的神经科学研究中，被试在观看男性首席执行官的面孔图片时，他们的杏仁核会被激活，并且其激活程度不仅能预测被试对该首席执行官的领导能力的评分（大脑发出信号：这是一个值得关注的人！），还能预测该首席执行官所在公司的盈利情况[12]。在另一个完全不同的嫉妒研究领域，研究者要求年轻女性观看身材苗条的模特图片，同时还需要将自己的身材与这些模特进行比较[13]，结果发现这些年轻女性的杏仁核激活程度与其观看图片时的焦虑水平存在显著相关。

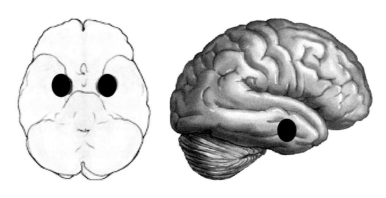

图 2-2　杏仁核在大脑中的位置

来源：作者绘。

注：从水平切片看（左），从侧面看（右），杏仁核位于内部。杏仁核通常会在受到重大情绪刺激时被激活。

杏仁核与神经层面的鄙视有关的一个例子是白人学生对不熟悉的黑人学生照片的反应。研究发现，尤其是那些在种族主义的精细测量中得分较高的白人学生的杏仁核被激活的程度更高，这与这种神经反应更多地表现出他们对种族外群体的厌恶（而非简单的不适）一致。[14] 随着类似的研究越来越多，研究者们形成了一定的科学共识：人们在进行向上和向下的社会比较时，杏仁核是他们产生情绪反应的神经基础。

嫉妒的神经特征

除了杏仁核对大脑的其他部分发出信号外，还有哪些特定脑区会在人们进行向上社会比较时被特异性激活呢？按定义，那些令我们为之嫉妒的人，拥有我们想要却得不到的东西。地位高的人拥有威望，权力大的人掌控资源。这些可望而不可得的东西深深吸引着我们，让人们经常下定决心去迎接挑战。首先，我们必须要察觉到自己与这些人的差距，即意识到他们拥有更好的境况这一事实。其次，如果我们想要掌控自己命运的话，我们还必须关注这些人。只有同时加工了这两个过程的脑区，才可以被称为嫉妒的神经基础。

我们需要察觉到自己和我们嫉妒的人之间的差距。大脑的前扣带回（anterior cingulate Cortex，ACC）正是这样一个差异探测器（见图 2-3）[15]。当同时输入大脑的信息相互冲突时，前扣带回能够将注意力集中在这些差异上，以便更高级的脑区去解决这些冲突。这么说似乎有点儿牵强，但是这种向上的社会比较似乎会呈现出这一潜在冲突：那些与我们相似的人表现得很好，但那些人却并不是我们。迄今为止，神经科学的证据也支持了这一推测，表现为将嫉妒定义为向上比较的研究经常会报告前扣带回的激活。例如，年轻女性在观看理想的苗条女性身材时，她们的前扣带回就会被激活[16]。此外，另一项研究则是要求被试去阅读其他三名学生的介绍材料，其中一名同性的同龄人拥有更好的资历、更高的人气、更多的财富和机遇，被试自然对这名学生表现出更多的嫉妒[17]。更重要的是，相比于另外两名学生，被试在阅读这名令人嫉妒的学生的材料时，他们的前扣带回被激活的程度更加强烈。更有力的证据在于，被试报告的嫉妒越多，其前扣带回被激活的程度就越强烈。还有其他有关前扣带回的研究揭示出它与嫉妒有关，比如受到不公平对待会显著激活前扣带回部位，并释放出有关疼痛的神经信号[18]。总之，关于嫉妒的神经网络，前扣带回似乎是一个合理的候选，尤其是在我们对那些令人嫉妒的人产生注意的第一阶段[19]。

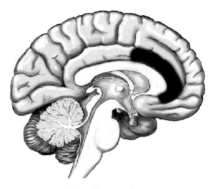

图 2-3　前扣带回，大脑的差异探测器

来源：作者绘。

在我们注意到那些令我们嫉妒的人拥有我们想要得到的东西时，我们就开始打他们的主意。在最坏的情况下，我们会想要夺走他们的珍贵之物。在最好的情况下，我们则想去搞明白他们是如何得到这些珍贵之物的，或者寄希望于他们能够与我们分享这些珍贵之物。无论哪一种情况，我们都需要弄清楚他们的想法。当我们思考他人的想法时，起主要作用的脑区是内侧前额叶。我们在第 1 章就提到过，这个神奇的脑区会在我们思考他人的想法时被激活[20]。这一现象，在我们思考那些对我们重要的人的想法时尤为明显，而那些令我们嫉妒的人，实际上也对我们很重要。例如，女性被试在观看身材苗条的模特的照片时，会去比较自己的身材与模特的身材，从而引起对自己身材的焦虑感，这时这些女性被试的内侧前额叶就会被激活。如果遮蔽模特的脸部，则会使得被试难以察觉模特的想法，从而使被试的内侧前额叶激活得更加明显[21]。显然，仅仅是思考这群模特如何获得完美身材，就足以使被试们试图去思考这群模特的内在想法。

在我们的实验室里面，学生观看自己想要成为的人的照片时（例如富人和商人），其内侧前额叶的激活程度要明显高于他们观看低社会地位的人的照片（例如无家可归者和残疾人）[22]。我们曾在第1章中指出，鄙视与内侧前额叶的活性被抑制有关，而嫉妒则表现为相反的模式。

内侧前额叶的激活与人们追求社会性奖赏有关，从某种程度上说，这种奖赏是由他人所控制的[23]。在一项研究中，被试要么接受电脑奖励的果汁，要么接受真人评委奖励的果汁，结果发现，被试在接受真人评委奖励的果汁时，其内侧前额叶的区域激活得更加明显。类似地，另一项研究不仅要求被试观看令人厌恶的人和令人嫉妒的人的照片（例如，无家可归者和有钱人），还要求他们观看令人厌恶的物品和令人嫉妒的物品的照片（例如，肮脏的马桶和奢华的轿车），结果发现被试在观看令人嫉妒的人时，其内侧前额叶激活最为明显。

上述研究并未涉及人与人之间的直接交互，而在真实的人际互动场景中，由真人提供的社会性奖赏同样也会引起内侧前额叶的反应。人们追求社会性奖赏时引起的内侧前额叶活性增加的现象，同样可以拓展到与他人合作的场景。在我们的实验室中，丹尼尔·艾姆斯（Daniel Ames）要求本科生与一位教育学专业的专家合作，共同去设计教小学生使用彩色发条玩具的游戏，而设计出最佳游戏的本科生能获得五十美元的奖励。在脑部扫描仪器中，这些本科生会得知专家对他们同伴的教学评价。结果发现，当本科生读到关于同伴的最出乎意料的特征、最令人费解的信息时，他们的内侧前额叶就会激活。内侧前额叶在此处所起到的作用，与其在形成复杂印象中的作用是一致的（图1-6）[24]。

上述的证据都符合嫉妒的特点——当我们遇到一些人，他们正拥有我们所没有的东西，我们的杏仁核会发挥警惕作用，前扣带回会负责察觉差异，紧接着内侧前额叶的"读心"功能开始上线，去解决谁掌握珍宝以及我们如何从中分一杯羹的问题。

鄙视的神经特征

在社会比较的另一个方向，杏仁核通过警醒我们对方会引起我们的情绪反应，来促进鄙视的产生。令人鄙视的人和令人嫉妒的人都会唤醒我们的情绪反应，但二者的产生机制明显不一样。这是因为，嫉妒促使我们接近对方，鄙视促使我们回避对方。人们想要与令人鄙视的人保持距离，目的是防止真实的或者抽象层面上的污染[25]。想一想我们为什么会回避无家可归者：我们害怕他们的肮脏和疾病，我们害怕受到感染，我们害怕与他们的任何联系。在这个过程中，杏仁核就起到了让我们注意这些人的作用。

和厌恶一样，当我们遇到最令人鄙视的人（例如无家可归者和吸毒者）时，我们的脑岛会活跃起来（见图 2-4）[26]。脑岛能够对我们的身体状态做出准确的反应，例如感到厌恶或兴奋。相比于其他脑区与情绪的联系，脑岛与厌恶之间的联系是最为可靠的[27]。但是，脑岛和杏仁核都能对各类常遭到鄙视的人做出反应，例如那些肥胖的人、在身上打孔的人和变性的人[28]。更重要的是，观看他人的厌恶表情，同样能够激活我们的脑岛，因为厌恶是一种可以被模仿和分享的情绪反应[29]。鄙视就是认为对方低人一等，甚至是令人厌恶的，这时脑岛活跃起来，也是理所应当的事情。

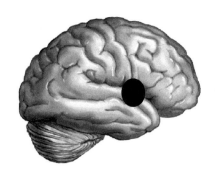

图 2-4　脑岛

来源：作者绘。

注：图中显示了横切面，脑岛位于外侧面的内部。

鄙视其他人就是为了彰显自己高人一等，因此想要鄙视他人，就必须拿出自己优于他人的证据。这样的自吹自擂能够激活大脑的奖赏系统。也就是说，进行有利于自己的社会比较能够激活我们的腹侧纹状体（见图 2-5）[30]，而腹侧纹状体能够反映我们在名利场上的优势[31]。例如，相比于社会地位低的人，社会地位高的人更容易被别人奉承，这时他们的腹侧纹状体就被激活了。类似地，当社会地位高的人向慈善机构捐款时（这是彰显自己高社会地位的另一种形式）[32]，他们的腹侧纹状体同样会被激活。为了达到鄙视的目的，我们必须高人一等，而作为自恋者的我们，这一眼高看本身就是一种奖赏[33]。

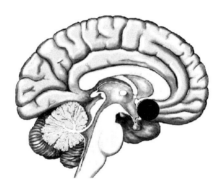

图 2-5　腹侧纹状体

来源：作者绘。

幸灾乐祸的神经特征

当一个令人嫉妒的人走下神坛，成为我们鄙视的对象时，嫉妒和鄙视这两种情绪就会产生激烈的化学反应。近十年来，当我们看到玛莎·斯图尔特（Martha Stewart），伯尼·麦道夫（Bernie Madoff），泰格·伍兹（Tiger Woods）这样的百万富翁、明星和政客纷纷倒台时，我们心中的愉悦感是带有内疚的。我们最容易感到幸灾乐祸的时候——对他人的不幸感到高兴——是当对方曾是我们嫉妒的对象时。他们这些看似罪有应得的不幸，使他们成为我们鄙视的对象。例如这么一个场景，一位穿着阿玛尼西装、用着黑莓手机的对冲基金经理，一边踩着狗屎，一边冲进他停在路边的豪华轿车，是不是令人捧腹。相反，无家可归者或者残疾人踩到狗屎就没那么好笑了。在普林斯顿大学研究生米娜·奇卡拉（Mina Cikara）的博士论文中，就清楚地展示了鄙视那些令人嫉妒的人是一件多么有益的事情，其中起关键作用的就是腹侧纹状体[34]。类似地，让学生将自己和一个优秀的同伴进行比较，然后告诉他们这位同伴刚经历了一次挫折，这一过程不仅激活了控制奖赏的腹侧纹状体[35]，还发现了腹侧纹状体的活动与负责识别差异并产生嫉妒的前扣带回之间存在的关联。这就表明，幸灾乐祸的产生依赖于有差异的向上比较。

　　所有这些潜在的神经信号——嫉妒、鄙视、幸灾乐祸——都会让大脑的神经系统开始警惕，解决社会性问题和进行自我关联。与这些有用的神经活动相一致的是，嫉妒和鄙视作为情绪出现，同样可以提醒我们要照顾好自己的利益。

情绪彰显地位

　　大多数人认为情绪没有用，但事实上，它能够帮我们达成实际的目的。情绪可以向我们发送信息，无论我们是作为个体、伴侣、队友还是公民[36]。情绪使我们适应我们的个人功能和社会功能。大多数人认为情绪是自然爆发的，但情绪常常有助于我们实现那些我们所珍视的目标。情绪是具有适应性的、日常的思维工具，因此我们完全可以从用途上来预测嫉妒和鄙视等情绪。我们可以在从个人到文化的各个分析层面中，具体地看到这一点。

个体通过嫉妒和鄙视来关注自己的目标

首先，让我们从个体水平上来思考我们自己。当目标需要被我们关注时，情绪通过警醒我们来通知哪些事项需要优先处理，并帮助我们维持对这些优先事项的关注——不仅通过追踪目标，还通过追踪我们为达成这些目标所付出的努力。例如：

- 感到内疚提醒我们需要进行弥补。
- 感到吃醋意味着一段关系需要进行改善。
- 感到愤怒提醒我们，自己受到了委屈。
- 感到害怕会让我们集中精力去应对威胁。
- 感到快乐表明目标已经实现了。

嫉妒和鄙视与其他情绪相比，并没有什么不同。嫉妒和鄙视都能够彰显我们所拥有的东西与他人所拥有的东西之间的差距。弗朗西斯·培根（Francis Bacon）说[37]："嫉妒总是伴随着一个人的自我比较；没有比较，就没有嫉妒。"鄙视也是将自己与他人进行比较，只不过是将自己摆在更高的位置。感到嫉妒表明自己低人一等，而鄙视他人则表明自己位高权重。当嫉妒产生时，我们可能希望缩小自己与对方的差距，要么是通过贬低对方（恶性嫉妒），要么是通过提升自己（良性嫉妒）。举个恶性嫉妒的例子，当我们看到对冲基金经理踩到狗屎，或者看到亿万富翁不小心踢到脚趾头、坐在口香糖上面时（见图2-6），人们可以通过我们脸上控制微笑的肌肉的细微活动来察觉到我们正在幸灾乐祸（见图2-7）[38]。当被比较的对象与我们足够相似时，我们对对方的嫉妒特别能引起幸灾乐祸，因为我们与对方的相似程度足以提供与个人相关的社会比较[39]。感到怨恨、愤怒或委屈都能预示幸灾乐祸[40]。我们真的很在意与他人的差距。

被一辆开过水坑的出租车溅湿

图 2-6　幸灾乐祸的刺激样本

来源：作者绘。

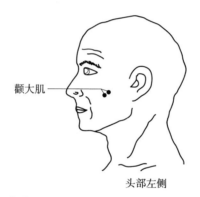

颧大肌

头部左侧

图 2-7　颧大肌：露出幸灾乐祸微妙表情的"微笑"肌肉

Source: Adapted and redrawn from Tassinary, Cacioppo, and Green (1989), figure 4.

　　相反，鄙视某人是为了确认我们处于令人满意的位置，因此鄙视他人并不会让我们在意差距，只会让我们与那个明显境况更差的人保持距离。当我们想要维持我们的优越地位时，我们清楚，我们最好去回避那些"因联系而产生的羞耻感"。史蒂夫·纽伯格和他的同事们首创了这个词，将其用于人们如何去污蔑有同性恋朋友的异性恋者。米歇尔·赫布尔（Michelle Hebl）和劳拉·曼尼克斯（Laura Mannix）发现，一个正常体重的人仅仅是靠近一个肥胖的人，就会产生这种"因联系而产生的羞耻感"[41]。因此，毫不奇怪，我们倾向于去回避那些名声不好或者外表不够靓丽的人，以避免近墨者黑。

个人目标可以是在意自己与优势者之间那令人沮丧的差距，也可以是彰显自己与位卑者之间那令人满意的差距，无论是哪一种，情绪都会追踪我们实现个人目标时的情况。诺贝尔奖获得者、心理学家希尔伯特·西蒙（Herbert Simon）曾描述过如何去制造一个注定要失败的机器人：一个没有感情的机器人会一心一意地、稳定地奔向下一个目标，而对其他一切视而不见；由于不愿意改变其已经设定好的路线，它会因为没有注意到迎面而来的重型卡车而彻底失败[42]。一个感知恐惧的算法可能会弥补此缺陷。对机器人和人类而言，恐惧都可以说是一种被设定为中断目标追求的情绪，以重新规划优先事项并适应瞬息万变的环境。这就是情绪在人类进化中发挥适应性功能的方式。

嫉妒和鄙视会打断其他正在进行的活动，要么通过没有达到预期的标准（嫉妒），要么通过超越他人并保持这一优势距离（鄙视），来提醒我们正面临的风险。嫉妒和鄙视作为情绪，表明了社会比较目标的重要性。当我们跳出思考层面去真真切切地面对其他人时，情绪会变得更加复杂，但我们也会被操纵着去处理这些情况。

伴侣通过嫉妒和鄙视来彼此调和

我们都是人际比较的专家。当我们遇到另一个人时，我们能够迅速判断对方的地位或者优势[43]。这就产生了一个面对面的比较，随之而来的可能就是嫉妒和鄙视。这种自动化的比较如何才能对这样的遭遇或相遇发挥作用呢？不总是给自己排名是不是会更好呢？可能吧。但是社会比较所产生的情绪确实能够让伴侣了解彼此的意图，允许互补的行为，并允许彼此

控制对方的行为 [44]。嫉妒的一方会注意的这一现象，而鄙视的一方则不会。嫉妒和鄙视会让双方都做出有效的假设，以推动社交。然而，调和的好处在分歧的两边各不相同。对优势者有利的，未必对位卑者有利。

对地位高的人来说，比较本身及其公开的性质都会产生自豪感。自豪感是一种以自我为中心的情绪，并倾向于忽视他人（请注意，忽视是鄙视的一个成分）[45]。达切尔·凯尔特纳（Dacher Keltner）和他的同事们对人际关系权力的研究表明，大多数有权势的人都很自信，因为他们对自己所拥有的权力感觉良好。例如，人们在与伴侣讨论时，如果对方认为他们很有权力，甚至仅仅是被随机分配的权力，他们都会表现出积极的情感 [46]。当人们拥有优势时，他们会觉得自己有能力克服挑战，并足够自信其拥有的内在资源能够应对威胁、不确定性，并满足努力的要求 [47]。亨利·基辛格（Henry Kissinger）曾有一句著名的俏皮话："权力是终极的春药，但许多人追求权力和支配地位仅仅是因为占有它们会使自己感觉良好，但或许权力的好处并不局限于卧室之内。"

处于支配地位不仅会使我们对自己产生积极的感觉，还会使我们对他人产生消极的感觉。当地位高的人感到自己高高在上时，他们更有可能对他人表达愤怒和厌恶（鄙视和轻蔑的近亲）[48]。紧锁的眉头表示愤怒，而愤怒反过来又表示正处于毫无亲和力的支配地位 [49]。在一项研究中，大学生在观看了30多张表达不同情绪的面孔图片后（愤怒、恐惧、厌恶、快乐、悲伤、中性），从32个方面评定每张面孔的人格特质。结果发现，这些特质符合两个基本的维度，而特定的情绪会传达出特定的人格特质。例如，对他人表现出愤怒和厌恶，意味着缺乏亲和倾向的支配型人格特质（见表2-1）。

表 2-1　与特定情绪和特征相关的人格

	低支配	高支配
高亲和	恐惧、悲伤	快乐
低亲和	（无特定情绪）	愤怒、厌恶

注：愤怒暗示着一种支配性的、非亲和性的人格；快乐意味着一种支配性、亲和的人格；恐惧意味着一种亲和但从属性的人格；第四种人格组合不代表任何情绪。正如我们对那些地位低下、无能或怀有剥削性的敌意的人所表现出的去人性化策略一样（Harris and Fiske，2006），观察者很难想象这些最低级的人有什么情绪特征。注意此表与 BIAS 地图的地位 - 能力和合作 - 温暖维度的相似性（Fiske, Cuddy, and Glick 2007）。

　　表达愤怒不仅意味着无情的支配，而且还能在与较弱的一方谈判时获得优势[50]。轻蔑表示瞧不起、拒绝和排斥他人[51]。而鄙视则包含了轻蔑他人的自由，因此，鄙视就以这种不正当的方式来为掌权者服务。

　　换个角度来说，身处劣势带来的嫉妒情绪，又有什么潜在的作用呢？想必，我们中没有人愿意在日复一日的比较中总是处于劣势吧。记录我们面部表情的视频显示，如果竞争的舞台与我们有关联，而对手又与我们很亲近，我们就会出奇地介意这些人比我们强[52]。

　　这一连串的不适感为我们大家所熟悉。如果我们地位低下，公开的比较会让我们感到羞耻，这是嫉妒的一个特征[53]。同样，如果伴侣的权力超过了我们自己，我们会感觉很糟糕[54]，我们的自尊心也会因此受损[55]。当我们处于劣势时，我们常常会感觉受到威胁，这会使我们觉得自己没有足够的资源来应对威胁[56]。鉴于这一切，在社会比较中感到绝望怎么可能有用呢？

　　显然，甚至是羞耻、嫉妒、自卑和威胁感都比不确定性、混乱和冲突要好。当一方同意服从另一方的主导时，人际互动是可以预测的。有些时候，投降比死战到底更有利，而我们传达从属地位的一种方式就是通过我们所表达的情绪。当我们表达恐惧和悲伤时，我们会被视为从属，不仅仅是在那一刹[57]，而是作为一种长期的性格特质[58]。体现从属地位的情绪会触发几种放弃的方式：在悲伤时坐以待毙，在害怕时撒腿就跑，在羞愧时无地自容[59]。所有这些从属反应，都表明了情绪如何在一瞬间传达出较低的地位。

　　情绪不仅仅决定一瞬间的命运。许多面部表情似乎是永久性的，比如某个人的脸总是看起来很无辜，因为他的脸上有显得"惊讶"的大眼睛和弓形眉（见图 2-8）。我们对反映等级的情绪线索是相当敏感的，以至于我们甚至能够在那些拥有甜美娃娃脸的人（不管年龄是多大）身上推断出从属地位。我们将面部的不成熟、女性化和柔和理解为从属地位[60]。因此，我们甚至会捕捉到意想不到的情绪线索。

非支配性：恐惧　　　　　　　　　　　　支配性：愤怒

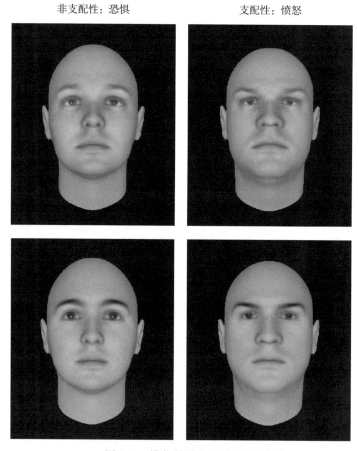

图 2-8　模仿情绪的固定面部特征

Source: FaceGen 3.1, face generation software; stimuli from Oosterhof and Todorov (2008).

我们几乎无法控制面部的固有特征，但我们确实可以在一定程度上控制自己的情绪反应。所有这些情感交流渠道都倾向于半意识地运作，而转化为等级的情感通常是在意识之外进行的。虽然占据主导地位所带来的情绪优势是很明显的，但是处于从属地位所带来的情绪优势却不那么明显。据推测，甚至是对于处于从属地位的人来说，信息要比不确定性或者冲突要好，因此我们很擅长去理解那些划分我们地位的线索。

群体通过嫉妒和鄙视来进行组织

> 他们先是无视你，再来是嘲笑你，接着是打击你，最后你赢了。
>
> ——莫罕达斯·甘地（Mohandas Gandhi）[61]

个体通过关注自己的情绪来追踪自己的目标，伴侣通过阅读彼此的情绪来了解对方，群体也是如此——通过利用群体的情绪，群体能够管理群体的共同目标和成员[62]。甘地提出，强大的群体在与反叛的少数派充分接触之前，会通过忽视和嘲笑来鄙视这些少数派。举个日常生活中的例子，我们说闲话不仅仅是为了将自己与话题的受害者区分开来，也是为了与这些说闲话的参与者结成同盟。在社交中，当群体成员在分享自己对第三方的感受时，他们彼此就会建立起联系[63]。

通过群体导向的感觉，群体扩展了自我[64]。正如艾略特·史密斯、黛安·麦基（Diane Mackie）和他们的同事指出的那样，人们将群体融入自己，因此他们会代表自己的群体做出情感反应。也许群体本身并没有真正体验到情绪，但人们会报告他们作为团队一员所感受到的情绪——"作为美国人，我感到很骄傲""作为共和党人，我感到很愤怒"。这些群体导向的情绪与人们作为单独个体时体验到的情绪有所不同，前者取决于群体成员们对群体及其共同价值观的认同。如果我们所珍视的群体处于低下的地位，那么作为一个群体成员，我们也会感到地位低下，我们还会代表我们的群体去体验随之而来的情绪。反之，也是如此。我们的群体在社会中的地位决定了我们的集体情绪，包括嫉妒和鄙视。

顺着这样的思路，群体内部的自卑感会带来伤害。例如，当我们最喜欢的球队输了时，我们会嫉妒对手的胜利。社会神经科学家米娜·奇卡拉招募了红袜队和洋基队的铁杆球迷来观看一场视频游戏版的棒球比赛。研究发现，自己球队赢球时，球迷们会表现出喜悦；相反，自己球队输球时，球迷们会表现出愤怒和痛苦。并且，球迷们还希望对方球队遭殃：他们会为对方球队的失败而高兴，也会为对方球队的胜利而愤怒和痛苦。研究还发现了一种恶意的幸灾乐祸：当对方球队在与另一支球队的比赛中失败时，球迷们也会为此感到高兴。和之前一样，大脑扫描的结果也支持这些自我报告的情绪。仅仅是对球队的忠诚，就会让球迷们的大脑活动表现为类似球队失败时所产生的共情痛苦反应。在自己支持的球队赢球时，或者对方球队输球时，球迷们腹侧纹状体中的部分奖赏环路会被激活（见图 2-9 ）。并且，球迷们在经历上述的幸灾乐祸时，他们的腹侧纹状体也会被激活。球迷这个社会身份，就足以让他们的神经奖赏环路运作起来。当然，幸灾乐祸也有其后果：腹侧纹状体的激活与球迷们报告的起哄、侮辱、 威胁和殴打对方球队的粉丝相关 [65]。

为什么人们也会关心对手与第三方的竞争结果呢？哲学家弗里德里希·尼采（Friedrich Nietzsche ）认为，因自身所属群体的自卑感所产生的痛苦，会引导人们去关注由外群体的失败所带来的替代性快感 [66]。在面临使人泄气的低地位时，如果群体成员能够分享对对手不合理胜利的愤怒，那么保持对群体的忠诚将会取得更好的效果 [67]。共同的怨恨巩固了群体成员之间的关系。我们互相理解，因为我们都讨厌"他们"。

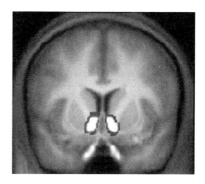

图 2-9　球迷们腹侧纹状体的激活水平

Source: Author's figure based on data from Cikara, Botvinick, and Fiske (2011).

注：（左）仅展示了插图；实际的刺激显示了一个棒球场地示意图和相关比赛的动态视频。（右）大脑的腹侧纹状体、伏隔核和壳核的冠状面，与奖赏感有关。

　　更重要的是，我们的美德与对手的邪恶成正比。事实上，高度认同自身所属群体的人很容易发现自身群体受到的伤害，并会做出保护性反应，还会将群体受到的侮辱视作对自己的侮辱[68]。这一点符合史密斯和麦基提出的"将群体融入自我"的想法。感受到自身所属群体被压迫的忠诚者，会反过来贬低和歧视外群体[69]。这样做有利于受伤害的内群体，提高集体自尊心（群体成员对群体价值的感受）和群体成员个人的自尊心[70]。例如，乔兰达·杰腾（Jolanda Jetten）和她的同事们研究了在身上打了许多孔的人，发现这个群体的成员经常感到被主流社会污名化。这些人感受到的歧视越多，他们就会越认同自己所属的群体，也会感受到更高的集体自尊心。

　　除了组织群体间的关系，情绪还可以稳定群体内部的地位。就像伴侣通过表达适当的情绪来协调彼此的地位一样，群体内的成员也可以通过此方式来协调彼此的地位。群体领导可以去开玩笑、大笑，甚至是表达愤怒和轻蔑，而其追随者则不能表现出这些情绪；当然，追随者可能会表现出羞耻、恐惧和尴尬[71]。当员工在公共场所嘲笑他们的老板时，企业就注定要失败。运作良好的群体显然青睐共同的目标、清晰的边界、稳定的等级制度所带来的情绪确定性，尽管那些处于底端的人可能会经历一些负性情绪。个体加入群体，首先是为了感到确定和安全[72]。

文化通过嫉妒和鄙视规范大众

> 公开的嫉妒还有一些好处，是私下的嫉妒没有的。公开的嫉妒是一种排斥，它使那些过于伟大的人黯然失色。因此，对伟大的人来说，公开的嫉妒也是一种束缚，把他们限制在有限的范围之内。
>
> ——弗朗西斯·培根，《论嫉妒》（"Of Envy"）（1597）

弗朗西斯·培根已经观察到，公开嫉妒的威胁也可能遏制地位高的人。文化也能够通过鄙视的威胁来规范大众。从这个意义上来说，鄙视和嫉妒都是道德情感，以区分文化的对与错。同样的，人们在为文化规范服务的过程中，能有效地调节嫉妒和鄙视。

心理学家很少去研究鄙视，但他们已经彻底地研究了鄙视的近亲——厌恶，以及某种程度上的轻蔑。厌恶显然是一种道德情感[73]。当有人打破禁忌时，其他人会说"那太恶心了"，这就是真正的话题终结者。在某些情况下，"下流"意味着卑鄙和残忍，或者粗鄙和厌恶，所以不道德的行为令人厌恶。厌恶代表拒绝、排斥和驱逐。我们对一些人的厌恶表明，他们违反了神圣的禁忌，玷污了自己，危及了神圣和纯洁。当我们承认对无家可归者和吸毒者感到厌恶时，我们在一定程度上是对这些人在道德和身体上被污染的形象作出反应[74]。厌恶宣布，文化将这些人排除在完整的人性之外。此外，我们避免厌恶他人的愿望是避免厌恶和不道德行为的强大动力。

　　流言蜚语是一种利用厌恶来控制社会的方式[75]。人们更有可能去传播这些令人厌恶的故事，但没有人想成为这些流言蜚语的内容。举个例子，学生们阅读了一系列关于另一个学生的快乐、悲伤或恶心的故事；然后他们必须选择一个故事与熟人交流。结果发现，最令人厌恶的故事（例如，在公共场所大醉）高居榜首。都市传说有选择性地流传使它们变得令人厌恶[76]。奇普·希思（Chip Heath）、克里斯·贝尔（Chris Bell）和艾米莉·斯腾伯格（Emily Sternberg）对令人厌恶的都市传说的主题进行了评分，发现它们都传达了令人厌恶的内容，也就是禁忌（见图 2-10）。

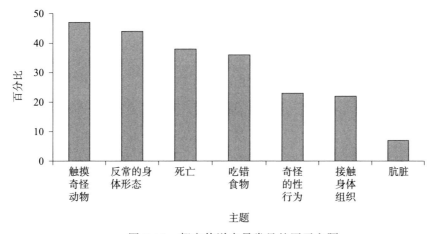

图 2-10　都市传说中最常见的厌恶主题

Source: Author's compilation based on data from Heath, Bell, and Sternberg (2001).
注：故事越恶心，转发的人就越多，出现在网站上的频率也就越高。

　　轻蔑也是一种道德情感；事实上，它和厌恶一样，能够预测什么东西将出现在都市传说网站上。轻蔑意味着有人冒犯了社区规范，而维持适当的等级制度就是这样一种规范[77]。也就是说，当人们偏离了自己的角色、职责、荣誉、权威和忠诚时，他们会遭遇被轻蔑的风险。当孩子对父母说脏话，高管在通勤列车上拒绝坐在工人旁边，公民焚烧国旗，或者不出席自己母亲的葬礼时，日本和美国的学生都会选择轻蔑的面孔和"轻蔑"这个词来表达他们对这些违反规范的行为的反应。这些情绪是有用的，在某些情况下，它们通过鄙视的近亲——轻蔑和厌恶——来管控人们，这对文化也是有用的[78]。

作为一种文化体验，嫉妒表达了共同的愿望和对不平等人群的关注[79]。嫉妒可能是有害的，但是通过嫉妒我们能够知道我们重视什么。嫉妒表明，某些人已经获得了令人嫉妒的地位，但是它也表明，被嫉妒的人没有对其他人表现出适当的、尊重的或者体贴的行为。嫉妒带来了不公正的感觉，这种感觉是建立在文化规则所定义的公正概念上的[80]。尽管嫉妒赋予了胜利者地位，但当他们意识到自己被嫉妒时，他们可能会因被他人憎恨而感到痛苦[81]。被人嫉妒同时包含了竞争的成功（经历胜利时的甜蜜）和恐惧（报复或者痛苦的威胁）。当我们被人嫉妒时，如果我们重视这段人际关系，我们要么去淡化双方的差异，要么去同情嫉妒者，这些努力都有利于我们去挽救这段关系。和鄙视、轻蔑、厌恶一样，嫉妒也是道德情感，因为它与不公正有联系。所有这些道德情感，都在帮助我们遵守文化的规范。

道德情感作为一种文化，控制着无法避免的等级制度中的全部群体。至少在一些情况下，为了规范某些行为，文化中的一些成员必须要去表达这些情感——尽管有些时候，仅仅是其他人表达鄙视或嫉妒的威胁就足以让我们表现得更为得体。无论哪一种形式，社会共享的情绪对文化、群体、伴侣和个体都是有利的。情绪促进我们去协调与他人的关系，去换位思考，去依据他们的相对地位来对待他们。当我们意识到嫉妒和鄙视时，无论好坏，我们都在维持社会的等级制度。

认知解释地位

正如我们所见，人们经常进行向上和向下的比较，但我们为什么要这样做呢？其中一个答案就是，我们也需要与地位有关的认知。在其他条件相同的情况下，思考会产生连贯性和确定性。而混乱和担忧则服从于认知。当然，并非总是如此，但这就是认知的目标。当我们犹豫不决时，我们常常寻求他人帮助以保持自身的清醒。文化心理学家认为，所有的意义都是社会性的[82]。我们尤其乐意通过参考其他人来破解地位谜题，因为地位总是相对的。作为个体，我们进行向上和向下的比较，是为了评定我们目前的和可能的相对地位。在群体中，当我们作为一个典型的领导来代表其他人时，我们也会这样做。在社会中，当我们刻板地将群体划分为高地位和低地位，我们也会这样做。所有这些认知过程都促进了对我们所处地位的理解。

每个人都知道自己的地位是相对的

个体进行地位比较的标志是对自己地位的不确定性，这激发他们进行向上、向下和横向的搜索。这个理论可以追溯到著名社会心理学家利昂·费斯廷格（Leon Festinger），他对人们如何评估自己的能力和观点很感兴趣[83]。他认为，在能力和观点两个主题下，人们都会将自己与他人进行比较，以便了解自己相对于这些人的地位。大量文章已经论述过这个理论，我将在后面的章节重点介绍与地位最相关的内容。现在，请思考一下我们如何去识别和利用这些比较的认知。费斯廷格认为，当没有更客观的标准时，人们会将自己与他人进行比较。例如，想要弄清楚自己的体重，只需要一个体重秤。然而，想要弄清楚自己胖不胖，就需要将自己与他人进行比较了，目标可以与你的性别、年龄、阶层相同。即便如此，多胖才是"胖"呢？在没有其他人和客观衡量标准的情况下，也就没有人为体重、能力、信仰或我们所关注的地位设定标准。而社会比较至少能让人产生一种准确的错觉。

正如迪德里克·斯塔佩尔（Diederik Stapel）和哈特·布兰顿（Hart Blanton）所展示的那样，我们天生就有比较的认知能力，会自动地进行比较认知[84]。即使是无意识地看到同伴的脸，哪怕只闪现了几分之一秒，也会导致参与者进行比较思考——他们会自动联想到自己。实验者要求参与者猜测外语代词是否为第一人称来测量参与者的自我相关思维。结果发现，那些猜出更多第一人称代词的参与者会想到更多的自我。在无意识条件下呈现出同伴的脸（启动效应），会导致参与者进行比较思考。

将自己与他人进行比较涉及心理学家所说的对比效应。例如，无意识地看到年轻面孔会让我们觉得自己变老了（反之亦然），而看到有魅力的人会让我们觉得自己没有吸引力（反之亦然）。小丑让我们觉得自己更聪明，爱因斯坦让我们觉得自己更笨。所有这些都是对比效应，不管我们是公开还是秘密地评价自己，它们都会发生。然而，当我们处于一种不确定的状态时（这使我们准备好接收比较线索），对比效应更有可能发生。

当我们习惯于任何一种比较之后，我们就会变得高效；就像自动搜索引擎一样，我们会立即将注意力集中在与特定比较最相关的信息上，填补空缺，加速判断，然后释放我们的大脑去做其他任务[85]。自动化操作会让我们更倾向于将自己与他人进行对比，比如在外貌上[86]。当我们关注自己的时候，我们会自动地把自己和比较对象进行对比[87]。我们会自动地通过与他人的对比来定义自己。

当我们不努力去思考的时候（也就是说，当我们在进行自动化操作的时候），反复地向上比较会让我们贬低自己的表现[88]。如果我们习惯于进行向上比较，那贬低自己似乎就是我们的默认状态了。显然，我们会自动地推断出：频率反映数量。但是，这种启发式很容易出错。例如某个人恰巧就是精英中的精英。再例如，许多在顶尖学校取得优异成绩的学生，会由于一组扭曲的比较而觉得自己不够好（见图 2-11）[89]。

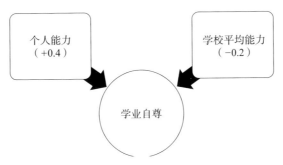

图 2-11　精英—精英—池塘效应

Source: Author's creation based on data from Marsh and Hau (2003).

注：与同等才能的学生相比，国际上超过 10 万名学生的学业自尊受到了损害。条目是 26 个国家的平均相关性。

同样的感觉自己不够好的经历可能会困扰那些恰好与天才有合作关系的人（第 4 章也将论述这个观点）[90]。志趣相投的朋友也可能因此结束这段友谊[91]。偶然的环境决定了我们最直接的、自动的、个人的比较，不管是好是坏。

幸运的是，当我们努力思考时，我们可以克服这些自动化的偏见。例如，当我们仔细思考我们的比较时，反复向上接触效应就会减少[92]。我们也许会意识到，当我们正在反复地看到一些相同的信息时，我们会对冗余的比较不予理会。当我们有动机去考虑相反的事情时，我们能够忽略我们默认的自卑情结。

群体确定了比较的等级

当我们不进行那么个人化的比较时，我们本性中好的一面也会显现出来。到目前为止，我们一直是将人视作个体（我）来进行比较。而当我们以集体的心态（我们）去进行向上和向下比较时，我们会同化而非对比[93]。这是说，我们会根据我们所遇到的对象，来判断我们是与不具吸引力的人更相似，还是与富有吸引力的人更相似。作为一名群体成员，我们会认为"我们同在"。集体化的自我要比个人化的自我更具流动性和包容性[94]。

在接纳群体的过程中，我们使自己适应它。如果群体融入了个人，那么群体就为我们这些愿意被同化的人提供了确定性。研究群体的专家迈克尔·霍格（Michael Hogg）认为，我们可以通过认同那些能减少不确定性的群体来解决我们自身的不确定性[95]。我们选择或者塑造我们的群体以创建确定性。在实验中，主试可以要求被试写下他们感到不确定的时刻，以此来使被试产生不确定感。当一种不确定性真正触及了内心（自我），而群体恰好提供了一个明确的解决方案时，我们特别有可能去认同这个群体[96]。在霍格和他的同事们进行的一项研究中，澳大利亚学生在全国大选前夕对自己支持的政党的影响力进行评价，然后在实验条件下，学生写出什么事情让他们对自己、生活和未来感到不确定；最后，学生对一系列关于他们对自己政党认同程度的项目进行了评分，例如，政党及其支持者对自我的重视程度、喜欢程度和熟悉程度，与政党的相似性和契合度，以及对政党的认同、归属感和联系。结果发现，当他们第一次评价他们支持的政党时，他们对政党的描述越明确，他们就越认同它。这是有道理的，因为我们很难去认同一个模糊的、不明确的、无边界的群体；但是，这种认同边界清晰的群体的倾向，只适用于那些刚刚被诱导产生不确定感的人。相比之下，那些一开始就被诱导产生确定感的人，则不会增加对群体的认同感，即使该群体是一个观点明确的政党。霍格和他的同事们将加入极端组织的倾向（通常是观点明确的）与解决不确定性的需要联系起来[97]。为了减少不确定性，人们更喜欢那些有凝聚力、有边界、同质性的稳固群体。

这些群体有着共同的信念和价值观，包括对成员的要求以及准则。最为典型的成员会成为领导者，部分原因就是他们能让一切变得更具确定性。领导者是群体的典范，领导者是群体的偶像。由此，触发了两个认知过程。首先，群体成员相信，领导者拥有代表群体的合适特质。至少，他们相信这个人是有能力的，无论如何都能够为群体的共同目标和价值观而行动。同时，不同的环境还要求富有能力的领导者具备不同的特质——想想总司令和团体治疗师的区别[98]。将某人任命为领导者，通常会使群体成员相信该领导者象征性地代表了本群体的共同特征。

与领导权相关的第二个认知过程是注意力：人们会积极集中注意力[99]。这种注意力追随着权力，也许部分出于钦佩和效仿，但也可能是出于需要和嫉妒。注意力提供了有关领导者或准确或不准确的详细信息。我们认为有权势的人富有吸引力，是值得我们关注的人。注意力会增强我们自己的感受，让我们了解有权势的人会做什么，以及我们如何影响他们[100]。注意力为我们提供了这种确定性。

社会赋予地位以刻板印象

正如群体在其边界内迅速对个体进行排序一样，社会也会对群体进行排序[101]。纵观世界，富人的地位高于穷人，但财富之外的其他特征也能决定地位。首先，工作内容很重要：专业人士和商人的地位要更高，即使他们是少数族裔或移民企业家。而劳动者、失业者和福利领取者的地位，则比较低。其次，教育也很重要：大学毕业生的地位要高于辍学者。最后，名声很重要：名人和皇室成员的地位要比无名大众高。正如第 1 章所提到的，一些地位标志模仿了人们识别自己社会阶层的方式。

种族也与感知到的地位有关。有些有色人种，尤其是非洲裔或混血拉丁裔，在美国的地位低于盎格鲁白人和亚裔[102]。美国关于移民的辩论主要集中在黑人和棕色人种的移民身上，而不是欧洲、加拿大或亚洲移民。种族与社会阶层结合在一起，部分原因是人们看到了种族与阶层在社会中的联系。拉丁美洲有句话，叫"金钱能把人漂白"。富有的或受过高等教育的少数群体享有更高的地位。阶层，渐渐地凌驾于种族之上。

性别也可以预测地位，尽管种族、教育、职业和社会阶层可以胜过与生俱来的性别地位。例如，一位没有工作的母亲的地位往往取决于她的种族。一个失业的白人母亲比一个全职居家的黑人母亲有更高的地位，部分源于种族在人们的头脑中与阶层的关系，而阶层使我们感受到对方的选择权。也就是说，一位富裕母亲在家做主妇，是其主动选择的结果；而一位贫困的母亲在家做主妇，则暗示她在需要工作的时候不能胜任工作或不愿工作。在艾米·卡迪和辛西娅·弗朗茨（Cynthia Frantz）的研究中，人们推断白人家庭主妇应该得到一份更昂贵的母亲节礼物，而且比黑人作为家庭主妇更加称职[103]；而种族对参加工作的母亲没有影响。据推测，种族刻板印象会使人们觉得白人失业母亲会住在郊区，而黑人失业母亲则应该住在贫民窟。总之，不管一个群体的地位是否来自社会阶层、种族、性别或大量其他属性（如年龄或残疾），认知都会让这一切变得合理。

在整个社会群体中，甚至在人为创建的群体间感知的模拟实验中，地位高的群体都认为自己具有优越的属性，而地位低的群体则认为自己低人一等。如果在某些维度上得到不太理想、地位较低的评价，地位低的群体不会对此有太大的认知偏差[104]。例如，地位较高的人认为自己有能力（聪明、能干），他人也这样认为；而地位较低的人认为自己更热情（更友好、更诚实）。诚然，这些都是自我刻板印象，但有时它们会蔓延到社会刻板印象中，不管是地位高的还是地位低的人都是如此。这种身份划分的例子反映了主要种族和少数种族的刻板印象（富有干劲对比热情随和）、男性和女性（自我中心对比集体分享）、上层和下层阶层（精英主义对比脚踏实地）的刻板印象（见图2-12）。

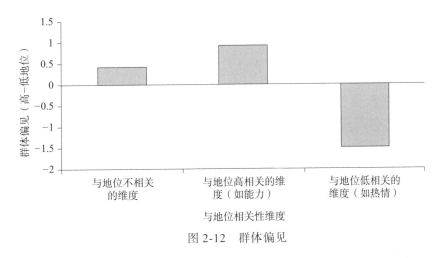

图 2-12　群体偏见

Source: Author's compilation based on Bettencourt et al. (2001) meta-analysis of eighty-seven studies.

注：群体偏见取决于地位。地位高的群体倾向于喜欢自己，而不喜欢外群体，尤其是在与地位相关的维度上，比如能力。低地位群体在与地位身份相关性低的维度上喜欢自己，而不喜欢高地位群体——例如，热情和其他被低估的维度。

总的来说，我们的大脑通过判断谁在谁之上或之下来理解我们自己、我们的同伴和我们的社会。这种认知模式很重要，因为我们的垂直思维和感觉可以预测我们的行为，正如下一节所示。

行为使大脑、情感和思想运转起来

我们总是在确立自己的地位。我们都认识到，日常的交往遵循着地位的脚本与规则。心理学家们并不知道当人们在独处时地位是如何影响行为的，但是我们相当了解当人们作为个体或者群体在一起时，地位是如何起作用的。

个体能体现地位

即使是在一张静态的照片中，也能表现出个体的地位差异[105]。在所有文化中，站得更高、靠得更前、图像更大的人地位更高。权威排名的线索通常是有形的，但也具有象征意义，比如高台上的王座（"是的，陛下"）。地位和有形的线索存在关联，即使是在组织结构图上姓名的位置：更高的高度，更大的跨度，更大的字体都表示更高的级别[106]。即使是一个更重的垫板这样简单的东西，也能使候选人的请愿看起来更加重要。比其他人更高、更重或更强壮也体现了权力和地位，尤其是对男性而言。所有这些暗示都可能让人心生嫉妒，尽管还没有人表现出这一点。

相反，站得更矮、更靠后、图像更小的人地位更低。距离有贬低人的效果，使他们看起来更小。因此，保持与他人的距离使我们更容易看不起对方[107]。事实上，隔着一段距离更容易将对方去人性化。鄙视是看向低处和远处的。

伴侣以地位伴舞

除了静态的比较能够反映出地位，我们日常的相遇也可以体现地位。地位允许我们在日常的生活中彼此协作，而非斗争。地位的不确定性则会让这些互动产生压力。相反，这些不确定性一旦被解决，我们就会内在地同意谁的地位高、谁的地位低，从而使我们相处得更有效率。同步的、相互的信号协调着地位的舞步。

这种协调并不罕见。我们与伴侣的交谈能够一直处于协调状态，主要是通过两种方式——一种是传递热情，另一种是传递地位。我们倾向于在谈话中相互模仿，无意识地模仿对方的肢体语言和言语模式，从而传达热情和团结。我们这么做就会更喜欢对方[108]。

但是，当我们与表现出非语言优势（例如姿势上的扩张）的人交流时，我们会很自然地表现出互补的非语言的、非优势的行为。更重要的是，我们都喜欢以非语言的方式来协调谁是主导者，谁不是主导者[109]。这种共识有助于我们在各个阶层之间实现和谐。但是，交谈双方不能同时发言，或者说至少不能长时间同时发言。所以我们通过轮流发言来协调彼此，例如，轮到我们说话的时候，我们会使用一些没有意义的词语填补空白（例如"所以……嗯……"），并且只进行断断续续的眼神交流。而想要结束自己的发言时，我们会降低自己的音量，作停顿，并睁大眼来示意谈话结束。相反，为了表示倾听，我们会保持眼神交流、保持沉默[110]。

在谈话时，人们使用言语风格来彰显其主导地位。自信、直接、快速、清晰、丰富、直率和标准的言语是主导性言语[111]。在电影《玛蒂尔达》（*Matilda*）中，专横的女校长阿加莎·特朗奇布尔在贬低玛蒂尔达的父亲（他本人也并非胆小之人）时，就展现了这些特点：

> 真是烦人！你这个没用的二手车推销员！我要你开另一辆车过来！马上！是的，我知道"货物一经售出概不退换"是什么意思，你个卑鄙的骗子！我要告你，我要烧了你的展厅，我要把你卖给我的破车塞进火箭筒里！看我不把你收拾得像公路上被撞死的动物一样！[112]

除了言语攻击，占主导地位的人还会使用其他战术。当有机会采取行动时，有权势的人更倾向于采取行动而非深思熟虑，他们懂得随机应变，尤其是在朝着个人目标迈进时[113]。说话和行动能够反映权力，而缺乏这些暗示则表明愿意服从。

最后，非语言的姿势也可以表明你的主导地位。在电影《玛蒂尔达》的另一个场景中，当玛蒂尔达质疑父亲的命令时，父亲的反应是："听着，你这个小机灵鬼！我聪明，你愚蠢；我高大，你渺小；我正确，你错误。你无能为力！"[114]有权势的人通常是"大"人物。拉里萨·蒂登斯和艾莉森·弗拉加尔（Alison Fragale）对此做出了鲜明的解释，她们要求本科生和实验者的助手进行交谈，而该助手以非语言的方式扩张自己——一只手臂搭在相邻的椅子上，一只脚踝搭在另一边的膝盖上[115]。在整个对话的过程中，本科生占据的空间会越来越少——这是后来用尺子抵在视频屏幕上测量得出的。而当本科生与另一位缩得很局促的助手交谈时，这位助手表现得无精打采，两腿并拢，双手放在大腿上，随着时间的推移，本科生会逐渐占据更多的空间。

在研究中发现，各种各样的地位高的人都是很富于表现、很放松、很有侵入性的[116]。支配性的表情出现在纯粹的面部活动中，并有效地传达情绪。支配性的放松表现为开放的姿势和平静、稳定的声音。支配性的侵入表现为直视对方、近距离接触、打断和大声讲话。一个人可以通过把讲话时间拉长、不集中注意力、使用自信的语气、采取扩张的姿势以及其他具有支配性的非语言行为来主导对话。任何与这样的人交谈的人都不是白痴：我们大多数人都可以快速阅读这些信号。

事实上，一个人的非语言行为的一小部分表现（只需要60秒！）就足以揭示社会阶层[117]。在交谈中，上层人士更放松。他们整理自己的妆容、胡乱涂鸦、摆弄物件；他们更少参与交流，不会去看、不去点头、不会笑，也不会扬起眉毛来表示感兴趣。这些线索既反映了自我报告的社会阶层，也预测了感知到的社会阶层背景。当然，服装也能反映社会阶层。虽然更明显的线索可能是名牌西装与肮脏的牛仔布的对比，但更微妙的线索涉及保罗·福塞尔（Paul Fussell）所描述的"易读的衣服"——带有文字的 T 恤，或者任何带有制造商标志的东西（其暗示性稍微低一些）。另一个令人难忘的低阶层的标志是他所说的"无产者西装缝"：一件不合身的西装会在领子后面有一条缝隙[118]。金钱，可以买到低调又合身的服装。

地位高的人确实享有特权，而且正如非语言线索所示，他们也没有必要表现得过分礼貌或殷勤。人们可能会称之为鄙视，并质疑这是否有益。然而，更高的地位也会赋予自尊、假定的高能力、被赞扬的成就，而且——不出意外——他们更喜欢现状[119]。在精英统治的社会中，我们会因成功而被赞扬，会因失败而被指责，因此在大多数人的眼里，哪怕是在自己眼中，我们似乎与现有的地位相匹配。成为社会上层所带来的利益是为了服务自己，而非服务他人，因此地位高低的刻板印象还是带有一定道理的。

社会赋予地位的剧本

由阶层驱动的行为显得太过粗枝大叶，并不得体。当社会阶层作为一个群体运作时，鄙视显得既不高贵也不得体。我们的调查发现，低地位的群体容易被忽视、贬低和忽略[120]。这就是治疗师所说的被动攻击——通过不行动来造成伤害。当一个人有需求并且期望对方做出反应时，忽视这种需求就是一种被动伤害。对于相互认识的人来说，沉默就是最典型的被动伤害。这种人与人之间的排斥是痛苦的[121]。人们非常不喜欢被排斥，哪怕是被他们所鄙视的群体排斥[122]。

在社会中，我们对那些刻板印象中的可怜群体，比如老年人或残疾人，造成了一种被动的伤害。我们同情他们，帮助他们，因为他们的苦难并非他们的过错[123]。但是，我们倾向于通过制度来帮助他们；这也许有利于满足他们的生存需要，但忽视了他们的社会需要，因为我们将他们与社会隔离开了。有人可能会将这种制度化的趋势视为一种被动伤害，即使这是善意的副产品。

我们还会对令人厌恶的外群体——看起来毫无可取之处的人，例如无家可归、吸毒或贫穷的人——施加另一种被动伤害。根据我们的调查，在心情好的时候我们会同情他们并采取相应的行动，但这些群体不仅会受到社会的回避，而且还会受到人们的主动伤害。人们报告说，当这些最底层的人受到攻击时，媒体会表示赞同。在街上对无家可归的人施暴是最恶劣的行为之一[124]。显然，那些袭击无家可归者的人并非处于最高阶层的人，他们大多是横冲直撞的年轻人。然而，一种更功利主义的伤害来自富人——他们认为无家可归者的生命不如中上层阶层的人的生命有价值[125]。那些鄙视社会弃儿的政策同样出自这种功利化的选择。鄙视就是在必须注意的地方不加注意。

如果鄙视的行为是丑陋的，那么嫉妒的行为也是。嫉妒有时是由感到被鄙视的威胁所引发的。攻击往往源于脆弱的自尊受到了威胁[126]。正如传统智慧所说，恃强凌弱者缺乏安全感。对他们来说，攻击往往更像是自卫。攻击者会将偶然的遭遇迅速解释为直接的敌意。向上嫉妒的恶意是为了将那些威胁自身的权势者拉下马。嫉妒会催生出一种想要通过惩罚他人以彰显自己过得更好的意愿；这就是主动伤害，包括了我们调查对象所描述的攻击和对令人嫉妒者的对抗（见图 2-13）[127]。

图 2-13　嫉妒通过愤怒影响攻击性

Source: Author's compilation. See Cuddy, Fiske, and Glick (2007) for details.

注：回归系数表示影响程度，两者都是实质性和重要的。（对于统计爱好者来说，嫉妒对伤害的直接影响是 0.67，但增加愤怒会将这条路径减少到不显著的 −0.18，与完全中介的定义一致。）

社会需要人们感受到行为经济学家所说的不公平的厌恶，即因落后而嫉妒或因领先而内疚。社会心理学的研究表明，相比于是否领先，我们更

在意是否落后 [128]。社会通过人们对不公平优势的反应来实现公平。当我们希望经常与人见面时，当我们关心自己的声誉时，当我们相互尊重以图合作时，我们更担心这个问题。也就是说，当我们存在社会联系时，我们会关心不平等。对不公平、不平等的厌恶可以预测利他这样的好行为，但也会预示利他的惩罚——为了惩罚越轨者而进行社会性奖赏 [129]。

社会还要求地位较低的人与那些他们可能嫉妒的、地位较高的人进行合作。根据我们的研究，长期进行的交易要求位低者一同参加，这是一种被动的融洽和交往。地位较高的群体控制地位较低的群体所需要的资源，所以当形势稳定时，地位较低的群体会适应那些他们无法改变的东西。

然而，嫉妒会产生复杂多变的行为。以散居海外的亚裔和犹太裔的移民企业家为例。从历史上看，他们往往能建立成功的企业。在和平年代，地位较低的群体会容忍甚至顺从这些地位较高的群体（亚裔和犹太裔），在他们的商店里购物，承认他们的成功，但又怨恨他们。但是，在紧要关头，当社会不稳定时，他们（亚裔和犹太裔）就会成为大规模暴力、抢劫和种族灭绝的首要目标。移民企业家沦为受害者的例子，有 20 世纪 90 年代洛杉矶骚乱中的韩裔，印度尼西亚的华裔，东非的印度裔，卢旺达的图西族人和欧洲的犹太裔。所有这些人都已经融入了当地社会，但在社会崩溃的情况下却成了大规模暴力的目标。种族灭绝通常针对曾经享有特权的外群体 [130]。

察觉嫉妒和鄙视

当我们看到嫉妒和鄙视时，我们能认出它们。作为个体，我们时刻保持对地位的自动觉察。当看到暗含支配和服从的表情、姿势、语言和手势线索时，我们的大脑能够立即加工这些线索。我们很容易察觉到轻蔑的撇嘴、厌恶的皱鼻、俯视的目光，以及仰望而带有安抚的凝视。

嫉妒和鄙视的情绪是有用的：能让我们注意到地位及其带来的问题。我们通过注意自己的嫉妒和否认自己的鄙视来追求我们的个人目标，通过嫉妒和鄙视来与我们的同伴协同合作，组织我们的群体，规范我们的社会。和情绪一样，我们的信念解释了我们的相对地位——作为个体、作为群体成员、作为社群。地位决定了行为。

科学可以教给我们很多关于嫉妒和鄙视的知识。我们继续沉迷于垂直社会，因为权力、地位和声望让我们又爱又恨。尽管如此，就像大卫·布鲁克斯所说的，"我们想要那些花花公子来奉承我们、贬低自己"，但与此同时，"我们又想拥有他们的血统" [131]。

Envy Up,
Scorn Down

第 3 章

谁关心比较

引起身份与地位焦虑的因素包括：经济衰退、失业、晋升、退休、与同行的交谈、报纸上的名人报道、朋友取得了更大的成功，等等。就像承认嫉妒（这与情绪有关）一样，在社交场合表露出任何程度的焦虑都可能显得轻率，因此，内心戏的证据并不常见，通常只能见到全神贯注的凝视、脆弱的微笑，或在得知另一个人的成就后过久的停顿。

——阿兰·德波顿（Alain de Botton），
《身份的焦虑》（*Status Anxiety*）

鉴于表露鄙视和表露嫉妒一样，都被认为是社交场合的轻率举动，因此我们内心戏的证据确实并不常见。然而，正如上一章所说，当我们看到这些情绪时，我们就能识别出来，它们无处不在。尽管它们可能令人不悦，但我们还是都体验过引发这些情绪出现的比较。我们会不由自主地进行比较。所以，我们不应该假装自己能够免受其影响，也不应该相信那些说自己对其免疫的人。

尽管没有人能够不做比较，但有些人确实会做更多的比较。阿兰·德波顿认为，身份和地位的焦虑源于各种常见的经历，比如感觉不被爱、抱有不切实际的期望、支持精英统治、害怕势利眼、依赖他人。对几乎所有人来说，我们的幸福有时会取决于他人的爱、期望、判断、尊重和权力，这会让我们感到不安。然而，当身份是个人或群体和文化中的一员时，我们对比较的痴迷程度是不同的。

人们是很有趣的

虽然比较是人之常情，但有些人更热衷于此道。心理学家们已经开发了一种专门测量这种倾向的方法，但许多其他的人格特质也与这种比较的倾向有关。

社会比较倾向

你是否经常将你所爱之人的表现与他人相比？你是否很在意自己行事的方式与他人的区别？你是否会将自己的成就与他人相比？你喜欢和别人谈论彼此的观点和经历吗？你是否会经常将自己在社交中的表现与他人进行比较（例如，你的社交技巧和受欢迎程度）？你是否经常试图了解那些与你面对相似问题的人有何想法？这些问题是从《社会比较倾向量表》中转述出来的示例[1]。

社会比较倾向有两个组成部分：比较我们的能力（相对于他人，我的表现如何）和比较我们的观念（我多大程度上同意他人的观念）[2]。该量表的编制者亚伯拉罕·邦克（Abraham Buunk）和弗雷德里克·吉本斯（Frederick Gibbons）表示，这两个维度——能力比较与考察他人的观念——是相互关联的。

社会比较倾向高的人倾向于为自己考虑，但他们也经常为他人考虑，因为他们的自我是由他人定义的。他们的自我经常自然而然地浮现在脑海中，从而倾向于体验到自我意识[3]。具体而言，他们自己也同意：他们倾向于经常反思自己（私人的自我意识），并担心是否给人留下好印象（公共的自我意识）。当被要求猜测外语代词的意思时（这是一种衡量自我倾向程度的标准方式），社会比较倾向高的人的答案中会包含许多第一人称代词。因为他们的自我总是在他们的脑海里，会在摇摆不定的情况下突然出现[4]。

但与此同时，高水平的社会比较倾向会让人们对他人产生兴趣，并促使同理心的产生，对他人的行为也更为敏感。以社会比较为导向，使他们意识到自己与他人是相互依赖的。他们追求人际关系："他人是我最大的快乐和痛苦的来源；我深受与我在一起的人的情绪的影响；我对人们行为的原因感兴趣。"[5] 所以社会比较倾向高的人不一定喜欢竞争，只是相对喜欢比较。

把自己的幸福过度依赖到他人身上并不好[6]。社会比较倾向高的人更容易受到压力的影响，而过多的社会比较倾向会让人变得神经质，常常感到难过；反过来，神经质的人也会经历更多的焦虑、内疚、愤怒和羞愧。社会比较倾向在某种程度上与糟糕的感觉有关，但并不总是如此。然而，这些与消极情绪的联系，对常常受比较左右的人来说，确实是一个危险警告。

社会比较倾向高的人既进行向上比较也进行向下比较——也就是说，他们既不专于嫉妒也不痴迷鄙视[7]。这些人会对所有的事情进行比较——不仅仅比较那些显而易见的事情，比如成就，还比较他们的健康、婚姻、抑郁，甚至是酒驾致死的风险或因不安全性行为而感染艾滋病毒的风险。任何声称这些没完没了的比较是适应性行为的说法，都很难得到支持。例如，在工作场所，我们知道这种行为会导致不良后果——沉迷于比较的人会将精力放在下属带来的威胁上，担心这些人可能会将他取而代之。社会比较倾向高的人还会从一种更为悲伤的视角来看待自己的下属：他们认为这些下属的处境就是自己最坏的下场，害怕自己可能也会如此[8]。在工作中，社会比较倾向高的人会关注那些做得不好的人，甚至认同这些人（"要不是为了钱……"）。沉迷于比较的人对自己的成败几乎没有任何控制感，当他们已经饱受压力时，他们特别容易受到这些向下比较的消极影响。

社会比较倾向高的人能够通过与倒霉的位卑者保持更多的心理距离来克服自己的比较倾向——例如，假设任何不成功的人都未曾真的努力过（他们认为这与自己的情况不同）。澳大利亚大亨艾伦·邦德（Alan Bond）就说："我一直非常非常努力地工作，我越努力，我就越幸运。"[9]不幸的是，他也违反了太多法律，最终进了监狱。这种自我辩护策略并非只是在为欺骗而服务时不奏效：遇到一个工作非常努力但仍然没有成功的人时，那些已经有抑郁倾向的、沉迷于比较的人会变得更忧伤、更沮丧。通过向上的比较，他们也可能感到类似的沮丧——"我永远不会像那个成功者那样优秀"——除非他们能把卓越的成功者视为工作狂，从而与他们保持距离。认为他人工作太少或太多都是认知距离的一种形式[10]。我们都会时不时做出这样的判断，但是社会比较倾向高的人尤其容易做出这样的判断。

气质型嫉妒

> 嫉妒……在于从来都看不到事物本身，而只看有关于其的
> 人……如果你渴望荣耀，你可能会嫉妒拿破仑；但拿破仑嫉妒恺
> 撒，恺撒嫉妒亚历山大，而亚历山大，我敢说，嫉妒赫拉克勒斯，
> 一位从未存在过的人。
>
> ——伯特兰·罗素（Bertrand Russell），《幸福之路》
> （*The Conquest of Happiness*，1930，71-72）

尽管嫉妒是徒劳的，但有些人总是坦诚地承认：自己憎恨那些总是
成功的人或者那些天赋异禀的人。理查德·史密斯和他的同事们开发
了一个用于测量人们受嫉妒影响的程度的工具——《气质型嫉妒量表》
（Dispositional Envy Scale）：

1. 我每天都感到嫉妒。
2. 令人痛苦的事实就是，我总觉得自己不如别人。
3. 嫉妒的感觉不断地折磨着我。
4. 看到有些人这么容易就成功了，真是令人沮丧。
5. 无论我做什么，嫉妒总是困扰着我。
6. 我因自己的能力不足而感到困惑。
7. 有些人似乎拥有所有的才能，这似乎不公平。
8. 坦率地讲，我邻居的成功让我怨恨他们。[11]

气质型嫉妒水平高的人不仅仅是神经质、充满敌意、抑郁的，还经常
会自卑[12]。正如上一章所指出的那样，长期的嫉妒对他们的身心健康有害。
这也难怪，嫉妒的人压力大、不满、易怒、焦虑，并且容易产生无法解释

的身体疼痛（治疗师称之为躯体化）。

嫉妒也可能破坏友谊。谁愿意与贬低他人成就的人共度时光呢（"更不用说在我背后贬低我了"）？嫉妒的性格会让人幸灾乐祸（对被嫉妒的人的不幸感到高兴），这很难促进友谊发展；以怨恨来回应朋友的好消息会彻底破坏这段关系[13]。更重要的是，嫉妒与感恩水火不容。嫉妒剥夺了一个人从感恩中获益的能力[14]。网络城市词典中甚至有一个术语专门用来描述嫉妒对一段关系的破坏作用：frienvy（友谊嫉妒）[15]。

气质型鄙视？

相比于向下比较，我们对于向上比较的性格了解更多。但注意，鄙视是比较倾向的继子。有些人就是比其他人更倾向于轻蔑和鄙视他人。我们都了解这些势利小人！自恋型人格障碍包括病态的夸大、对赞美的需要和低同理心，但这仅仅代表了一小部分边缘群体。那什么是普通的鄙视呢？想要识别这种鄙视，则需要有魄力的心理学家来研发一套测量气质型鄙视的工具（这种测量可能会是势利的"鄙视：你的事与我无关，朋友"现象）。早在 19 世纪，小说家和散文家威廉·梅克比斯·萨克雷（William Makepeace Thackeray）就在他的《庸人之书》（*The Book of Snobs*）中讽刺道：

> 长期以来，我一直坚信我有一项伟大的工作要做——如果你愿意的话，请突出"伟大"二字；这是一个待实现的伟大目标；一个有待发现和补救的巨大社会罪恶。这一信念已经追随我多年了。它在繁华的街道上纠缠着我；在书房里坐在孤独的我旁边；当我在节日宴会上举起酒杯时，它轻碰我的胳膊并低语道，"你应该在家里写你关于势利小人的伟大作品。"[16]

势利小人总试图去鄙视他人，是因为他们缺乏安全感。势利小人（snob）这个词的起源很有意义，它来自拉丁符号 sin nobilitate 的缩写"s.nob"，是牛津大学和剑桥大学那群没有贵族头衔的学生名字旁边的记号。一个没有高贵头衔的学生，可能会反过来寻找和鄙视其他更不高贵的人。例如，萨克雷将令人厌恶的餐桌礼仪列为势利的借口。

厌恶，鄙视的近亲，也有属于自己的心理测量工具，但是该量表中的题目并不是针对整个人，而是针对动物、食物、身体护理用品、性、卫生、死亡和对身体的侵犯[17]。对厌恶敏感的人往往是女性，并且可能有点儿神经质，但在其他方面也没有与众不同，当然也不会容易被人鄙视。

处于支配地位的人更喜欢垂直结构

马基亚维利（Machiavelli）对等级制度有深入的洞察，该制度加强了君主稳定其地位和取得伟大成就的力量。他认为，一位君主最崇高的美德是——依据情况的需要，能够不带懊悔地做出邪恶的行为[18]。"支配型人格是否一定就是邪恶的？"这仍然是一个悬而未决的问题，因为心理学家试图避免进行道德判断。

我们知道垂直维度对某些人特别有吸引力，也就是那些有支配型人格的人。支配性是人格的一个主要方面[19]。我们可以通过以下几个方面来识别处于支配地位的人，例如他们绝对认同自己正处于支配地位、强势地位，或者他们倾向于将自己的意志强加于他人并控制对话。他们从垂直角度观察世界：在计算机屏幕上的反应时测试中，他们更快地注意到垂直维度上（中点上下）的瞬间闪光，而不是水平维度上（中点左右）的闪光（见图3-1）[20]。处于绝对支配地位的人尤其关注垂直维度的顶端[21]。

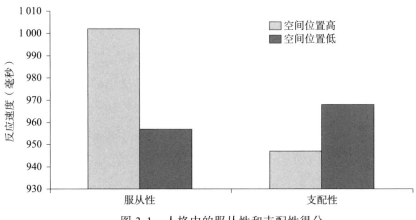

图 3-1　人格中的服从性和支配性得分

注：相比于对屏幕底部的两种刺激的反应，以及服从型人格对高度相似的刺激的反应，支配型人格对屏幕顶部的刺激反应最快（纵轴上的时间更短）。

　　处于支配地位的人对强大的竞争者保持警惕。他们批评其他地位高、有自信的挑战者，并且更喜欢他人服从的行为。他们对威胁的警惕会引发情绪上的唤起，只有通过打压对手才能缓解紧张[22]。处于支配地位的人喜欢和讨好他们的人相处，尽管他们对讨好者并不感兴趣[23]。唐·奥佩里奥（Don Operario）曾经和我设计过一种方法，用来捕捉这种对下属的自私自利的支配行为。实验中，申请研究助理的本科生发现，他们最能给面试官留下深刻印象的方式是提高自己的竞争力或突出自己的社交能力。讨好者确实赢得了处于支配地位的面试官的喜欢，但没有赢得他们的尊重。处于支配地位可能会让一些人暂处高位，但代价是要时刻保持警惕，这并不会增加他们自己或他人的幸福感。

比较引起不安：痛苦和失控

　　比较会引起不安。民意调查显示，51% 的人表示他们的收入与他们应得的差不多，而 38% 的人表示他们的收入比他们应得的少 [24]。对收入表示不满的人还是相当多的。他们是谁？那些倾向于社会比较的人可能会痛苦，可能会去寻求控制，并感到不安全和不确定。对沉迷于比较的人来说，这一结果并不尽如人意。

先说最普遍的不安：有些人就是比其他人更不快乐，无论是出于性情还是出于选择的原因 [25]。这表现在一个关于快乐的自我报告中，人们需要判断自己是不是一个快乐的人，无论是绝对的快乐还是相对于同龄人来讲的快乐；紧接着，人们需要判断他们是像"总的来说很快乐，无论生活怎么样都享受它，从每件事中都获得最大的收获"的人，还是像"总的来说不是很快乐，尽管不抑郁，但似乎从来没有像自己想象的那样快乐"的人。

在道格拉斯·亚当斯（Douglas Adams）的《银河系搭车客指南》（*The Hitchhiker's Guide to the Galaxy*）中，偏执的机器人马文的人格就是不快乐，他总是不断地告诉周围的人他比其他人更痛苦，例如：

> "第一个千万年是最糟糕的，第二个也是，第三个我也不喜欢。在那之后，我开始走下坡路……我感到非常无聊和沮丧，所以我将自己接上外部电脑。我跟电脑聊了很久，向它解释了我对宇宙的看法"，马文说。
>
> 福特问："接下来发生了什么？"
>
> "它自杀了"，马文说，然后大步离开了。[26]

除了虚构的机器人，不快乐的人对向上的社会比较反应强烈，当有人超越他们时，他们会感到不满（而在击败别人时，快乐和不快乐的人都会感觉良好）[27]。不快乐的人对社会比较非常敏感，当他们的团队失败时，他们也会认为这是针对个人的——也就是说，即使是团队失败，他们的情绪和自尊也会受到影响。[28]

　　不快乐的人更容易感到自己的生活失控。比较让这样的人觉得自己的事情更加无望[29]。也就是说，我们是否有控制感决定了我们对比较的反应。在玛丽亚·泰斯塔（Maria Testa）和布伦达·梅杰（Brenda Major）的实验中，本科生首先得知他们没有通过论文考试，然后被告知有可能或不能提高他们的分数——这使一部分人感到有控制感，而另一些人则没有。然后他们面临向上或向下的比较，即和论文分数比他们高或者低的学生比较。结果发现，没有控制感的学生（他们被告知不可能再提高那门课的不及格的成绩）在看到更好的论文时感到沮丧和敌意，并放弃了第二项任务。相比之下，当看到更差的论文时，这组学生则感觉良好，并希望看到更多这样的论文[30]。

　　有控制感的人不太容易受到这些比较信息的影响，但那些一直认为自己的生活失控的人，则可能非常容易受到比较的影响（无论是激励还是沮丧）[31]。比较和不安全感总是结伴而行。

　　在马塞尔·普鲁斯特（Marcel Proust）虚构的对查尔斯·斯旺的嫉妒的描述中，斯旺将自己比作奥黛特想象中的情人，来借此说明不安全依恋者的痛苦执念[32]。一天晚上，奥黛特告诉斯旺，"你来晚了，而且我有点儿头痛"。斯旺虽然离开了，但是他开始担心奥黛特可能在等别人。他又回来，站在她关着的窗户外面，听着谈话的低语，感觉到"一种几乎令人愉快的感觉，一种比消除怀疑和痛苦更为愉快的感觉：信息的愉悦"[33]。虽然斯旺渴望看到他的竞争对手是谁，并向对方表明自己知道他的存在，但是斯旺却反思了这一发现将带来的痛苦。当他终于敲门并发现自己站错了窗户时，事情才结束。

　　可以肯定的是，比较引起的不安也可能有一些好处。如果我们不能支配和控制比较，也许我们可以预测它们，只要我们能忍受这种不安[34]。然而，仅由不确定性引起的压力对某些人来说就已经很不愉快了，因此他们不太可能进行社会比较。一方面，每个人都必须平衡确定性和封闭性的舒适感；另一方面，也要对抗过快得到的简单但错误的答案（即，无效性）。人们在这种确定性和有效性的权衡中处于两难的状态[35]。那些更受确定性驱动的人希望确认自己的真相，即使是坏结果；而那些更受有效性驱动的人希望了解真相，即使这需要一段时间，并且在这个过程中涉及一些令人不安的比较。更能容忍不确定性的人会寻求各种各样的社会比较，以便更好地评估他们的地位[36]。要做到这一点，他们必须接受各种各样的经历，包括不安。也许长期进行比较的个体更聪明，但更不快乐，比如偏执的机器人马文。

群体也很有趣

正如一些人热衷于进行社会比较一样（即使这令他们不开心），一些社会群体也比其他群体进行更多的比较。就像个人比较对他们而言最重要的东西一样，群体的比较也通常会沿着对他们的群体身份而言重要的维度进行。

男性比女性更爱比较

尽管比较不是男性自尊的唯一来源，但与女性相比，男性的自尊更多地取决于社会比较（见图3-2中的第一列）[37]。男性比女性更重视"在重要的事情上做得比任何人都好""思考与同龄人相比，自己的技术和能力如何"，以及"思考同龄人在完成自己必须完成的任务时表现如何"。也许是因为男性比女性——无论是在刻板印象还是在实际生活中——进行更多的公开竞争[38]，所以男性比女性更看重自己的独立性和能动性，也就是表现得更有效率，并以这两方面来标榜自己[39]。有效率的能力取决于是否了解其他人的做法，所以比较是有意义的。男性比较和竞争的倾向既来自内部，也来自如何定义男性角色这一外部规范。

作为刻板印象中深谙人际关系的专家，女性比男性更关心反映性评价，即其他人如何看待她们（见图 3-2 中的第三列）[40]。女性比男性更重视"让别人认为你是好人""得到老师、老板、家长或兄弟姐妹的赞扬""让你的朋友、同事或队友认识到你做得很好"。正如之前提到的，依靠他人的意见来建立自己的幸福会损害自尊。例如，女性与他人比较时，有一个重要的维度，就是外表，尤其是她们的身材。对于女性来说，这种社会比较预示着对自己身材的不满[41]。一个有趣又切题的例子来自我和一位来访的同事的经历，这位同事以其剪裁得体的服装和优雅的外表而闻名。我突然觉得自己很寒酸，便退到洗手间，却发现两个女同事也在补妆。这种情况就显得尤为奇怪了，因为我们的这位同事是男同性恋；我们只是想达到他带来的高标准，而不是想吸引他。

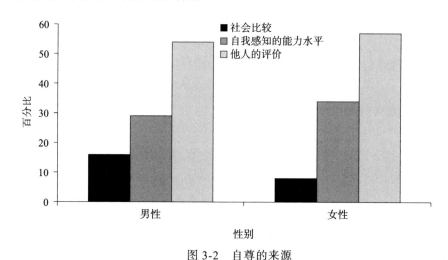

图 3-2 自尊的来源

Source: Author's compilation of data from Schwalbe and Staples (1991).
注：男性和女性都把他人的评价排在第一位，但女性在这方面更甚于男性。两种性别都较少将自我感知的能力水平排在首位，但差异不显著。两性都不太可能把社会比较放在第一位，但男性这么做的更多。

女性往往比男性更相互依赖，因此她们的关注点相对更多地集中在关系特征上。每个人都希望其他人值得信赖和热情（其次才是他们是否有能力），但女性尤其关心第一个人际关系的维度：信任和温暖[42]。女性和男性一样，也有自我刻板印象，但她们的关系取向使她们比较得少，联系得多。这种倾向使她们能够更好地享受亲密伴侣的成功，而不是进行令人反感的比较。激发人们相互依赖的思维和性别能起到同样的效果，这表明女性的关系取向是对性别差异更合理的解释。温迪·加德纳（Wendi Gardner）和她的同事们通过让参与者阅读一个故事来激发其相互依赖的倾向，故事中的主角正为解决关系问题而努力。结果发现，"当你和我是'我们'时，你不会对我构成威胁"，研究者们将这些现象描述为自我扩张[43]。也许对女性来说，关键在于将对方纳入自我的范畴。

然而，一个重叠的、更易渗透的自我是有风险的：向下比较会唤起前面提到的"要不是为了钱"的同理心。女性更倾向于认为那些做得不好的人"可能就是自己"，而男性则认为表现不好的人"不是自己"。这些形式的比较隔离了男性（他们会挫败自己），压抑了女性（她们会使自己陷入危险）[44]。

工资是一个有用的研究案例。即使控制了相关变量，女性的平均工资仍然低于男性。然而，布伦达·梅杰的研究显示，女性似乎常常觉得自己没有资格获得应有的那部分[45]。女性始终将自己与其他女性进行比较，而不是与男性进行比较，因此她们不会关注性别差异[46]。事实上，女性并不认为她们自己会受到歧视（尽管她们承认其他女性会受到歧视）。女性对自己工资的内在标准低于男性，每个人对女性工作的期望都暗含了她们将获得较低的工资。没有资格的感觉使女性并不认为自己的工资不公平或不令人满意。（关于工资的）社会比较的恰当对象似乎应是同职业的其他人（无论男女），而不单单是女性（无论何种职业）。但女性似乎更重视联系而不是比较。

地位和比较的注解

其他社会地位较低的群体可能也会使用同样的心理建设来忍受他们的低工资[47]。相比于把自己和地位较高的群体进行比较，与地位较低的群体进行比较，或者将现在的自己与过去的自己进行比较，可以减少这种不满。因为无论种族、阶层或国籍如何，地位较高的群体似乎与我们没什么关系。降低期望会削弱对权利的配得感。

因此，社会阶层的作用可能与性别相同。例如，工薪阶层的成年人更少地表现为自主的人，而更多地扮演集体的、相互联系的家人或朋友的角色[48]。社会地位较低的群体会表现出更少的鄙视、更多的同理心，可能是因为阶层的运作模式模仿了性别的运作模式。在美国与高收入群体和白人相比，低收入群体和少数族裔群体的向下比较都更为温和（例如，他们注意到人们可能出于环境原因而贫穷）、存在更少指责（例如，不太可能说穷人对他们的贫穷负有主要责任）[49]。可能是因为社会地位相对较低的群体（女性、少数族裔、社会阶层较低的人）特别支持平等，他们才会比较得少。

处于支配地位的社会群体更喜欢等级制度

你觉得下面的陈述有多积极或者多消极？

1. 有些群体就不可能与其他群体一样平等。
2. 有些人就是比其他人更有价值。
3. 如果我们不在乎所有人的平等问题，这个国家会变得更好。
4. 有些人就是比其他人更值得拥有（一些东西）。
5. 如果一些人在生活中比其他人拥有更多的机会，这不是什么大问题。
6. 有些人就是不如别人。
7. 想要出人头地，有时就要踩着别人。

这些陈述描述了一个人对社会等级的信念：支持这些信念的人，以及说自己不特别重视平等的人，往往在《社会支配倾向量表》上得分很高[50]。平均而言，男性、多数族裔和社会阶层较高的群体更认同社会等级，他们通常认为这是不可避免的，甚至是明智的。这种现象不仅仅发生在美国。在不同的文化中，具有支配地位的社会群体往往支持社会等级制度，其原因显而易见：他们从现状中获益最多。感觉相比于其他群体处于优势地位使人们特别喜欢自己所属的群体，同时讨厌地位低下的外群体[51]。

这种反应是发自内心的。社会支配倾向较高的人会对他人的痛苦做出更少的反应，脑部扫描的结果也支持了这一观点[52]。在一项研究中，社会支配倾向较高的人在观看了处于痛苦中的人的照片（例如，在自然灾害期间）后，会报告较少的同理心。并且，在面对他人的痛苦时，社会支配倾向较高的人的大脑中与疼痛有关的神经网络（脑岛和前扣带回）激活较少。如果需要维护社会等级制度，这群人也愿意经历等级制度导致的不愉快（见图3-3），因为他们将等级视为社会事实[53]。社会支配性既是竞争的，也是比较的。

因为意志坚强的、社会支配倾向较高的人把群体等级制度看作是非常合理的，所以他们在一些等级制度鲜明的环境中取得了成功[54]。较高的社会支配倾向与更少的休闲、更多的工作相关联[55]。约翰·达基特（John Duckitt）和克里斯·西布利（Chris Sibley）在他们的研究中发现，这种"狗咬狗"的社会支配倾向世界观是基于这样一种信念——一些群体总会登上顶端，只有最好的人才能生存下来；因此，竞争似乎是务实的。竞争使意志坚强的、社会支配倾向较高的人对家庭主妇和残疾人等无害的从属群体也产生了负面的感觉[56]。一些研究表明，社会支配倾向较高的人将这些群体视为竞争对手，然后既不尊重也不喜欢这些群体。

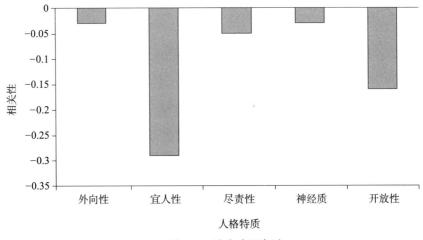

图 3-3   社会支配倾向

Source: Author's compilation of data from Duckitt and Sibley (2008).
    注：根据一项对 30 项研究（超过 10 000 名参与者）进行的元分析，社会支配倾向与不讨人喜欢（宜人性）有很大关系，在较小程度上与不愿意接受新体验（开放性）有关。

    社会从属群体的社会支配倾向通常较低，他们天然地偏爱平等。虽然他们承认等级制度，但他们认为这是不公平的[57]。地位较低的群体面临着这样一种冲突，一方面支持自己所属的内群体，另一方面却生活在一个贬低该群体的环境中。因此，相较于地位较高的群体，他们对自己所属的群体表现出更多的矛盾心理。地位较低的群体越是认为等级制度是不可避免的，他们的内在冲突（支持自己所属的内群体和承认社会对自己内群体的轻蔑）就越是激烈。社会支配倾向加剧了他们对自己所属的低地位群体的矛盾心理，因为它增加了这种紧张感[58]。

    由于社会支配倾向的差异，各种其他的不对称性区分了低地位和高地位群体。然而，不管群体成员是谁，相信群体等级制度的人也会支持诸如种族主义、性别歧视和阶层主义等偏见，以及使这些偏见合法化的意识形态，例如精英统治（见第 1 章）和维持现状政策[59]。并且，地位高、处于社会支配地位的群体尤其喜欢等级制度。

社会保守派不一定是唯一支持等级制度的人。左翼极端分子也可以支持等级制度[60]。所以社会支配性与社会保守主义不同，虽然它们之间有一定的联系[61]。

社会保守群体为等级制度辩护

保守主义的理念是优先控制支出，减少政府对社会服务的干预。保守的政府政策往往有利于高收入人群。相反，优先考虑就业、增加收入、保护弱势群体的自由主义则有利于低收入群体。在共和党执政期间，不平等的加剧并非偶然[62]。从 1948 年到 2005 年，收入处于最后 20% 的美国贫困家庭在共和党执政期间的年收入增长率不到 0.5%，而在民主党执政期间的年收入增长率为 2.65%。而无论哪个政党执政，收入前 5% 的富人的年收入并没有显著差异，但是在共和党执政期间，处于前 1% 的超级富豪们的年收入出现了戏剧性的增长。在选举年，如果主要宣传收入大幅增长，尤其是富人的收入大幅增长，共和党会当选。选民们主要会依靠当年的经济状况和富人的收入来进行盲目的投票。

> 尽管在过去的半个世纪里，民主党总统在为中产阶层和贫困家庭创造收入增长方面有着卓越的表现，美国选民还是会产生出一种强烈的倾向：惩罚民主党人且奖励共和党人，因为他们对富人的"现有优势"的狭隘关注只是经济表现中不具代表性的一小部分。[63]

奇怪的是，当富人的收入增加时，即使是中产阶层和低收入人群也会更多地投票给共和党。一种可能性是，当收入增加时，富人（尤其是共和党人）会为竞选活动筹更多的款项。因此，富人和中等收入的选民会受到选举支出的影响（穷人的选票显然不受选举支出的影响）。富人和中产阶层的观点对议员们的影响更大，富人比穷人更保守，所以选举年的捐款可能会倾向于共和党，使人们进行更保守的投票。

除了党派的意识形态之外，政治心理学家还将保守价值观与等级制度的合理性联系起来，这是社会保守主义的另一个指标。正如第 1 章所提到的，许多美国人认为人们得到了他们应得的，尤其是穷人，他们应该为自己的贫穷负责。对公平世界的信念与基于新教伦理的信念相关联，即努力工作会带来好处，休闲是无用的[64]。最支持这一观点的人往往在政治上较为保守[65]。

看看某些保守人士倾向于支持的一些观点：

• 当权者通常是对的，而激进分子和抗议者通常只是"大声嚷嚷"，炫耀他们的无知。

• 女性应该承诺在结婚后服从于自己的丈夫。

• 我们的国家迫切需要一位强大的领导人，他将采取一切必要措施，清除正在毁灭我们的激进和新兴的罪恶。

• 最好相信政府和宗教中权威人士的判断，这比听信社会上那些试图在人们心中制造怀疑的聒噪煽动者要好。

• 我们的国家想要度过危机，唯一的方法是回归传统价值观，让一些强硬的领导人掌权，让传播坏思想的麻烦制造者闭嘴。

• 如果我们不粉碎正在侵蚀我们道德品质和传统信仰的变态行为，我们的国家总有一天会毁灭。

• "老式的方式"和"老式的价值观"展示了最好的生活方式[66]。

鲍勃·阿尔特迈耶（Bob Altemeyer）将社会保守主义的指标称为右翼威权主义，重点关注对权威的态度[67]。右翼威权主义程度高的保守派比右翼威权主义程度低的自由派更重视责任心。右翼威权主义程度高的人支持自力更生、强硬的道德、减少休闲时间[68]。对该职业道德的信仰预示着对穷人的厌恶，并要他们为自己的贫穷负责[69]。

根据定义，保守派更喜欢现状，或者至少是一个令人向往的过去（俗称黄金时代）。即使他们主张变革，他们也主张在进行特定的变革前，先回归到一个本质的、纯粹的阶段。据报道，秩序、稳定、凝聚力和社会控制的信念是所有保守派的特征，其也与右翼威权主义类型的保守主义相关。右翼威权主义不仅预示着对穷人（相信他们是不符合职业道德价值观的人）的负面情绪，还预示着对许多被视为离经叛道并威胁社会控制的群体（例如同性恋和女权主义者）的负面情绪[70]。右翼威权主义程度高的保守派不喜欢变化和新体验，他们通过让人们关注不平等来重视社会控制，而不是重视会破坏社会稳定的比较。

群体的确定性创造了个体的确定性

因为保守派认可甚至支持等级制度，所以他们不需要进行比较，实际上他们也不愿意这样做，因为比较会破坏稳定。我们已经看到，比较只会让人不快乐，因为它关注谁过得更差（鄙视），并尤其关注谁过得更好（嫉妒）。如果社会支配性是不可避免的，如果富人和穷人的命运都是他们应得的，那么为什么要费事去比较呢？沉溺于等级制度下令人不悦的现实，既没有必要，也不得体。在自由主义这一边，如果社会支配体系变得不公平，如果平等似乎可以实现且更好，那么社会比较就能提供更多的信息，即使它会激起怨恨和不确定性。

因此，自由派和保守派在确定性方面的倾向是不同的。保守派喜欢确定，自由派喜欢新奇。保守派倾向于已知的、可信任的群体，而自由派则重视群体中的多样性体验。基于这些差异，更多的保守派可能是长期的参与者，而更多的自由派则是短期的实验者。各种各样的人加入群体来减少自己的不确定性、增加自己的安全感，但保守派显然比自由派更乐意这样做。对一些人来说，对自己群体在社会中的地位的了解和对其价值观的肯定支持了现有的秩序，也支持了他们的保守信仰，并可能消除任何比较的需要。那些与他人比较并最终感觉更好的人，更有可能认同经济保守主义和职业道德价值观[71]。

作为保守主义的相关因素，社会支配倾向和右翼威权主义都预示着强烈的内群体忠诚。保守主义保护自己免受来自竞争性外群体的威胁（通过社会支配倾向实现），并保护自己免受离经叛道的外群体的威胁（通过右翼威权主义实现）。内群体是第一位的，因为保守主义关心如何保护自己[72]。保守派保护内群体，而自由派促进群体之间的平等。保守派似乎专注于内群体、规避风险、支持等级制度、更喜欢传统、支持熟悉的价值观，并优先考虑对家庭的忠诚[73]。新保守主义者大卫·布鲁克斯在《天堂大道》（*On Paradise Drive*）一书中描述了这种生活方式背后的愿景："这种对共同生活的普遍追求导致了社会批评家们一直抱怨的一致性。追求宁静也是一种道德和精神上的追求。需要努力才能生活在这样的一个境界——那里的事情都是正直美好的，那里的人们能够昂扬向上，那里的朋友都令人放松和熟悉，那里的家庭快乐而相互合作，那里的人们自信而健康，那里的孩子可以积极健康地成长，那里的配偶真诚而诚实，那里的每一个人都能合作、勤奋、虔诚和快乐。这并不完全可怕，不是吗？"[74]

相较于保守派提倡确定性内群体的倾向，自由派更喜欢冒险。由于他们专注于群体多样性，自由派似乎更重视平等、更愿意承担风险、更喜欢新体验并支持独立性[75]。因此，自由派更有可能同时拥有比较的动机和基础。据我所知，还没有研究表明低社会支配倾向或者低程度右翼威权主义能够预测对社会比较的关注，但按照这种逻辑，自由主义者应该对比较更感兴趣。如果自由派支持独立性，那么他们只是暂时加入群体，这也符合他们对新奇和风险的定位。

如前所述，如果保守派加入群体，部分原因是他们对群体的认同能够促进个人的确定性[76]。将自己视为群体成员，就是对典型或理想的群体成员形成一个心理原型。这个原型确定了我们作为不同于外群体的内群体成员身份。特定类型的群体能比其他群体提供更多的确定性。本身确定的群体也使其成员更有确定性。一个定义明确的群体（如校园内的共和党人）似乎比一个假设的、抽象的、定义不清的群体（如美国中产阶层）更真实、更具体、更明确。心理学家将此称为群体的实体性——它作为一个独特实体的特性，源于具有明确的界限、共同的目标和强大的规范。看起来像实体的群体有更清晰的原型，所以他们能更有效地减少不确定性。

其他世界的文化很有趣（可能我们的也是如此）

文化集体主义促进尽责性、控制性和确定性

一些群体擅长比较（例如男性和自由主义者），而其他群体则选择稳定、确定和联系（例如女性和保守主义者）[77]。文化有着相似的区别：个人主义文化比集体主义文化更认同比较。

个人主义　个人主义文化提倡独立自主，也就是独特和不受影响；个人主义者有独立的自我，他们通过与他人的比较来评价自己[78]。研究表明，个人主义最盛行的地区有美国、其他英语国家（例如澳大利亚）和德国；而东亚国家的个人主义程度最低[79]。在美国，亚裔美国人的个人主义程度最低，拉丁裔美国人和欧裔美国人的个人主义程度相当，而非裔美国人的个人主义程度最高；个人主义得分最高的州则位于西部山区、大平原和新英格兰北部[80]。

个人主义者属于更多的群体，但这些群体都较松散[81]，这一发现与对

群体的忠诚度有关，但与服从无关[82]。个人主义与对人的普遍信任有关，这使得个人主义者可以在广泛但不确定的社会环境中开展活动[83]。在美国各州和数十个国家的跨文化比较中，个人主义者参与了许多友谊群体和政治活动[84]。在这个随心所欲的重叠网络中，向上和向下的比较锁定了个体与其他个体的关系。差异是可以容忍的，因为个性就是规则。在社会比较中，个人主义者将自己与他人进行对比[85]。

　　个人主义文化可能会通过竞争来鼓励嫉妒[86]。尤其是当人们是平等主义者时，他们会认为每个人都可以像其他人一样成功。即使在神经层面，支配地位也是一种奖励（见图 3-4）[87]。在同时是"荣誉社会"的个人主义文化中，人们会优先考虑名誉并害怕羞耻，因此向上比较可能特别丢脸，嫉妒也特别危险。在荣誉社会中，个人甚至会使用暴力来维护自己的名誉[88]。如果没有一种文化权威来遏制这令人反感的比较，嫉妒就会蓬勃发展，而且会伴随最过激的行为。

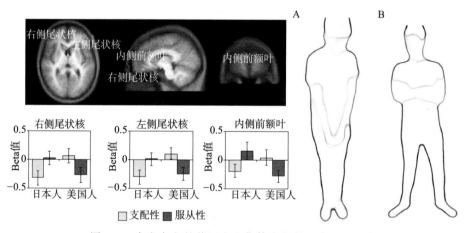

图 3-4　个人主义的美国人和集体主义的日本人的脑部活动

　　注：左图显示了个人主义的美国人和集体主义的日本人分别被支配性刺激和服从性刺激激活的主要奖励区域。

集体主义　相比之下，集体主义文化提倡相互联系、归属感、适应能力和表现能力；相互依赖的人通过环境中的关系来定义彼此[89]。集体主义最盛行的地区有非洲、拉丁美洲和东亚[90]。在美国，亚裔和拉丁裔美国人的集体主义程度最高，而欧裔和非裔美国人的集体主义程度最低；集体主义得分最高的地区包括南方腹地和拥有大量拉丁裔和亚裔移民社区的地方（夏威夷州、加利福尼亚州、纽约州和新泽西州）[91]。

集体主义并不鼓励人们出挑，因为适应更重要。知道自己的位置是有益的[92]。在社会中，只有少数的内群体成员值得信任，但这些忠诚会持续一生[93]。作为对安全关系的回报，集体主义文化制定了社会规范，人们把规范作为一种社会义务来执行[94]。例如，集体主义者认为，他们更有可能对那些乱扔垃圾、随地吐痰、肆意破坏公物或做出其他不文明行为的人表示不满。维护集体主义需要保持警惕。

在集体主义文化下，自我的生活与他人有关，所以自我是灵活的，可以适应不同的环境、角色和关系。集体主义者的情境自我（"我对母亲很有信心"）与个人主义者的一般自我（"我很自信"）形成了鲜明的对比，后者能在不同环境中保持得更为持久也更抽象[95]。当个人主义者评价一般自我时，某个与自我思维有关的脑区会激活得更加明显，而当集体主义者评价情境自我时，这个脑区也会激活得更加明显。

集体主义倾向和个人主义倾向都不应该被所在地的文化所圈定。每个人都有这两种倾向，而这些倾向可以在瞬间被灌输[96]。一个两分钟的任务，简单到只是罗列出我们与朋友和家人的不同（或相似之处），就能让我们把自己看作个体或集体主义者。通过圈出"我（主格）""我（宾格）"和"我的"，还是"我们（主格）""我们（宾格）"和"我们的"，就可以反映出个人或集体主义的自我。启动个人主义自我会让我们将自己与他人区分开来（独唱歌手、孤独的牛仔、职业拳击手）。讽刺的是，这种自我分化需要社会比较，而社会比较会让我们充满嫉妒和鄙视。

启动集体主义自我使我们扩大自我的范围，将内群体的其他成员纳入其中，并将任何比较都同化为包容性的自我（合唱歌手、村落庆典或足球队友）。相互依赖让我们沉浸在圈子里那些更有成就的人的荣耀中；当自我相互依赖时，向上的社会比较可以丰富自我[97]。激发我们的集体主义自我也会让我们与他人的关系更密切，也就是说，与他人的联系更紧密，更有义务，更有支持性，更敏感，更乐于助人，甚至身体上更亲密。在集体主义、相互依赖的环境中，情感发生在人与人之间，而不是在个体内部（就像在个人主义、相互独立的环境中那样）[98]。因此，嫉妒和鄙视等负面情绪需要在公开的场景中加以抑制，因为它们对集体主义文化的破坏性更大。

嫉妒和"邪恶之眼"

一位新妈妈拒绝给她的孩子起名字，给她的新生儿穿上破衣烂衫，让孩子身上沾满灰尘，然后不让其他人见到自己的孩子。她为孩子的存在感到羞愧吗？她恨她的孩子吗？相反，她和那些几个月前就起好名字、精心装扮孩子、每天都给孩子洗澡、抓住机会就炫耀的美国妈妈一样爱护自己的孩子，一样为孩子自豪。不同的是，第一个母亲是在努力避开"邪恶之眼"——破坏性的嫉妒。

"邪恶之眼"在一些民俗文化中被用于形容嫉妒的危险。在这些民俗文化中（无论是个人主义还是集体主义），人们认为嫉妒的毒可以通过一个邪恶的眼神来污染被嫉妒的对象[99]。孩子、牲畜、花园、食物，甚至建筑物都容易被"邪恶之眼"攻击。某些心怀恶意的人拥有邪恶的眼睛，并将目光投向那些看起来太自负或让他们嫉妒的人。人们认为，善意但漫不经心的赞美可能具有破坏性，以至于人们甚至会克制对新生儿的赞美。"邪恶之眼"这一概念早在 5000 年前就出现在古撒玛利亚，也出现在古印度、希腊和罗马，以及中东、北非、欧洲、拉丁美洲和北美的传统文化中。

不管多么普遍，"邪恶之眼"的概念并不是广泛存在的。北美和拉丁美洲的原住民和澳大利亚原住民似乎都不相信"邪恶之眼"，这可能是因为狩猎和采集社会中人们会把收获的资源立刻分享，个人无法囤积财产[100]。传统意义上，东亚社会也不认可"邪恶之眼"，但作为集体主义者，他们有其他方法来阻止个人主义比较和随之而来的嫉妒。在某些东亚环境中，复杂的等级制度所固有的有限流动性阻碍了嫉妒，因为人们不期望改变他们在社会中的地位。在世界各地，随着法律、经济和官僚体系的扩张，现代工业化社会逐渐演化成熟，这些现代文明让人们，尤其是上层阶层，也不持有"邪恶之眼"这一信仰[101]。

然而，"邪恶之眼"的概念又非常普遍，甚至出现在其他现代形式中（"你瞅啥？"）。凝视的挑衅力量意味着注意力可能是令人厌恶的。人类和其他灵长类动物通过凝视来推断注意力和等级；而注意力会追随着地位[102]。地位高的演讲者可以直视地位低的人，反之则不行。君主可以俯视任何臣民。但地位高的听众不需要密切地关注演讲者。君主也不需要密切关注他人，尽管这是一种贵族的体面。对目光的控制意味着权力。凝视本身就是将对方视作了一个目标；注意力表明意图，无论是好是坏。乞求者注视君主，但由于皇室实际上并不需要下属，因此，君主可能会也可能不会回应乞求者的目光。

基于其重要性，直视本身就需要关注、留下记忆。所有这些都表明，有人盯着你看是很值得注意的，很可能易于在日后出现以解释神秘的不幸。这可以解释为何"邪恶之眼"的报道具有广泛吸引力。如果一些不太幸运的人长时间盯着你的孩子、你的马或你的房子看，就可能会对你的财富有一个盘算。

即使在现代社会，吸引错误的注意力也让人们担忧。在 1946 年，一则名为"邪恶之眼的恐怖"的美国广告提出：

> 恐惧！！让我们所有人都成为懦夫！砸碎恐惧的枷锁！有邪恶之眼这种可怕的东西吗？有没有可能，有些人有能力对他们想要摧毁的人施放奇怪的咒语，还是说这仅仅是一种折磨人的想象，又或者是一个无知、迷信者的邪恶信仰。一旦你了解了它神秘的一面，并且知道有许多不同的符号、护身符、符咒、封印等能用来阻止它，所有的恐惧都会像太阳前的乌云一样消失！如果你相信自己是这个不可言说的疯狂的受害者……不要拖延……立马去了解邪恶之眼的真相[103]。

> 而且，只要两美元，很划算！

社会关系包含着鄙视和排斥的损害

虽然被"邪恶之眼"注视会让人心生不安，但当别人看不见自己时，人们也会感到担忧。即便是当今社会，成为被鄙视、被轻蔑的一方，也通常意味着被忽视、被排斥，而在大多数文化中，这相当于被判死刑。从进化的角度来看，人类作为生物中的成功物种，生存得最好[104]。核心的社会动机体现了我们对他人的适应敏感性，毕竟，他人是我们进化的主要基准[105]。我们通过满足强烈的归属感需求来避免被排斥、体验社会性死亡和躯体意义的死亡，并与我们的内群体和睦相处。我们有动力去支持内群体对真相的理解；我们群体的信念和规范成为我们共同的现实。为了在我们的群体中有效地发挥作用，我们寻求一种社会控制感和偶然性，在我们所做的事情和我们从他人那里得到的东西之间建立起某种联系。作为社会人，我们也寻求他人的良好评价来验证我们的自尊。我们有动力去信任至少一个内群体的核心成员，以便在我们的群体中和他人和睦相处。所有这些核心的社会动机都有利于我们适应作为社会人的生活。

社会关系比任何其他因素都能更好地预测幸福[106]。人们对被排斥非常敏感，即使陌生人不和他们一起玩电脑游戏，他们也会立即感到沮丧[107]。社交痛苦的神经通路与生理疼痛的神经通路是并行的[108]。当我们建立社会联系时（无论是观看伴侣的照片，还是受到陌生人的社会支持），身体上的疼痛都会减少[109]。泰诺（Tylenol）既能缓解生理上的疼痛，也能缓解社交上的疼痛[110]。作为一种治疗社交痛苦的临时办法，人们自发地通过寻找人类形象和替代品来获得"社交零食"[⊖]。在电影《荒岛余生》（*Cast Away*）中，荒岛上的一个排球也能成为主人公的朋友（它被主人公取名为威尔逊）[111]。

人们牢牢抓住社会关系是事出有因的。社会隔离会危及健康，威胁免疫系统、心血管系统，破坏健康习惯。[112] 包括孤独在内的消极情绪，可能会通过炎症损害免疫功能，而这些炎症往往又和心血管疾病、骨质疏松症、关节炎、2 型糖尿病、某些癌症、虚弱和功能下降有关[113]。社会支持可能会帮助人们在心脏病发作中存活下来[114]。社会关系也与长寿相关，甚至控制着身体健康、吸烟、饮酒、肥胖、运动、阶层、年龄、生活满意度和健康习惯[115]。

文化也出于适应性原因去培养社会联系[116]。正如我们所见，在更加相互依赖的文化中，人们倾向于强调相似性，同时避免公开比较。这既加强也保护了人际关系。集体主义者更喜欢平和的积极情绪，并认同彼此为克服公认的缺点所做的努力。在更加独立的文化中，人们倾向于强调独特性，寻求公开的比较，但也归属于多个社会群体。个人主义者喜欢令人兴

⊖ 社交零食指你与遇到的某个人的短暂互动。它会给你和你交往的人留下积极的感觉。这种互动主要是面对面的，比如和邻居问好、与杂货店收银员的短暂交流。——译者注

奋的积极情绪，并且感到自豪；他们的自尊反映了他们在群体中的地位。这两种将人们与其社会群体联系起来的途径，都是通过联系来提高幸福感的。

如何管理自我与他人的比较

当我们过度关注社会比较时，我们会让自己和他人都不快乐。如果嫉妒和鄙视的确伤害了我们，也难怪文化会试图去控制它们，我们作为个人也想要去控制它们。除了戴上护身符，或者和排球交朋友，我们还能做些什么来保护自己不受嫉妒和鄙视的伤害呢？

本书的最后一章将详细阐述这个问题，但就目前而言，我们可以对受到挑战的比较抱有一些希望。我们至少有两条路可以保护自己不受鄙视的伤害[117]。当我们被忽视或者忽略时，鄙视往往显得消极而间接。在这种情况下，我们可以积极地尝试重新接触、联系和建立联结，所有这些都能促进社会联系。如果这些尝试失败，我们可能会抑郁。然而，有时候，鄙视是更主动的拒绝，我们以防御而不是进取来进行回应：感到不安时，我们就退缩。

一次地铁上的遭遇说明了这两种策略：防御和进取。一天晚上我在站台上等车时，听到远处有个人在自言自语（不是在打电话）。当他走近时，我一直避免与他目光接触，直到他向我询问有关火车的信息。我简短地回答了一下，但当他追问我所不知道的细节时，我注意到他蓬乱的衣服，我对继续跟他交谈感到紧张，所以耸了耸肩并把目光移开了。毫无疑问，他感到被主动排斥和失望，尤其是因为我们两个人显而易见的种族和阶层的差异，所以他从我身边走开，以防止受到进一步令人不快的拒绝。然后他走向坐在长椅另一头的女人。她似乎是中产阶层黑人。她知道更多关于火车的事，回答得很详细。那人试图继续交流，尽管女人很快就停止了交谈，没有看他，只是点点头，但他继续增加他的描述，抱怨那些躲避他的人，宣扬他自己的社交天性。他对我的行为看起来像是一种防御策略，而对她的行为看起来像是一种进取策略。

这两种策略都出现在了丹尼尔·莫尔登（Daniel Molden）和温迪·加德纳的社会心理学实验室里，本科生们自愿参加了一项关于通过互联网建立友谊的研究，具体是与另外两名学生（实际上是预先编好的程序）通过计算机进行交流。在主动拒绝条件下，另外两名学生（程序）侮辱了参与者的观点，并发表了贬低性言论。在被动忽视的情况下，另外两个学生（程序）发现他们是彼此的邻居，于是干脆忽略了参与者。被忽视会引起更多的沮丧，而被拒绝则会引起更多的焦虑。被主动拒绝的参与者专注于他们不应该做的事情，这是一种防御策略，而被被动忽视的参与者则专注于他们的不作为和他们应该做的事情，这是一种进取策略。在其他研究中，即使只是回忆被拒绝或者被忽视的经历，也会让人产生同样的反应。这两种类型的反应，将主动和被动的鄙视与主动和被动的应对匹配起来。

我们可以被动地或主动地保护自己免受嫉妒的伤害——被动，比如通过淡化我们的好运来防止嫉妒；主动，比如通过邀请其他人加入自己的行列。在许多文化中，人们公开贬低自己的好运、财富和生育能力。他们可能会隐瞒或否认拥有别人觊觎的东西。当隐瞒失败时，人们可能会通过分享自己的好运来平息他人的嫉妒[118]。

总结

　　神经症患者、男性、自由主义者和个人主义者有什么共同点，使他们倾向于比较？可能不止一个原因激发了他们对比较的痴迷，但无论何种原因，他们都想通过信息来了解自己的地位。除了特定的个人、群体和文化倾向于比较之外，我们所有人对上下比较中正常但令人讨厌的关注又是如何处理的呢？要了解如何掌控我们自己的比较癖，就需要知道是什么激发了比较。接下来的三章解释了我们为什么有这种倾向。

第 4 章

我们为什么要比较?
比较为我们提供信息

对我来说,这些"职业危机"通常,准确来说,发生在周日的晚上,随着夜幕低垂,对自己的期望和现实生活之间的鸿沟开始扩大,我痛苦到最后总是带着哭泣入梦……提到这件事是因为,我认为不只我有这种感觉。你可能不这么认为,但我感觉我们活在一个充满事业恐慌的时代,往往就是在我们自以为知道人生为何,职业生涯为何的时候,却不期然遇上了现实的威胁。

——阿兰·德波顿,"更温和的成功哲学"
（A kinder, gentler philosophy of success）

　　我们都需要知道我们身处何处，尤其是在我们自以为知道人生为何，职业生涯为何，（但我们的人际关系、外貌、健康）却不期然遇上了现实的威胁的时候。生活中，我们的自我认知至少要与现实大致相符，对自己的期望更要基于现实。心理学家对此很了解。我们将自己与他人比较的一个主要动机是获得信息，以便评估和改进自己，这些功能服务于预测和控制的双重动机。也就是说，比较为我们提供信息。

　　我们对了解（也许是控制）自己命运的需求根深蒂固。当我们认为自己知道自己是谁，知道自己的位置时，我们会更健康、更快乐。自知之明使我们轻松驾驭自己的生活，从细枝末节（"我容易醒来吗？我是一个好的网球运动员吗？"）到更为重要的方面（"我和我的重组家庭相处和睦吗？我能按时完成工作吗？"）。进化心理学家认为，自我概念不仅仅帮助我们规划自己的行动，还能帮助我们协调与他人的关系[1]，从而满足我们的生存需要。如果不知道自己是谁，我们怎么可能知道要加入哪些人、避开哪些人呢？我们怎么可能知道自己加入那些人时应该扮演什么角色呢？如果我们不与他人比较能力的高低，我们怎么可能知道自己能做什么和不能做什么呢？起床多准时、网球的水平、人际关系、完成任务的能力——所有这些都是相对的评判标准。我们是不是朋友圈里的定时闹钟、网球好搭档、家庭调解员、或团队发动机，就取决于我们将自己的能力与目所能及的他人所做的对比[2]。其他人就是对我们自己能力的现实检验（"在没有闹铃的状态下，我可能比大部分人起床更准时，但我也知道我的网球水平可不如其他人"）。

　　拥有信息便于我们能够预测将会发生什么，使人感到舒服。总的来说，人们并不喜欢惊喜，至少不喜欢不速之客似的惊喜。更重要的是，我们希望能够控制将要发生的事情，或者至少了解我们所做之事和我们所得之物之间的可能性。我们喜欢了解即将到来的派对、加薪、裁员、求婚和新生儿；此外，我们更希望在这些事情中拥有一些发言权。更重要的是，对我们来说，这种拥有信息和可控制的幻觉比它的准确性更为重要，只要这种幻觉不那么脱离现实[3]。也就是说，我们中的许多人倾向于高估自己的知识和影响力，这让我们确信世界是有迹可循的，我们所做的事情会产生影响。至少，我们愿意相信有一个值得信任的人正在掌控一切，不管这个人是国家元首还是技术顾问。事实上，一些研究人员认为，美国人坚持不懈的宗教信仰源自对替代性控制的需要[4]。我们寻求预测和控制的动机是我们作为社会生物生存的最基本动机之一[5]。

　　在我们寻求信息和控制的策略中，最主要的一条是与相似的人进行社会比较。尽管我们可能会否认，但实际上我们还是在这样做。举个例子，研究人员在一次对患有乳腺癌的孕妇的采访中发现，几乎所有患者都会自发地和其他病人的应对方式进行比较，通过与情况更差的孕妇进行比较，她们中的大多数都会认为自己做得更好（见图4-1）[6]。

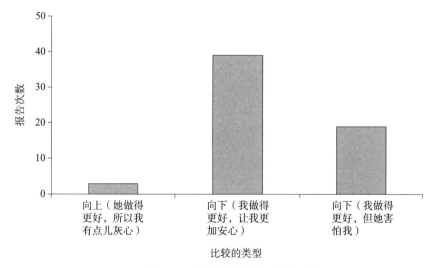

图 4-1　使用比较信息：癌症患者

Source: Author's compilation based on data from Wood, Taylor, and Lichtman (1985).

　　注：在 73 名癌症患者中，大多数人报告在评估自己的身体状况时进行了令自己安心的向下比较。

信息有助于我们进行评估，但这还不够。相信我们的情况在自己的掌控之中（或者在医生的掌控之中）比仅仅是拥有信息更好（见图 4-2）[7]。我们需要信息来评估我们的相对位置，我们需要一种控制感来改善它。预测和控制都能让我们继续前进。

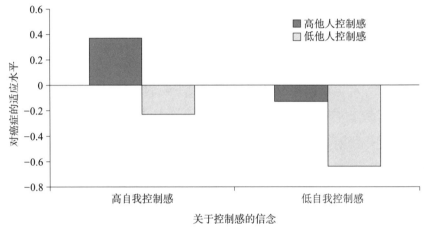

图 4-2　相信由自己或他人掌控：对癌症的适应

Source: Author's compilation based on data from Taylor, Lichtman, and Wood (1984).

注：对于乳腺癌患者来说，认为自己和他人能够掌控自己的乳腺癌有助于适应，这说明了感知到控制感的重要性。

比较是认知和控制的需要

利昂·费斯廷格是最有名的社会心理学家之一[8]。他的社会比较理论指出，当缺乏客观信息时，人们会寻求他人的信息来验证自己的观点和能力。人们和相似的人进行比较，是因为这些人是最相关的、最能提供信息的。正如阿兰·德波顿在他 2009 年的 TED 演讲（本章开头的引用也是来自这个 TED 演讲）中提到：

我认为，在座的任何人，或任何在电视机前收看的人，不会嫉妒、羡慕英国女王。尽管她比我们任何人都要富有得多，而且她有一个非常大的房子。我们之所以不嫉妒她，是因为她太奇怪了。她简直太奇怪了。我们无法将自己与她联系起来。她说话的方式很滑稽。她来自一个奇怪的地方。所以我们无法与她产生共鸣。而当你无法与某人产生共鸣时，你就不会嫉妒他。

我们不仅不会仰视与我们不相似的人，而且也不屑于看不起他们。比如通过意识到我们比街边的乞丐生活得更好来细数我们的幸运，并不能帮助我们评估自己的地位。我们必须在可能的范围内挑选一个人。我们与相似的其他人比较，因为他们与自己相关。

费斯廷格强调，相似他人的信息价值在于，他们可以帮助我们评估自己观点的正确性或者自己能力所处的位置。他选择这两种比较，因为它们可能具有客观价值；当我们感到不确定时，我们不是拿卷尺和智力量表去测，而是拿自己和别人比较。一对明显非社会性的判断（真理和能力）依赖于明显的社会认可。当客观比较不明确时，我们就选择主观比较。

关于这种基于社区人际关系的社会比较研究已经吸引了社会心理学家们几十年，我们现在知道人们经常使用社会比较，不仅是为了评估自己的观点和能力，也是为了提升自己（以及在接下来的章节中讨论的其他用途）。数据支持了比较在满足预测（评估）和控制（提升）需求方面的作用。简而言之，我们需要认知和控制，而比较满足了这些需要。本节描述了个人如何应对比较，我们将在后面描述群体如何应对比较。

足够相似才能成为一个有意义的参考标尺

与我们相似的人能够为我们提供一个自我的参考标尺[9]。如果像你的人能爬上这座山，你也能。对方作为参考标尺的相关属性（相同的年龄、性别、身体状况）决定了他的参考价值[10]。你可以根据参考标尺的能力来评估自己的能力，"标尺"与你越相似，提供的信息就越有价值。远在尼泊尔的夏尔巴人不会成为你的参考标尺，整日窝在家里的沙发土豆人也不会被你邀请。当你需要预测自己的表现时，就比如决定自己是否要参加徒步旅行时，你最有可能寻求参考标尺。快速的能力评估可以预测你的命运[11]。如果参考标尺与你足够相似，你可以把自己想象成对方的样子，并作出相应的决定[12]。

流言蜚语和八卦创造了一种虚拟的参考标尺：就好像一群人都把自己想象成某个人的样子。实际上，说人闲话是合作性的社会比较。人们经常通过谈论别人来评价自己。据估计，大多数成年人的谈话都是关于那些不在场的人的[13]。人们与相似的人谈论他们都认为与自己不相似的那些人。例如，一个城市作家群体中挤满了杰出的社会科学家，他们经常在集体午餐中讨论不太好的话题——名人性丑闻。这种八卦是对一个缺席但相关的人的评价性议论。这些名人之所以重要，是因为每个人都知道他们，也因为他们的失败是人之常情。群体利用八卦来联系和沟通规范，即规定和禁止的行为[14]。聊八卦是有用的。相比于抽象的训诫，闲话讲述的是关于人的故事，所以我们喜欢聊它们，也能从中汲取知识。关于人的故事使我们能够帮自己通过别人的例子，以更简单的方式进行学习。聊八卦不仅让我们了解情况，还将我们联系起来。我们会因为表达了对第三方的相同意见而感到亲密[15]。第三方成了替代性学习的共享参考标尺。

我们认识的夫妇也在衰老……他们支付着不断增加的税款，遭受交通事故和午夜疾病，以及婚姻的悲哀；但是在闲言闲语不知疲倦的监督下，所有的不幸都被比较，被公开，被揭示为只是相对的不幸[16]。

足够专业才能正确

作为物以类聚规则的一个例外，我们在信念评价（意见）上的比较与在自我评价（能力）上的比较有所不同。正如已经讨论过的，预测自己的表现这一心理难题很简单：我们找到一个足够相似的人，作为我们自己的参考标尺，接着我们就可以预测自己的相应表现。相比之下，评估我们信念的真实性这一心理难题往往需要找到不同的人，因为与我们相似的人往往也容易产生同样的偏差，或者存在同样的无知，而不同的人则可以让我们对自己的信念进行三角对比[17]。

在这种情况下，最好的比较方法应该是和那些与我们不同的人进行比较，且要是专业的人。为了证明这一点，杰里·苏尔斯（Jerry Suls）、勒内·马丁（René Martin）和拉德·惠勒（Ladd Wheeler）向大学生被试展示了一对（虚构的）过去的申请者的档案，并要求他们预测哪个申请者在学术上变得更成功（信念）或判断哪个申请者更令人喜欢（偏好）[18]。在根据成绩等级、考试分数、活动、爱好和目标做出判断后，被试有机会看到另一位被试对同一申请者的评价。他们可以从与自己相似的、与自己不相似的、更专业的或不太专业的大学生被试中选择。研究人员预测，在评估偏好时，被试会选择一个与自己相似的人，而在评估信念时，他们会关注一位更专业的被试的决定。正如预测的那样，在评价偏好时，被试将自己的喜好与相似的人进行比较，而在评价信念时，他们将自己的选择与更有知识的人进行比较。

足够近便才能快速

我们经常自发地进行比较，使得这种比较往往成了自动化的过程，而且我们会用可触及的任何人。我们不一定有选择的余地：有时环境强加给我们非自愿的比较，不管我们喜欢与否 [19]。托马斯·穆斯韦勒（Thomas Mussweiler）和他的同事在一系列研究中表明，当人们评估自己的快乐或激情时，他们最好的朋友很容易成为自动的标准 [20]。研究者通过测量人们头脑中最重要的东西来证明这一点。在自我评价之后，被试可以从一系列的名字和随机字母串中更快地发现自己朋友的名字。当他们评价自己时，他们会自动激活关于朋友的知识以做比较，即使这并非必须（见图 4-3）。

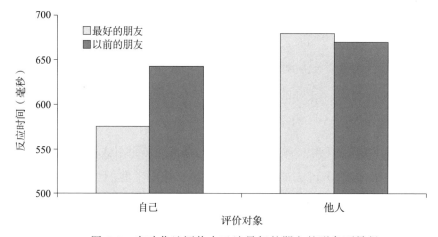

图 4-3　自动化地评价自己让最好的朋友的形象更易得

Source: Mussweiler and Rüter (2003), reprinted with permission.
注：与评价他人相比，人们在评价自己时，会不由自主地将自己最好的朋友作为比较对象。有证据表明，朋友的名字更容易被认出来：与以前朋友的名字相比，这个朋友的名字会更快地浮现在脑海中。评价他人则并没有显示出这种差异。

我们很乐于做比较，甚至会把陌生人也当作评判标准。例如，当我们在反思自己的攻击性时，无意识地看到（阈下知觉）相关名人的名字会影响我们的判断 [21]。当我们进行自我评价时，我们会毫不费力地、自发地进行社会比较。如果我们能够一直自动且有效地进行比较，就可能对我们有益。事实上，我们似乎能够同时行走和琢磨各种比较。当我们接触到关于自己的信息时，相应的标准也会浮现在脑海中。我们自然而然地知道，我们的现实都是相对的。

不幸的是，"自动的"也可以表示"无意的"。即使我们知道比较是不合适的，我们也会进行比较。我们会自动地和朋友，甚至陌生人进行比较，不管他们是否应该成为我们相关比较的标准[22]。在丹尼尔·吉尔伯特（Daniel Gilbert）的实验室演示中，大学生被试观看了一段教学视频，视频中有一位女士在判断成对照片中的哪一张是精神分裂症患者[23]。有些被试被告知这位女士的表现很好（18题中答对了16题），但是她提前经过了训练。另外一些被试被告知这位女士的表现很差（18题中答对了4题），但是她受到了误导信息的影响。无论哪一种情况，被试得知的信息都能够解释这位女士的表现。接下来，被试完成同样的任务并判断自己的表现。通常，人们会意识到处于有利地位或不利地位的人并非一个合理的比较对象，所以对照组被试意识到这一点，并在评价自己表现时忽略了这位比较对象。然而，有一半的被试被要求在整个实验过程中都需要牢记一个八位数字，这样做是为了使他们分心。这些认知繁忙的被试只能进行自动化的操作，所以他们无意中使用了现成的比较对象，尽管这个人是不合适的（被帮助过或被误导过）。

在认知决策时，人类是有名的吝啬鬼：希望判断既快又好，还想节省精力和资源[24]。容易浮现在脑海中的东西往往决定着我们最重要的决定。为了保持我们的思维效率，我们会迅速判断另一个人提供的标准是否与我们相似[25]。如果这个人与我们大体相似，我们就会把自己同化为这个人。例如，与我们年龄、性别和种族相同的人为我们提供了现成的内群体标准。当我们假设相似点是默认的时，我们就会想起我们与相关他人相似的形式。如果与我们相似的人有些吸引力，这会让我们觉得自己也颇有吸引力，类似的现象还出现在对能力和灵活性的判断上。当一个男人想到另一个男人，他就会把自己同化为这个典型的男人。相比之下，来自外群体的人会让我们认为不同是一种默认的常态，我们会用这一点解释这个与我们无关的人与我们不同的所有方面。这使我们把自己与这个陌生人对比。无论这个人的能力或吸引力如何，我们都会觉得自己与他不同。然而，当一个男人想到一个女人，他就会把自己和这个典型的女人进行比较。

人们也会根据自我和他人之间的差距来进行同化和对比。也就是说，如果你问我，作为一个教授，我是否聪明，我会与其他教授进行同化并说："当然。"但如果你问我是否和爱因斯坦一样聪明，我就会把自己视为和他不属一类的人，随后作出更为谦虚的回答。我们对适度的比较进行同化，对极端的比较进行对比。而我们的对比是通过快速、自动地回顾能想得到的证据进行的。通过测量这些证据的易得性，心理学家通常会发现，这些证据在几毫秒内就会出现在脑海中。

事实上，我们只利用容易获得的信息来进行比较[26]。容易想到的东西意味着相似性；难以想到的东西意味着差异性。在迈克尔·海夫纳（Michael Häfner）和托马斯·舒伯特（Thomas Schubert）颇具创意性的实验中，女性被试观看或模糊或清晰的女性模特照片，这些照片有的是较有吸引力的，有的是不具吸引力的。当被试看到清晰照片时（容易模式），她们会进行同化：相比于看到不具吸引力的照片，在看到较有吸引力的照片后，她们也会认为自己更具吸引力。但是在观看模糊照片时（困难模式），这一模式会完全颠倒：在看到较有吸引力的照片后，她们会认为对方更不具吸引力；而在看到不具吸引力的照片，她们会认为对方更具吸引力。

比较是自动的，但这并不意味着它是不灵活的。当我们把自己视为个体时，我们倾向于进行自发、无意识的对比；而当我们把自己视为群体成员时，我们则倾向于进行自发和无意识的同化[27]。也就是说，什么是自动的取决于眼前的情况，而我们的群体提供了重要的背景。我们被自己的群体所吸引，部分原因是它们为我们提供了我们自己的可能性模型。哈特·布兰顿和迪德里克·斯塔佩尔通过激发人们的"可能的自我"（我可能成为什么样的人）和他们的"真实自我"（我是什么样的人），直接验证了这一观点：可能的自我也让人们进行同化。他们发现，可能的自我有灵活的边界，其变化的潜力很容易受到别人命运的影响，无论是好的还是坏的[28]。在许多方面，对自己的评判不可避免地激活了与其他人的比较，这个过程是快速且灵活的[29]。

足够接近才能产生鼓舞

到目前为止，我们关注的重点是预测——我们对自己的定位和评价的需要。但是，信息在我们需要超越单纯的预测并控制我们的命运方面的作用如何呢？关于可能的自我的研究表明，如果我们用开放的心态去考虑我们的前景，我们可以将自己同化到一个潜在的比较参考标准中去。我们用一个比较的参考标准来想象，我们是如何从起点到终点的。

自我改善——我们努力把自己的位置控制得更好——可以在可实现的向上的比较中茁壮成长[30]。在佩内洛普·洛克伍德（Penelope Lockwood）和日瓦·昆达（Ziva Kunda）的研究中，打算从事会计或教学工作的本科生受到了已经获奖的相关榜样的启发，他们仅仅因为阅读了有关获奖的报道，就为自己打出更高的分数[31]。可获得性是很重要的：大一学生会被超级巨星毕业生所鼓舞，而大四学生则因为为时已晚而泄气（见图 4-4）。同样，那些相信智力可变的人会受到向上比较的启发，因为他们相信成功是可控的，但那些相信智力固定的人则会感到沮丧，大概是因为他们认为成功是不可控的。

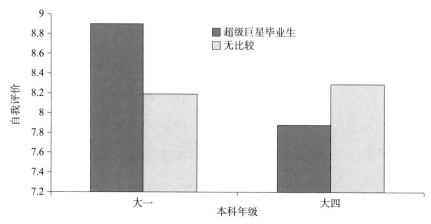

图 4-4　超级巨星毕业生会激励那些仍可以模仿他们的人

Source: Author's compilation based on data from Lockwood and Kunda (1997).
注：大一学生的自我评价会因为一位鼓舞人心的毕业生而提高，但大四学生则会因为无法达到其表现水平而感到沮丧。

对认知需要和控制需要的评论

我们通过寻找与自己足够相似而可以作为有意义的参考标尺的人、足够专业而能提供正确意见的人、足够近便而让我们能够快速判断的人、足够接近而让我们能够获得鼓舞的人，来使自己变得有意义。所有这些比较工具使我们听起来极其合理。但我们真的有那么高的效率和影响力吗？事实上，作为信息机器人，我们拥有的能让自己在日常生活中变得足够优秀的策略存在严重缺陷。快速和节俭在临时决策上有其优点，但它们的质量并不总是经得起仔细检查。考虑到我们通过收集信息、评估信息并进行比较来了解自己，这有很大的误差空间[32]。

一般来说，在寻找和使用信息的过程中，我们对自己的了解比我们对其他人的了解更多，我们对关于自己的信息的了解也更好更快。因此，关于我们自己的信息可能会承载着更多的分量[33]。我们也倾向于在比较中把自己当作锚，因此，我们在自我比较中的地位显得比实际的样子更高。当我们将自己与一个抽象的类别（例如，自己的同行）进行比较时，具体的信息很难使用，因此，我们的自我就更为重要。在我们的比较过程中还有许多其他的小问题，例如，可获得的注意力、选择的标准、不同的自信，这使我们变得不客观，这甚至不来自难辨析的弗洛伊德式动机。我们只是以特殊的方式处理关于自我的信息，因为我们的自我对我们来说是特殊的。

当群体比较时：感到相对剥夺

即使我们与那些非常相似、接近、方便、有时甚至是专家的人进行比较，个体也会与其他个体进行比较，而群体则会与其他群体进行比较。这些区别被称为"利己主义"和"兄弟主义"[34]。沃尔特·加里森·朗西曼（Walter Garrison Runciman），多克斯福德的朗西曼第三子爵，在专业领域常被称作加里或者 WG，他指出了自己感到被剥夺（成为一个正式的伯爵比仅仅是一个子爵好得多）和代表你的群体感到被剥夺（现代英国贵族的境遇不如美国新贵）之间的区别。尽管普通人在感到个人被剥夺时肯定会受到伤害，但正如我们所看到的，这种感觉很少能推动他们的政治和社会行动。与其说我们投票给自己的钱包，不如说我们投票给邻居的钱包[35]。当然，这个结论主要适用于我们这些经历过相对剥夺的人，这种剥夺有时会导致工人阶层或弱势群体的起义。

第二次世界大战期间，在塞缪尔·斯托夫（Samuel Stouffer）和他的同事们对军队士气的奇特研究中，首次发现了作为内群体（我们）而对外群体（他们）产生的被剥削感[36]。客观上状况较好的士兵（驻扎在北方的非裔美国人，或晋升机会较好的空军）比客观上状况较差的士兵（驻扎在南方的非裔美国人，或晋升机会较差的宪兵）更不快乐。无论何种情况，造成他们不快乐的原因并非客观状况，而是相对比较。驻扎在北方的黑人士兵感觉自己的情况比当地的黑人公民要差，但驻扎在南方的黑人士兵的感觉却恰恰相反。空军确实有很好的前途，但他们却认为晋升速度远不如自己的期望，而宪兵则对晋升不抱希望。教育程度较低的士兵、已婚的士兵和年长的士兵也感到了相对的剥夺，他们认为自己应该像许多同龄人一样免服兵役，征召他们入伍是不公正的[37]。这些比较是单独进行的，但总体而言，它们都依托相似、方便、相近的集体来进行比较。到目前为止，来自相对剥夺的信息与社会比较相呼应。

真正影响到你的是不公正

相对剥夺的概念独特地指出了群体对集体剥夺的反应，集体剥夺被认为是不公正的，预示着社会运动。个人和群体的体验有很大的不同——例如，群体之间的互动比个人之间的互动更具有竞争性和恶意[38]。个人被剥夺的感觉（例如失业）可能会警醒一个人集体被剥夺的感觉（"像我们这样的人有麻烦了"）；当这种集体情绪促成对外群体（例如移民、富有的精英、执政党）的指责时，集体行动的道路就被铺平了[39]。当人们觉得自己的行动是在代表群体时，这种谋求提升群体地位的行动就是集体性的行为[40]。

集体行动的关键是感觉自己的群体（相对于其他群体）受到了不公正的剥夺[41]。希瑟·史密斯（Heather Smith）、托马斯·佩蒂格鲁（Thomas Pettigrew）和同事们对包含 142 176 名参与者的 207 项研究进行了元分析。研究发现，当人们报告他们如何确切感受到"我们"和"他们"之间的差异时，或者当人们发现他们的相对劣势不合理、不公平时，这些感受（而不是纯粹的差异）就预示了集体行动。感到沮丧、被剥夺的群体可能采取无组织或有组织的集体行动，并可能赞成政治暴力。例如，尽管亚裔美国人只占费城人口的 4%，但在 1988 年的仇恨犯罪中亚裔受害者占到了 20%；非亚裔人群的愤怒、沮丧、敌意、怨恨和威胁的感觉最可能预测了这种基于群体的暴力[42]。除了针对少数族群的暴力外，其他集体行动还针对处于优势地位的群体（例如白人），因为感到沮丧和愤怒的其他群体（例如少数族群）经常将自己的相对剥夺归咎于他们。正是这种不公正的感觉，驱使人们赞同"我们"应该团结在一起，并且"我们"应该为了"自己人"去谋求改变现状[43]。

人们对内群体处境的认知评价，加上他们对群体的深切关怀，产生了这些不公正的感觉。因此，尽管信息是必要的，但推动行为的却是情感。然而，重要的信息不是客观的差异，而是相对的差异——来自与其他似乎最相关的群体的比较。

从比较的案例着手

爱情和工作……工作和爱情，这就是全部。

——西格蒙德·弗洛伊德（Sigmund Freud）[44]

我们对生活中最重要的领域——爱情和工作——进行比较。毫不奇怪，心理学家也关注这些领域。这部分内容关注人们如何获得比较信息，而最佳场所是学校和公司；在这两个产生成就的领域，人们需要信息来评估他们的地位，而知识就是力量。而在健康和家庭等其他领域，人们也有优先事项，这些问题将在之后进行讨论。在这里，让我们看看在成就领域中什么才是相对客观的比较。

学校

根据我的经验，大学教育的一个悲剧就是看着新生泄气。无论大学的声望如何，新生在大学的排名都会低于他们在高中的排名。在普林斯顿大学，不是每个高中的天才都能在大学里保持 A+ 的水平。在一所录取前一半申请人的州立学校，并不是所有的新生都能在大学班级中名列前一半。在指导我的研究生和学术弟子时，我会感到悲伤，因为他们中的大多数人都无法入职与普利斯顿大学同水平的大学。他们去不了，仅仅是因为没有足够多的一流大学工作岗位提供给这些一流大学的毕业生。一般来说，甚至也没有足够多的学术教职提供给所有接受过学术训练的准教授们。考虑到职业发展的金字塔形状，简单地将数字加起来是不合理的。这种无情的选择会让梦想破灭，信心坍塌。当学生在向上爬的过程中遇到这种情况，他们很难不把它视作针对其个人的挑战，但不知何故，他们中的大多数人都能在这种地位变化中生存下来。关键在于选择。

当学生曾经是小池塘里的一条大鱼，他们就会受到伤害，然后他们游到一个更大的池塘里，在一个充满精英的环境中成了一个普通的高成就者。对于这种经历，最令人信服的证明之一就是前面提到的对 26 个国家 10 万多名学生的调查。调查发现，相比于普通学校的学生，精英学校学生的学术自我概念更低[45]。与现实相悖的是，这些精英学校的学生对自己的学术能力、技能和兴趣的评价——所有这些维度都应该是学校越好，对自己的评价就越高——反映出与其他优秀学生相比，他们的学术自尊心受到了影响。出现这种情况的部分原因是，并不代表整体水平的佼佼者总是很显眼，随时被拿来进行比较。不管你喜不喜欢，这些学生所经历的比较都是不公平的。

但是他们的榜样呢？学生们能够在他们所仰慕的对象那里激发自己的抱负。那些稍微向上比较、观察到同伴表现出色的学生，实际上表现得更好。理论上来说，看到那些表现稍好的人会让学生们感到沮丧，就像那些失意的大鱼一样，但实际上这种情况并没有发生。如果学生是乐观的并且认为自己可以控制自己的表现[46,47]，那向上的比较可以提升他们的学业表现[48]。作为自我提升的一种策略，我们可以选择将自己与稍强于自己的人做比较。关键不仅在于我们选择谁，还在于我们深思熟虑后做出的比较决定。强加的比较，就像大鱼游到更大的池塘，只会令人沮丧[49]。

可以肯定的是，学生并不是傻瓜。他们承认进入高成就群体的意义，并相应地认识到自己也同样取得了高成就[50]。但是，他们的学习目标决定了他们如何去处理相对比较。自我相互依赖的学生可以从向上或向下的比较中受益。相比之下，那些自我孤立和独立的人只有在向下比较时才感到快乐，而且很容易在向上比较时感到沮丧[51]。总的来说，学生可以利用社会比较来获得灵感，但主要是在他们有意地为自己选择一个可能的自我榜样时。而当榜样是追逐高成就的环境强加给他们的，尤其是当他们已经感到悲观和失控的时候，向上比较会损害自尊，因为它开始变得越来越像是嫉妒那些做得更好的人。

工作

在陀思妥耶夫斯基的《地下室手记》（*Notes from Underground*）中，叙述者这样描述他的同事：

> 不用说，我讨厌我部门里的所有成员，从第一个到最后一个，鄙视他们，但不知为何也害怕他们。有时，我甚至认为自己不如他们重要。那时，这种感觉经常出现在我脑中，一会儿我鄙视他们，一会儿又觉得他们比我优秀[52]。

在工作中，就像在生活的其他地方一样，我们会不经意地陷入比较[53]。现代的组织创新会制造不可避免的比较。例如，基于团队整体表现的薪酬使同事们不得不直面彼此相对的努力回报比率，导致人们对浑水摸鱼的人感到不满。目前流行的360度全方位评估迫使人们进行比较，即每个人都不遗余力地从上下左右各方面评估其他人。

为了判断我们在工作中的地位，我们必须要问："与什么相比？"[54]薪酬并不是唯一的考量。我们在工作中与其他人进行比较，需要考虑一系列的因素：

程序正义：被公平地评估（"相较于我的同行，我被评估的过程是否公平？"）

交往正义：受到良好的对待（"我是否得到了与其他相关人员一样的尊重？"）

分配正义：获得足够的报酬（"我的工资和福利与其他类似人员的报酬相当吗？"）

这些比较导致我们得出结论——比较使我们感到嫉妒和鄙视（当然还有其他情绪，但这些不是我们当前论述的重点）。比较会导致压力，但这取决于我们对自己的控制感的看法，也就是说，我们的资源是否足以应对挑战。

不幸的是，在接受主管的绩效评估时（这是一种压力很大但很常见的工作经历），我们经常会忽视比较的反馈。当我们看到一个模范员工在工作时，我们可能会通过提高自己（"我和完美女士没有什么不同"）或贬低对方（"神奇先生没有老板想得那么伟大"）来否认这种比较。必要时，如果模范员工太过超前或者不相关，我们可能会拒绝比较（"理想先生只是一个外星人；他总是在无休止地工作"）。

尽管人力资源专家做出了最大的努力，但我们还是自欺欺人——即使正确面对360度全方位评估，我们也很难改变。当我们将自己的表现与同行进行比较时，我们的偏见取决于我们自己的表现如何[55]。如果我们自己的表现特别好或特别差，这表明其他大多数人的表现将不那么极端，也就是说，他们的表现比我们更接近平均水平。这是合理的。但我们没有考虑到这样一种可能性：我们完成任务是因为它很容易，或者遇到失败是因为它很难，而不是因为我们应该受到特别的赞扬或指责。我们倾向于认为，在容易的任务中我们比他人表现得好，而在困难的任务中我们比他人表现得差。最终的结果就是，我们并不总能对自己或他人的表现做出最好的判断。

尽管我们在工作中对自己和他人的判断不准确，我们仍然会这样做。这些判断是茶水间的主要话题。工作中的嫉妒（或嫉妒受到上司青睐的人）会导致不好的感觉；具体来说，它会降低职业自尊和控制感[56]。嫉妒比被嫉妒更糟糕。工作中的嫉妒会让员工退缩或变得好斗，这两种情况都不利于工作[57]。

员工在工作中通过参与或摆脱来应对他们的嫉妒，两者都可以是建设性的或破坏性的[58]。例如，我们可以通过努力使自己变得更有价值或者赞扬成功者来建设性地利用我们的嫉妒。我们可以通过寻求朋友和家人的支持，或者肯定自己，来建设性地摆脱嫉妒。从更具破坏性的方面来说，我们可以通过干扰或批评成功人士，甚至试图激怒对方、使对方在会议上爆发情绪，来释放我们的嫉妒。从新工作中寻找慰藉，也不乏是一种更不迂回、更不投入的破坏性策略。

如何从比较中获取最好的信息

要评估你的表现，请选择相似的、相关的、方便提供足够的参考标准的人。利昂·费斯廷格说得对，当我们缺乏客观标准时，我们会寻求主观的标准。我们在工作和学校中的表现都是相对的，所以我们不可避免地将自己与参考对象进行比较，以了解自己的位置。这不仅是一种自我评价的恰当方式，也是一种聪明方式。

为了提高你的表现，请选择博学且与你足够接近的专家，以便提供有用的信息。与你过于相似的人不会提供新的信息，但经验稍多或业绩稍高的人可以教你一些东西。避开那些距离太遥远的人，他们不会提供一个明显的路线图，告诉你如何从你所在的地方去到他们所在的地方。

自我提高不仅仅是一个获得正确信息的问题。对一些人来说，它类似于西西弗斯那无休止的任务——永远地推着他的石头上山，只是为了让它滚下去。

> 社会是一长串起伏的小山脊，从第一个到最后一个，都没有提供小憩的山谷。无论你站在哪里，你都会被你上面的人看不起，被你下面的人谩骂和抨击。你看到的每一个生物都是西西弗斯，把他的小石头推到一些小人国的微粒上。这就是我们的世界！[59]

我们所有人都在努力提高自我，即使是像国会议员亨利·利顿·布尔男爵（Baron Henry Lytton Bulwer,Esquire）这样显赫的人物，也会感到被人瞧不起，也会被人谩骂和抨击。本章从嫉妒和鄙视转向关注我们的"认知需要"，这是许多社会比较的动机。但我们需要控制的是什么呢？这次讨论不是告诉我们人类搜索引擎可能有点儿偏颇吗？接下来的几章将阐述，我们并非总是那么谨慎，还将阐述我们对自己和团队感到满意的需要。嫉妒和鄙视取决于什么和谁处于危险之中。

总结

人们需要信息来评估和控制自己的命运，以应对如阿兰·德波顿所说的"对自己的期望和现实生活之间的鸿沟开始扩大"的时刻。有时，我们无法用信息来缩小差距，所以我们便逐渐擅长保护自尊的心理体操（第5章），或者在我们最舒适、最熟悉的群体中寻求庇护（第6章）。比较是按照理性思维和情感直觉的要求来运作的。

Envy Up,
Scorn Down

第 5 章

我们为什么要比较?
比较能保护我们

我对哈里森厌烦至极。

他的打油诗和双关语尴尬无比。

但我喜欢这个流浪汉。

因为,他虽愚蠢呆滞,

但与他相比,我阳光明媚,充满生机。

——无名,引自格林伯格(Greenberg)、

阿斯顿 – 詹姆斯(Ashton-James)、

艾什坎纳西(Ashkanasy)(2007,22)

有时我们想知道自己身处何处，但有时我们也想"让比较帮自己获得生机"。除了评估自己、改善自己，我们还希望自己能感觉良好[1]。相比获取信息，获取自尊或许并非那么高尚的目标，但我们都需要感觉良好，以支撑我们从床上起来迎接新的一天。

我们往往重视主观感受甚于客观情况——但前提是主观感受能让我们看上去不错[2]。在比尔·克莱因（Bill Klein）的研究中，大学生参与者们被要求判断一些艺术品的质量。他们会了解到，根据专业艺术家指定的客观标准，他们所做的判断得到的绝对分数。以及与其他的参与者相比，他们的判断在主观上的相对分数。只有相对分数影响了他们对自己审美能力的感觉，以及他们对是否参加后续竞争以赢取额外奖励的选择。这说明我们大多数人只会在主观的相对地位对我们有利的情况下才会使用它，否则我们就不会注意它。

当然，人们也不傻：当客观情况太过极端，无法被忽视的时候，它的绝对位置确实胜过主观感受的相对位置[3]。然而，自我提升就像吃饭一样自然[4]。美国人和欧洲人确实认为他们比平均水平更好，对自己的生活有更多的控制权，与其他人相比对未来更为乐观。具有讽刺意味的是，他们还认为在对这些问题的判断上，他们比其他人更不容易出现错误[5]。

有目的的灵活性

我们会使用一些顶尖的情感策略，来保护和提升脆弱的自我。也就是说，我们会选择有利于自己的比较——现在的自己对比以前的自己，自己对比他人——来保护我们的自尊。

哦！那个旧时的自我

一种策略是进行自我比较。我们将新的、已然提升的自我和旧的、业已抛弃的自我进行比较。就如同安妮·威尔逊（Anne Wilson）和迈克尔·罗斯（Michael Ross）所说，我们至少在自己的故事中"从失败者变成了冠军"[6]。在一项具有代表性的研究中，一些大学生描述了16岁时的自我和现在的自我，然后把这些描述评价为积极的、消极的，或者中性的。（实验的观察者们也同意这些评价。）尽管在过去和现在的自我描述中，积极的描述都胜过消极和中性的，但与相对黯然的旧日自我相比，在对闪亮的新自我的描述中，这种差异被扩大了。为了避免有选择性报告的问题，也为了将结论扩展到所有年龄段，另一组被试包含了中学生和中年人，同样对过去、现在的自我的个性特征（包括社交能力、自信程度、是否乏味无聊、是否不真诚）进行了一系列评分。而这种自我成长的故事再次出现了。

然而，我们不会讲这样的成长故事：我们的朋友随着年龄而有所提升（见图5-1）。我自己可能曾经是个浑蛋或傻瓜，但至少我随着年龄而有所改善，而你依然是那个可爱而又有缺陷的老样子。然而就我们每个人而言，以前的失败者自我似乎是一段很久远的记忆。

对于我们的自传式记忆而言，我们会想象出自己所欲求的自我概念[7]。但这种动机的实现会受到所了解到的事实的限制。因此，如同日瓦·昆达在其细致的综述中所指出的那样，大多数情况下，我们并非完全在进行编造[8]。相反，我们会通过对事件进行定位、构建和评价来精心制作自己的经历，以减少令人不悦的内容，并突出那些使自己感觉良好的内容。我们的经历是一部属于自己的历史小说，其中对我们自己是谁给出了一个令人愉快又看似合理的答案。

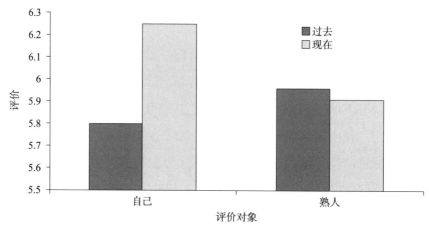

图 5-1　对自己与熟人的过去与现在的评价

Source: Author's compilation based on data from Wilson and Ross (2001).
注：相比于过去，对现在的自己的自我评价更为积极；对熟人的评价不随时间推移而产生变化。

对于身处聚光灯下的自我来说，未来看上去很美好。我们完全期待着自己能从现在的成功迈向更加美好的未来[9]。我们对自己的乐观态度可称得上是一种积极的幻想[10]。但至少在短期内，乐观会激励我们、帮助我们坚持下去，并提升和鼓励我们。当然，不切实际的乐观、幻想和彻头彻尾的自恋于我们无益。举例来说，愉悦的幻想带来了徒劳无功的白日梦，乐观的期望则激励人们努力。用罗伯特·莫顿（Robert Merton）的话来说，这种过程使得乐观的期望成了自我实现的预言[11]。在不同生活领域，比如追求暗恋对象、通过考试、寻找工作，抑或忍受髋关节置换手术，当我们专注于表现良好的概率时，我们确实能做得更好。幻想让人无所作为，高度的期望则促进行动。

未来的自我激励着我们，我们也更重视未来而非过去[12]。自尊更取决于未来的自我而非过去的自我，因为未来的自我更为灵活，而过去则已经板上钉钉了[13]。在尼尔·温斯坦（Neil Weinstein）的一项经典研究中，来自罗格斯大学的学生们对 42 个积极和消极的未来事件进行阅读，并评估自己经历每一个事件的相对机会（相比于同性别的同学）[14]。他们觉得相对于其他人，自己喜欢第一份工作的概率要高 50%，拥有自己的房产的概率要高 44%，更容易经历类似的积极事件。更有甚者，他们认为相对于自己的同学，自己对消极事件（酗酒、自杀、离婚）更具免疫力（见图 5-2）。他们倾向于关注积极事件的可获得性和可能性，目标越可获得、越有可能，他们就越能确信自己的计划可以实现这些目标。相应地，对于消极事件来说，他们更关注可预防性和刻板印象：这些事件看上去越可控，越倾向于某种特定的受害者类型，这些参与者就越不为自己担心。例如，"只有失败者才会失业，但作为一个勤劳的人，我自然是免受其害的"。因此，我们很容易想象出大量的个人特质，并认为这些特质能够让我们成为在未来每个人都会面临的挑战中得到幸免的例外。

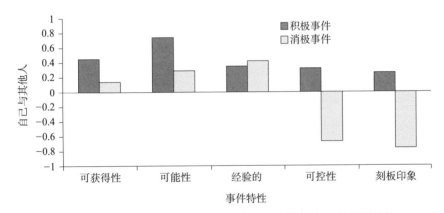

图 5-2　积极或消极事件发生在自己或其他人身上的可能性

Source: Author's compilation based on data from Weinstein (1980).

　　注：更具可获得性和可能性的积极事件看上去尤其可能发生在自己身上，而非其他人身上。而更可控和更与刻板偏见有关的消极事件则更可能发生在其他人而非自己身上。积极、消极事件的经验都会使事件更可能发生在自己身上。

　　丹尼尔·吉尔伯特、蒂莫西·威尔逊（Timothy Wilson）和他们的同事收集了大量的证据，表明人们预测自己的未来情况和当前的不堪现状将截然不同[15]。我们不仅满怀希望地预计好事终将胜过坏事，还期待未来比我们的实际经历更具戏剧性。具体而言，我们期望未来的意外之喜让我们更为开心，而未来可能面对的悲剧则比实际情况更能给我们带来破坏。我们在对事件的情绪反应进行判断时，其强度和持续时间都会被高估。究其原因主要是由于专注于预期事件，我们会忽略同时发生的其他一切。也就是说，那些同时发生的事件往往会抑制主要事件的影响。比如我们遭遇了骨折，一定会十分害怕，但我们的伴侣、我们的工作和朋友则会分散我们对此不幸事件的关注。此外，我们心理层面上的应对也会更有效，相较预期，人们往往能更快地适应。我们会特别地夸大负面事件预期造成的破坏性影响；然而实际上，我们大多数人都比预期的更具弹性[16]。总而言之，当我们将现在的自己与过去和未来的自己进行比较的时候，我们会比事实所支持的更具动力。尽管我们承认过去阴云密布，但还是相信，就算未来变化无常，阳光总会降临。

对"我"进行三角对比

尽管我们倾向于将现在的自己与过去或未来的自己进行比较——这给构建有利于当前的自己的比较留有很大的余地——但有时我们也会走出这个自己的范围一小步，以创造一个比较的幻象。美国青少年尤其倾向于将自己与他们希望成为的形象进行比较。这是一种向上的社会比较，但使用的是抽象的概念而非真实的人[17]。他们会去做理想形象的典型行为，无论是吸烟、喝酒、危险驾驶还是不安全性行为。社会比较的规范塑造了个人的健康习惯，无论是好的（运动锻炼），还是坏的（吸烟）。经常进行社会比较的人特别容易模仿这种典型行为。但这种比较当然是完全在脑中进行的。

比较作为一种社会性追求要比单人独自去追求更好；我们通常更喜欢一个实际的他人，而非一个幻想中的他人。尽管我们的自传式记忆可靠地描绘了主人公的成长之路，但我们似乎更喜欢群像剧而非独角戏。也许只有在没有其他角色可供使用的情况下，我们才更可能选择进行自我审视[18]。诚然，考虑到我们可怜的过去自我特别能凸显近乎完美的现在自我（毕竟过去自我没办法对这种比较进行抗议，而我们更美好的未来自我还无须证明自己），这种审视就会自然而然地发生了。

当我们作为他人的局外观察者时，我们拥有一个更为客观的优势，使我们可以将地位相似的人作为比不同时期的自己更好的比较对象[19]。举例来说，要判断某人当前的绝对地位，你更想了解此人在相似人群中所处的相对水平还是他自己的表现随时间产生的高低变化呢？一定是相对水平。确切来说，只有明确的社会比较才会影响到客观的局外观察者，因为即便随时间产生剧烈的个人变化也不能说明某人的起点在哪里，更不消说现在位于何处了。尽管我们对自己讲述了许多令人欣慰的自我成长故事，但更明智的做法是将相似的人作为一杆标尺[20]。

当我们从自己对个人的思考中走出来，创造一个包括自我、他人和某些领域的三角形（见图 5-3），比较就会变得复杂。例如，你可能会与自己的朋友的健身水平进行比较。无论高低，这种比较都可能导致相互的嫉妒或鄙视（见图 5-3 左侧），从而影响友谊。除非你和朋友是完全匹配的（见图 5-3 右侧），否则你们之一就会感觉糟糕，另一人感觉高人一等。社会心理学之父弗里茨·海德（Fritz Heider）指出，这种比较两人种种内容的三角形会使其中个体的自我概念提升或受损，并产生社会影响[21]。

一项在美国西北、东南部进行的研究说明了这个问题。研究选择了121 名受表彰的房地产经纪人，并将他们与 118 名他们随机选择的同事进行了比较[22]。这些同事报告了自己对受表彰者相关的感受，包括外部的

（恼怒）和内部的（感到尴尬）。而受表彰者则对他们为了应对给同事造成的威胁所做的事情（如果有的话）进行了评价。事实上，他们也的确以自我保护的方式做出了反应。当别人对他们不满的时候，受表彰者就会表现得更为谦虚，从而减少可能破坏工作中社会关系的负面反应。而如果同事感觉到尴尬或者羞愧，受表彰者就会回避这个话题，尽管同事的个人痛苦不太可能给受表彰者带来困扰。即便是孩子也知道，自吹自擂是不好的。无论如何，为了避免不良情绪而做出的最终牺牲——降低自己的表现，对这些房地产经纪人来说根本不构成一个选项。最终，他们依然会专注于自己的业务，试图降低受表彰带来的影响，并不将同事的反应放在心上。

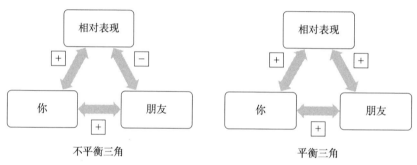

图 5-3　自我、他人以及相对表现

来源：作者绘。

人们很在意自己会不会被困在这种三角关系中，即朱莉娅·艾丝琳（Julia Exline）和玛茜·罗贝尔（Marci Lobel）所定义的 STTUC（对于成为威胁性的向上比较的对象的敏感性）[23]。托马斯·鲍尔斯（Thomas Powers）用一个思想实验精妙地描述了这种状态：

　　　你要如何告诉一位老友，你明白他为何哽咽，因为失败有时同样会侵蚀你自己的精神，但你仍然喜欢他。同样地，你在乎的根本不是他是否做了他想做的大事；你同情他的失望，也理解他的野心正逐渐褪色。但这将会成为一次冒犯，一种居高临下的侮辱，一种对朋友维护自己尊严的努力进行的无情攻击，（无论如何对我来说）这是无法想象的[24]。

关心你的那些灰心丧气的朋友需要某种共情。而感受到 STTUC 是指，你必须意识到自己正在被人嫉妒，相信这种嫉妒会威胁到他人，并对其后果感到担忧[25]。这个过程的第一部分似乎是自动的，我们已经一再看到，人们知道自己对于他人的相对地位，因此人们在被嫉妒时是不会感知不到的。而且人们很清楚嫉妒的政治。但如何才会感到担忧呢？我们是为共情而生的，我们的社会生存就依赖于此。感同身受的痛苦和对他人苦难的内疚有助于维护人际关系，并约束无限膨胀的个人利益。进一步来说，即便是自私的人也想要避免被感受到他人痛苦而产生的负担传染。

就像屡获殊荣也依然保持谦虚的房地产经纪人一样，我们会修饰自己的形象，即便是为了避免潜在的反感。他人的敌意是真实存在的。恶意的嫉妒会通过流言蜚语、抵制，甚至报复来惩罚那些出头的人。而表现出色的人也对此十分清楚，并经常对他们所获的荣誉感觉到矛盾。心理学家曾经把这种感觉称为"对成功的恐惧"，对其的一个解释就是对出人头地和保持与他人关系之间的矛盾心理[26]。

除了单纯对于自己与他人作为不同的独立个体的真正恐惧之外，被嫉妒者也会担心他们的人际关系。不止一位学术界的超级巨星提到过，他们不愿意在家里分享他们的成功经历，因为担心这会使家庭关系紧张或加剧家庭冲突。在同学聚会中，大多数人不会以背诵自己的简历作为开场白，这并非毫无道理：骄傲自大必然带来工作团队或友谊网络的排斥或报复。美国文化的公认道理也记录了这些倾向："高大的虞美人会被砍倒""竖起来的钉子会被敲""傲慢必败""虚张声势会被戳破"。此外，文化仪式也体现了这些信念——例如，美国的名人吐槽大会。在一些旧日的日本商业规范下，工薪族可以在两个人都烂醉如泥的情况下不尊重老板，而不会有任何后果。在非洲霍屯督的传统文化中，猎人可以在最成功的人身上撒尿[27]。美国的夏令营中，嘲笑辅导员的滑稽剧也象征性地做了同样的事情（经常在八月下旬出现）。社会比较造成了人际关系的紧张，而高成就者则尽其所能地进行控制。人们在高位时就会感到 STTUC。一枝独秀并非如想象那般美好。以下是感到 STTUC 的人可能关注的一些担忧和情绪反应（见表 5-1）。

表 5-1　感到 STTUC 的人可能关注的担忧和情绪反应

STTUC状态下我的担忧	在此情况下我可能出现的感受
我对你的痛苦负有责任	负罪感
我感受到了你的痛苦	悲伤、焦虑
我应该帮你管理感受	焦虑
我没有办法帮你	焦虑、受挫
你可能变得有敌意	害怕、愤怒
我可能看起来很坏	尴尬、焦虑
人们可能会拒绝我	惭愧、害怕、悲伤
我们之间的关系可能受到损害	焦虑、悲伤、不满[28]

嫉妒哭喊："他犯规了！"

落入谷底者同样会成为众矢之的。当我们发现自己从社会底层向上比较时，我们的嫉妒就与怨恨和羞愧混合在了一起[29]。生活在底层使我们看到自己处境的不公，但我们也可能因为自己也与之有关感到羞耻。嫉妒带来的羞耻感会麻痹我们，但正如我们所看到的，嫉妒带来的愤怒却能使我们振奋。虽然在嫉妒的消极影响下，无疑人们可能会被麻痹、听之任之，但大多数证据表明，积极的敌意是更常见的反应。

主要是在自己投入很高的时候,我们会感到敌意的、恶意的嫉妒。比如说,当别人在我们自己的游戏、对我们的自我定义很重要的事情上胜过我们的时候[30]。否则,为什么我们要为此费心呢?我们会保护自己以对抗那些对我们很重要的威胁。心理学家威廉·詹姆斯(William James)有句名言描述道,他乐于在一个不重要的领域被人超越,但在他自己的领域却并非如此:

> 当我将自己的一切都投入到成为一名心理学家时,如果其他人比我对心理学了解更多,我会感到羞愧。但我却满足于自己对希腊学的愚昧无知。我在那里的不足之处根本没有给我带来个人的屈辱感。没有尝试就没有失败;没有失败就没有屈辱。所以我们在这个世界上的自我感觉完全取决于我们支持自己成为什么样的人以及如何去做[31]。

与自我相关的失败促使我们通过改变标准来维护自己——例如,我们可能会从与卓越的他人比较转向与早期的、不足的自我比较。即使被迫与他人比较,我们也可能通过降低标准来对抗自己的失望,或不再进行如此多的比较,甚至改变比较的领域:例如,学业突然不那么重要了,而体育突然更重要了[32]。毕竟谁想吃酸葡萄呢?我们修复自尊的动机甚至可以使我们在那些替代性领域中表现得更好。比如,运动员在课堂上挫败后可能跑得更快。

脱离嫉妒苦果的方法之一是将获胜者视作一个外星人——甚至与自己不在同一个星球上,那么这个人显然与我们无关。将获胜者判断为一个天才也同样有效[33]。在马克·阿利克(Mark Alicke)的实验室里,参与实验的学生完成了一项困难的知觉智力测试,他们只得到了大约30%的分数,但会得知另一个学生得到了70%的分数。自然而然地,他们认为那个人的知觉智力比自己高。更重要的是，与中立观察者相比，他们甚至还夸大了那个学生的水平（见图 5-4）。与没有评价另一位"天才"的对照组相比，这种判断能使他们更有自尊。而由于无法排除高分者与自己的相关性，对照组无法修复他们的自尊。

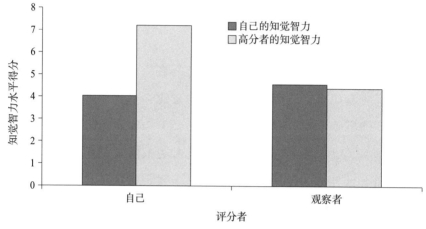

图 5-4　夸大高分者的能力以提高自尊

Source: Author's compilation based on data from Alicke et al. (1997).

注：与观察者的评分相比，参与者们夸大了表现优于他们的学生的知觉智力。正如文中所揭示的，在表明自己缺乏知觉智力后，参与者们给自己的一般智力打出了更高的分数，而没有此种解释的对照组则不会。

排除某人的对立面是与这个人融合起来。嫉妒也可以转化为灵感。如果满足两个条件，一个超级明星就会成为一个榜样。首先，我们必须相信我们有机会跟随这个人的成功，其次，我们必须相信人的才能是可以成长的，而非固定的[34]。如果我们希望能和某个更好的人更相似，向上的比较就能鼓舞人心[35]。我们大多与同一水平或稍高水平的人进行比较，所以所有这些过程都是类似的。总之，社会比较中的受挫者会使用不同的策略来应对。

鄙视大叫:"没有伤害! 也没有犯规!"

目前为止,为了了解我们如何保护自己脆弱的自我,本章已经探讨了优势者对劣势者可能嫉妒他们好运的恐惧,以及劣势者感到嫉妒或不嫉妒的情况。现在,我们再来看看优势者对劣势者的鄙视来补充这个闭环。托马斯·威尔斯(Thomas Wills)提出,当我们的幸福感下降时,我们正是通过这样做以感到优越的[36]。许多人类的行为,从攻击、寻找替罪羊到偏见和幽默,都有向下比较的特点。

常识表明,鄙视是那些稳居社会高层的人的特权,但研究表明并非如此。那些正在走下坡路的人更有可能进行向下比较,以努力阻止他们的颓势带来的感觉。弗雷德里克·吉本斯、梅格·杰拉德(Meg Gerrard)和他们的同事研究了班级中的向下比较(见图 5-5)。他们发现,表现不佳的学生试图通过降低他们的标准来保护自己不受失败的影响,并表现出进行向下比较的倾向,而不是渴望向上进步[37]。

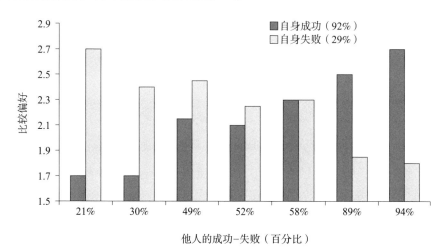

图 5-5　对于向上或向下比较的兴趣依赖于个人表现

Source: Author's compilation based on data from Gibbons et al. (2002).
注:成功者追求向上比较,失败者追求向下比较。

感到情绪低落的人（抑郁、低自尊、心情糟糕）尤其能够从向下的比较中获益[38]。例如，在老年人群中，向下比较能够减少遗憾的感觉[39]。考虑"过去本可能发生的情况"也能改善情绪，并在现实允许的情况下激励我们再次尝试[40]。通过这种途径，向下比较可以在某些时候，鼓励我们中的某些人[41]。

可以肯定的是，向下比较可能令人失望。那些处于劣势的同龄人也可能就是自己，所以因他们而感到命运无常也会让我们的自尊心被削弱（尽管它也可能参与防御策略）[42]。而随着低自尊的失控，向下比较就可能对我们产生负面的影响[43]。此外，如果身边人与我们相似，仅仅是情绪传染就会使向下比较变得让人沮丧[44]。

然而，这里的重点在于，处于顶层的人对他人的贬损远不及那些试图避免跌入令其恐惧的谷底的人。向下比较充其量是一个短期的应对过程，而非一个长期策略[45]。更好的长期策略能够让人保持乐观、控制感以及充分的自尊。这些策略反过来会鼓励我们积极地进行应对，从朋友与家庭那里寻求支持，而非回避问题[46]。这些以个人为导向的策略更少地依靠社会比较——这通常会使自尊心脆弱的人感到不安——而更多地依靠个人的标准，有助于自我完善和自我提高[47]。

回到本节的标题在两种途径中的表现。真正的鄙视（自我保护性地向下比较）会说："如果我感觉受到威胁，我这样做就是为了帮助自己而不是为了伤害你，你何必放在心上呢？"而忽视的鄙视（单纯的忽略）则会说："没有冒犯的意思，但我有自己的工作要做，实际上并不是在忙着看不起你，所以放松就好。"无论何种方式，来自个人的鄙视可能都没有被鄙视者所担心的那么严重。

切身的防御性比较

如前章所述，社会比较只是一种获取信息的方式，在工作和学校场景中表现得最为明显。而防御性的社会比较是嫉妒和鄙视的来源，出现在更多个人化的领域，比如我们的躯体、我们的健康、我们的人际关系。

健身房

高达 80% 的美国女性大学生对自己的体形不满意[48]。根据 170 项研究，比较正是罪魁祸首。正如我们在第 3 章中所看到的，相对于男性，女性更喜欢拿自己的外表与他人比较。而且，年轻人比老年人更喜欢这样做。通常情况下，比较的目标是足够相似的，也就是相同性别和相似年龄的人。我们将自己的身体与朋友、陌生人或媒体中的形象进行比较，产生的不良影响是相同的。将我们的体形与更有吸引力的人比较，会使我们对自己的身体不满意。而心理学家所说的"对身体不满意"是指躯体功能障碍和对躯体的负面信念，而不仅仅是普通的对体重、运动和卡路里的监测。

如果人们阅读了大量的杂志，并处于情绪低落的状态，就更有可能将自己的体形与他人进行比较[49]。这些情况尤其容易使女性对自己的身体感到不满意。德布拉·特拉普（Debra Trampe），迪德里克·斯塔佩尔和弗朗斯·西罗（Frans Siero）的研究说明了这种情况是如何发生的[50]。对自己身体不满意的女性首先会更多地对自己进行评价，所以她们倾向于将自己的身体和其他东西比较。由于这种倾向，对身体不满意的女性不仅会受到接触有吸引力的女性带来的负面影响——即使这些女性是时装模特，因此可能不那么和自己有关——甚至还受到接触的粗（相对于细）花瓶的影响（见图5-6）。

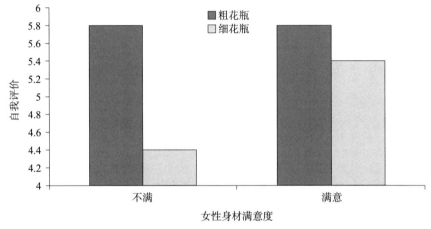

图 5-6　展示粗、细花瓶时的身材满意度

Source: Author's compilation based on data from Trampe, Stapel, and Siero (2007).
注：个体对身材的不满甚至会导致一个细花瓶就能降低自我评价。

　　由于对体形不满意的女性在其他方面也确实存在差异，因此在另一项研究中，研究人员通过引导一些女性对体形不满意来解决这个问题，而不是依靠自然产生的个体差异。在这项研究中，一些大学本科生被要求必须使用"我""有吸引力""美丽""瘦"（或"我""没有吸引力""丑陋""胖"）等词写一篇文章。接下来，在一个看似无关的任务中，研究人员向她们展示了一个或粗或细的花瓶。最后，她们被要求对自己的吸引力和满意度以及对花瓶是否赏心悦目进行评价。由实验引导出的对体形不满意的女性的反应与本身就对体形不满意的女性的反应相同。当对自己的身体不满意时，无论出于什么原因，即使是一个矮胖的花瓶也会让这些女性想起她们感觉自己有多胖。虽然男性可能不会发现花瓶有这种作用（也许可以是个倒三角？），但他们也不能幸免于看到完美的模范所带来的挫败感[51]。

当然，向上和向下的比较我们都会进行，即使在健身房中也是如此[52]。看到某人的体形比我们更走样会让我们自我感觉更好。另外，当女性考虑到一个时装模特的非外貌因素（如头脑和个性）时，会突然发现她并不那么令人敬畏，考虑到这一点，她们甚至对自己的身体也感觉更好[53]。

医院

对身体的最终比较涉及生存。病情严重的人既会向上比较，也会向下比较，因为每个方向都能提供潜在的保护。人们可以想象自己比病情最严峻的患者情况要好，而更健康的人则会激励最佳情况的出现[54]。患者似乎更喜欢将自己和拥有最多信息量的人进行比较，特别是和治疗流程更进一步的患者进行比较。例如，即将进行手术的人可以从最近接受过相同手术的病人那里获得信息[55]。

当然，应对策略并不局限于寻求最好的信息。在生死攸关的问题上，合理的乐观感和控制感，即使是虚幻的，也有助于人们应对癌症、艾滋病、心脏病和其他具有生命危险的疾病。谢利·泰勒（Shelley Taylor）在对乳腺癌患者的突破性研究中，证明了这些女性既具有惊人的心理弹性，又非常不切实际。她们相信自己的癌症正处于可控水平（要么处于自己的控制之中，要么处于医生的控制之中），甚至在疾病的恶化期中也是如此。她们有选择地将自己与情况更差的女性进行比较。这两种策略都有助于她们应对疾病，并且她们的幻想并没有损害她们的适应能力[56]。面对所有的事实似乎比维持一个美好的幻想带来的好处要少。而这种错觉还减少了焦虑和抑郁[57]。

幻想也有利于身体健康[58]。特别是乐观，它能够预测免疫反应的水平，甚至不切实际的乐观也能保护健康[59]。与此相关地，当人们将过去的自己与现在以及未来的自己进行比较时，发现疾病的意义可以减缓其进展。重症患者经常报告说，他们的诊断结果让他们生活的优先事项变得明确，使他们珍惜自己最亲密的关系，欣赏自己的优势，并珍视每一天的生活。这种意识对身体健康有许多好处。良好的情绪可以提高免疫能力，并减少其他并发症。希望和平静的心情提高了保持健康习惯的概率，愉快、乐观的态度则唤起了朋友和家人的支持。（痛苦的人或许喜欢他人的陪伴，但同伴却并不喜欢痛苦的人。）

正如格伦·阿弗莱克（Glenn Affleck）和霍华德·特南（Howard Tennen）的研究项目所展示的那样，创造意义的健康益处在心脏病患者身上持续了长达 8 年之久[60]。在心脏病发作 7 周后，略微多数的男性报告说，心脏的相关情况在生活中产生了一些好的转变，例如更好的健康习惯，生活方式的改变增加了他们的生活乐趣，使他们的个人或精神价值观得到发展。那些在最初几周重新安排了他们的优先事项并产生了这些好处的人，在 8 年后情况看起来也更好。事实证明，不是任何创造意义的解释都能奏效：那些把心脏病发作归咎于压力或其他人的男性就没有这种效果。外部控制（指责）没有帮助，但内部控制是有帮助的[61]。某些类型的控制感——特别是对治疗的控制感——也有利于那些患有另一种慢性病（关节炎）的患者[62]。应对情绪不仅对心理健康有好处，对身体健康也同样有益[63]。

健康益处甚至能影响我们的亲密朋友和家人。高危新生儿必须在新生儿重症监护室待上一段时间，但他们的父母往往能从这种经历中受益。如果他们抱有积极的期望，并在这段经历中找到意义，那么他们的孩子在 18 个月后无论是从健康还是发展的角度来看都会更好[64]。即使是像脊髓损伤这样的永久性病情的长期调整，也与令人满意的社会关系和自我报告的幸福感有关，且通常与同龄的未受伤者报告的人际关系体验和幸福感相当[65]。个人控制感在这里也是关键。

罗尼·贾诺夫－布尔曼（Ronnie Janoff-Bulman）明智地指出，我们对世界的假设被创伤击碎了[66]。我们大多数人都相信这个世界是有意义、仁慈的，我们自己也是有价值的。而无规律的伤害、意外的疾病则会危及这些基本的规则假设。作为这些事件的受害者，我们的心理功能要求我们重建积极的假设。为了生存和发展，我们需要相信这个世界从某种程度上讲是可以预测和控制的，我们自己基本上是好的，且我们在人际关系中是安全的。

家与心

> 在我们最好的朋友们的逆境中，我们总能找到一些并非那么不讨喜的东西。
>
> ——拉罗什富科（La Rochefoucauld），
> 《反思》（ *Réflexions* ）（1665）[67]

> 每当朋友成功一次，我就会死去一点儿。
>
> ——戈尔·维达尔（Gore Vidal）[68]

我们需要人际关系，我们倾向于认为自己有足够的胸怀来庆祝我们的朋友和伙伴的成功，但人性与最好的理想相冲突[69]。当我们已经心灰意冷时，嫉妒和鄙视尤其困扰着我们。当我们对自己或对人际关系没有安全感时，我们会通过进行亲密的比较使自己更加痛苦。正如我们反复看到的那样，不快乐或处于低自尊的人更有可能寻求比较，特别是向下比较。这对人际关系来说不是好兆头，但这种困境并不是无药可救。

为自尊服务的竞争确实会为友谊带来不幸，特别是在大学男生群体中。在以友谊的意义为主题进行采访时，学生们描述了他们最亲密的友谊，以及他们在游戏、考试、争论等情况下与朋友竞争的程度。随着年级的增长，学生们的竞争会减少，但随着他们角色的扩展（例如，不仅是朋友，还包括分享活动、团队、班级、寝室），竞争会越来越多。竞争造成了冲突，破坏了友谊，而它们的对立面——亲密和陪伴——则加强了友谊。

我们如何管理——或未能管理——那些陷入不平等比较的困境中的关系？尽管我们天生会与他人进行比较，但弗里茨·海德观察到，"嫉妒并非那些关系亲密的人之间由命运不平等所带来的必然结果"。[70] 让我们回到海德的三角关系中去理解这一点。每一个比较都包括自我、他人和某个领域，以及三条从每个领域到另一个领域的链接（见图5-3）。每条链接都会改变整个比较的意义。

正如亚伯拉罕·泰瑟（Abraham Tesser）所解释的那样，在任何伙伴存在利益重叠的关系中（除此之外我们又能怎么走到一起呢？），每个人仍然需要维护自尊[71]。我们不仅对自己的行为结果做出反应，而且对彼此的行为结果也做出反应。对于任何给定的三角（你、你的伙伴和你们重叠的利益），如果它们相关且双方关系密切，那么比较就更为重要。对于初始者来说，自己与他人是或多或少比较接近的，而接近放大了比较的效果。谁会在乎街上某个陌生人的成就高低呢？然而，我们最亲近的人的成就则迫使我们做出反应。

为了摆脱紧张，首先，我们可以断绝这种人际关系（见图5-7左侧）。尽管我们不愿意因不平等的成功而中断我们的关系，但有时我们会选择那些不会威胁我们的自我定义的朋友[72]。

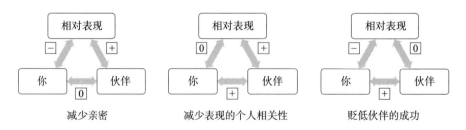

图5-7   三种对人际关系中的比较性威胁的反应

来源：作者绘。

其次，我们如何回应也取决于特定领域与个人的相关性。这个领域与我们越相关，比较就越被放大：我可能不关心自己投掷冰壶的水平，但我会非常关心自己写一本关于嫉妒和鄙视的书的相对能力。我们主要会通过改变自己对他人成就的自我相关性的解释方式，来操纵由比较所造成的情绪雷区（见图 5-7 中图）。例如，如果你和你的朋友都是冰钓爱好者，你可以承认他发现的鱼比你多，但你可以说，通过研究鱼休眠时的习惯，你也获得了更好的结果。（根据你作为冰钓者的相对成就，建议在 2 月调整钓冬眠鱼的自我相关性。）[73]

最后，我们可以贬低自己的伙伴在该领域的成功（见图 5-7 右侧）。如果任务真的与自己有关，一些人甚至会妨碍亲密朋友的表现。在泰瑟的一项经典研究中，学生们与朋友以及陌生人一起参加了一个单词识别任务。当任务被设定为测量重要的技能（而非以游戏的形式呈现）时，学生们显然会将其解释为与自己更相关的任务。如果有机会向他人提供线索，在更与个人有关的任务中，他们向朋友提供的线索比向陌生人提供的更难。而当任务与自己无关时，他们对朋友的帮助则多于陌生人[74]。同样，学生们有时会向他们的朋友提供有用的提示，以提高他们的成绩，但他们报告说，与不熟悉的人相比，对熟悉的人更少这样做[75]。

随着关系和领域的重要性的变化，情绪强度也可能会水涨船高[76]。在一项低相关性的任务中，当我们的朋友表现优于我们时，我们可以慷慨大方地发自内心为他高兴，但当陌生人胜过我们时则不然。在一个高度相关的任务中，当我们胜过一个朋友而非陌生人时，我们会收获更多的自我保护和快乐[77]。

可以肯定的是，我们并非总是进行比较：只要领域对我们无关紧要，我们也可以为自己亲近的人感到自豪（"我的奥运会冰壶运动员朋友"）。与比较相似，我们最有可能在与个人无关的领域中欣赏他人所成就的荣誉。正如罗伯特·恰尔蒂尼（Robert Cialdini）和他的同事们的研究所表现的那样，我们沉浸在卓有成就的亲朋好友和家人的荣誉之中，但随着亲密的提升和成功的减少，我们对此的享受也随之减少[78]。我们不能像吹嘘远亲那样吹嘘兄弟姐妹，我们也不能吹嘘失败者。

由于婚姻状态所假定的共情和共同承担的未来，一些伴侣可以克服比较的影响并享受伴侣的成功，即便是在自我相关的领域[79]。在一项特别令人心酸的研究中，每位参与者都拿到了一个设备，该设备每天以两到三个小时的间隔发出六次哔哔声，持续两周。在这种经验抽样方法中，参与者报告了他们自上次报告以来所做的任何与伴侣的比较。（他们确实应该因参与实验获得丰厚的报酬。）在他们与伴侣的日常比较中，参与者们报告说，当伴侣的表现优于他们时，他们感觉很好，即使在自我相关的领域也是如此。当他们报告说自己的身份包含着他们的伴侣并且感觉两人像一个整体时，他们更有可能享受伴侣的成功，而不是遭受比较的痛苦。在佩内洛普·洛克伍德小组的其他研究中，参与者与伴侣越亲密，他们就越能通过肯定自己与亲密关系相关的优点来应对尴尬的比较[80]。换句话说，如果他们认为自己是一个温暖、关心对方、深情的爱人，那么他们就会感觉更好。这种策略不适用于关系不太亲密的伴侣。肯定自己的优点，就无须与亲密关系或与某种表现的领域保持距离[81]。

一些伴侣积极地共情对方并努力适应彼此的自我，关注不可避免的反思和比较。这对婚姻来说是个好兆头[82]。确实，一方的表现优于另一方会不可避免地加剧困境中的关系的矛盾和回避，但会增加健康关系中的同情心和让步[83]。

当夫妻双方分工合作时，婚姻也能运转良好。当夫妻双方在与自己相关但与伴侣无关的领域中表现得很出色，从而与对方互补，达到相互平衡时，他们表现出的消极情绪就会减少[84]。

人们会在受到社会比较的威胁时保护自己的婚姻，其方式类似于在任何情况中，当自己表现糟糕时进行自我保护的方式。正如我们看到自己的情况随着时间的推移而改善，从而感觉更好一样，伴侣之间也会认为他们的关系比以前更好。在不满意的关系中，伴侣们会告诉他们自己最近的情况有所改善[85]。但是，南希·弗莱（Nancy Frye）和本杰明·卡尼（Benjamin Karney）发现，当婚姻问题严重并且裂痕已经无法忽视时，人们会通过看到情况改善的方式来保护他们的婚姻，即便实际上并无好转[86]。

伴侣还会用认为自己的婚姻比其他人的婚姻更好的方式来保护他们的婚姻，也就是说，进行向下比较[87]。他们会尽可能地使用这种策略，且他们也通常准确地了解自己的相对位置。即便在亚洲文化中，人们对个人成功相对谦虚，也会认为自己的亲密关系（与朋友、家人和伴侣的关系）比其他人的更好[88]。在这种策略中，我们可以通过欣赏他人来与亲密的人建立联系。当人们对自己的关系感到不满和不确定时，也可能会寻求向上比较，以向那些做得更好的人学习，特别是合群的人更倾向于这样做[89]。如果我们自己的疑虑和不确定性让我们怀疑是否以后会遭受更糟糕的命运，轻视其他伴侣也会让我们感到痛苦[90]。

如何掌控比较

当她听到大学同学的"成名时刻……她带着一些嫉妒和自贬，向我描述同学的经历，因为她自己为之付出太少了"。

——托马斯·鲍尔斯，《友谊能在成功中幸存下来吗？》（"Can Friendship Survive Success?"）（1972）

在有毒的比较中，双方都害怕那些嫉妒和鄙视的时刻威胁到自己或者他人的人格完善。但我们可以超越这种防御性的比较。

被嫉妒者的策略

让我们先来谈谈嫉妒，因为心理学家们对其更为担忧[91]。从自我保护的角度来看，一个令人生羡的人如何避免恶意的嫉妒（"我希望你失去你所拥有的"）？让我们从最不具建设性的反应开始梳理。

对于被嫉妒者来说，保持一无所知是可以避免因意识到被嫉妒而感到痛苦的选择之一；这种反应可能在短期内有效，但从长期来看则行不通。强势者如果选择睁一只眼闭一只眼，就有可能在关注自己的目标时忽视自己身边的弱势者，因此他们可能不会注意到在周围酝酿的怨恨。事实上，被嫉妒者可能会认为身边的弱势者是在崇拜自己[92]。然而，神奇的想法最终会变成现实。

在许多文化中，令人嫉妒的人会淡化、隐瞒或否认自己的成功[93]。对成功有恐惧感的女性有时担心成功会破坏找到亲密异性关系的可能性，而且女性也更容易担心被他人嫉妒（感到 STTUC）。因此，人们为了避免嫉妒者的目光，可能会隐藏自己的锋芒。

抢夺道德制高点也可能对被嫉妒者有效。被嫉妒者可以说成功并非由于自己（"我很走运"），而是被故意安排的（"我朋友安排的"），或者是合理的（"公平竞争，不是我制定的规则"）。在这些方式中，被嫉妒者的目标是表明自己的成功并不是为了伤害失败者，这些人只是受到了一些无意的影响。这种策略可能为成功的自己开脱，却不能修复被鄙视者的感受。此外，给自己的成功打折扣，会破坏合理的自豪感。

把恶意的嫉妒（"你不应该拥有成功"）变成善意的嫉妒（"我如何也能成功？"）是一种更合理的策略，尽管在试图鼓励沮丧的人（"你也可以成功"）时，被嫉妒者实际上可能会传达出一种居高临下的侮辱。不过，正如上一章所阐述的，我们大多数人都会为自我提高而进行小幅度的向上比较，所以被嫉妒者可以试图说服嫉妒者从社会比较（你与我）转为时间上的比较（现在的自己与未来的自己）。

如果能发自真心，肯定对方可能是最有效的策略。遭受比较之苦的人可以在另一个领域的积极自我概念得到肯定后，学会接纳这种反馈 [94]。得知自己在社交技能和志向水平测试成绩很高的人，很容易就能承认一个很有吸引力的同伴实际上比自己更有魅力。因为人们也可以通过肯定自己是一个很好、很有价值的人来抑制自己的防御性反应，也许被嫉妒者也可以通过肯定嫉妒者的价值以效仿这一模式 [95]。

当水平高低依靠主观判断的时候，我们对自己相对地位的看法更容易转变。说服他人"成功取决于主观看法"这个观点，在选美比赛中要比在赛跑比赛中容易，在生活方式问题上比在工资或绩点上容易。如果不想让他人感受到一种操纵或居高临下的态度，那么这也是一种可行的策略。

同样可以解释的主题是自我关联性。一个比较有多大的影响，取决于嫉妒者有多在意。一些身份的转变要比另一些更容易。一个终生的职业选择比一个偶然的爱好更难被否认。

化解嫉妒最为有效的方法可能是与对方合而为一。如果自我和令人嫉妒的他人有所重叠，比较就会褪去。亲密关系的研究者阿特（Art）、伊莱恩·阿隆（Elaine Aron）和他们的同事发现，当人们将对方纳入自我时，人际关系就会积极发展 [96]。自我与他人的重叠也促进了同理心，包括认知方面（理解他人的痛苦）和情感方面（感受到他人的痛苦）。

我们不能与所有人相互融合。但只要能像努力成为令人嫉妒的人那样，努力成为讨人喜欢的人，就能削弱竞争并鼓励相互合作。分享，比如举办一场宴会来散播自己的财富，就可以缓解紧张关系。像一位获奖者所做的那样，声称对个人的认可"对我们的群体有好处"，将自己和他人置于同一阵营，就是下一章的主题。

受鄙视者的策略

在我们的主题从防御机制离开之前，让我们也为失败者进行辩护：我们如何避免被鄙视？神奇的幻想是故事和歌曲的主题，正如贝托尔特·布莱希特（Bertolt Brecht）作词的歌曲《海盗珍妮》中主角所幻想的那样：

> 你们这些人可以看着我擦地。
>
> 而我擦着地的时候，你们只是旁观。
>
> 也许有次你给了我小费，这样你还能感觉自己挺棒。
>
> 在这个破烂的南方小镇，在这个破烂的老旅馆里。
>
> 但你永远不知道自己在和谁说话。
>
> 不，你永远也不知道自己在和谁说话。
>
> 有一艘船，一艘桅杆挂着骷髅头的黑色货船将要到来。
>
> 中午时分，码头到处都是幽灵般的货船下来的人。
>
> 他们在阴影中活动，没人看得清。
>
> 他们绑人，带到我面前。
>
> 问我："现在动手，还是以后再杀？"
>
> 问着："现在动手，还是以后再杀？"
>
> 时针指向午时，码头寂静。
>
> 你可以听到几英里外的雾号。
>
> 在死亡的宁静中，我会说：
>
> "现在！现在！"
>
> 然后他们把尸体堆起来。
>
> 我会说："现在你知道了。"[97]

神奇的幻想是一个令人满意的选择，但从长远来看，它是无效的。复仇的幻想、成功的白日梦、控制着富人的命运——这些都是很好的歌词，但长远来看，应对能力则很弱，且这种幻想最适合那些已经感到被鄙视的嫉妒者[98]。

当我们面临被鄙视的危险时，我们可以利用同理心，尝试说服鄙视我们的人同情我们的较低地位，并因此而帮助我们。爱德华·琼斯（Edward Jones）和泰恩·皮特曼（Thane Pittman）把这种不受重视的策略称为恳求[99]。它需要把自己描绘成一个弱者——我们可以称之为战略性地表现无能的举动："你就不能帮我搬一下那架小三角钢琴吗？""我不知道洗碗机怎么用，你用得比我要好得多。"这种策略的缺点是可能被认为是操纵性的，或事实上并无作用，但好处是可以得到同情。

自我提升是琼斯－皮特曼（Jones-Pittman）指出的另一种自我展示策略，但在这种情况下，目的是让别人认为自己具有能力，哪怕存在明显的失败（"让我告诉你，我有一次赢得了这样一个奖项……"）。风险是有可能被视为一个傲慢的自恋者。然而，如果成功的话，它的好处是可以调整鄙视者的态度。

处于低谷的人也可以争取道德的制高点，这种策略被称为"模范化"，但也许被称为"自我圣洁化"更好。通过转移比较的维度，"比你更为正直"的人可以获得一定地位，但他们确实也有可能显得不真诚或虚伪。

无论避免被鄙视是一个多么棘手的问题，有一个难题仍然存在：鄙视（"请走开"）如何与向下比较（"你的地位比我低能使我感觉更好"）相适应？下一章将带我们进入到群体与群体之间的遭遇，这种情况下鄙视可以使我们感觉良好，即使我们把被鄙视者赶走。

结论

　　我们的比较部分是为了保护脆弱的自我。我们中的大多数人将过去有缺陷的自己与现在有所长进的、新的自己进行比较。一些人通过敏感地意识到自己的卓越成就何以对他人产生威胁以保持关系。我们把自己的嫉妒转变为激励，我们改变自己的标准，用向下的比较来强调脆弱的自我变得糟糕的可能性。这些是我们用自己的比较所做的自我保护心理体操，无论是向上还是向下的比较，都是为了维护我们的健康和家庭。

我们为什么要比较？
比较帮助我们融入群体

从本质上讲，人是一种社会性动物，那些生来离群索居的
人……要么不值一提，要么超乎常人。

——亚里士多德，《政治学》（*Politics*）（1253a）

　　亚里士多德是最早告诉我们人类是深刻的社会性存在的人之一。我们喜欢被群体所容纳："我们希望你能加入我们"可能是对人类最具吸引力的话语之一。正如第3章所指出的，我们有很重要的适应性理由，需要与他人在一起：相比于孤立的人，处于社会中的人生存和发展得更好。被排斥会让我们感到痛苦，因此为了避免被他人拒绝，我们会努力融入自己的群体 [1]。比较有助于建立我们的归属感，因为它告诉我们自己在群体中的地位，以及我们的群体相对于其他群体的地位。群体之间的比较可能充满恶意，而嫉妒和鄙视也可能相应地十分残酷，本章的例子就将表明这一点。作为群体中的一员，我们首先忠于自己的群体，因为我们非常需要它。

　　我们可能希望自己与众不同，但不能以牺牲"有价值的群体中的成员"身份为代价，所以我们要与成员好好相处 [2]。我们对自己群体的适应性表现在各种社会传染上，最直接的就是在情绪和知觉的传染上 [3]。我们会互相模仿彼此的非语言行为 [4]。特别是在焦虑的时候，我们会模仿对方的面部表情和情绪 [5]。事实上，我们甚至会无意识地模仿电视上政治家的面部表情，这就解释了许多热情、表情丰富的政治家在选举上的成功 [6]。情绪会传染，我们对群体的其他顺应行为也数不胜数。我们甚至会扭曲自己眼前的证据、客观的知觉判断，以适应一个群体 [7]。

　　从众也影响了生死攸关的抉择及其结果，包括那些影响我们健康的决定。例如，暴饮暴食会通过美式姐妹联谊会传播：联谊会的女生们相互比较，以衡量与受欢迎水平有关的暴饮暴食的"适当"水平 [8]。而人际网络则在三种层面上传播健康习惯和健康标准——你朋友、你朋友的朋友、你朋友的朋友的朋友的肥胖水平与你自己的肥胖也有关 [9]。在长达数十年的弗雷明汉心脏研究中，研究人员要求参与者指定一个人，要求是：如果这个人搬家，参与者也能知道如何联系到这个人。参与者指名的人，以及被指名者再进行指名的人，以此类推，构成了健康影响的网络机制。当你最好的朋友体重增加时，你觉得自己也可以增重几斤，这或许并不奇怪。但如果是你朋友的朋友的朋友，那个你可能根本不认识的人呢？人际网络中的其他人形成了最相关的比较，这为我们的健康习惯设定了标准。

　　尽管社会科学家相信人类确实从根本上说是社会性的，但他们并不完全确定这种传染的网络机制是如何产生的。来自家庭的社会支持并不能解释这种顺应的传播，因为网络机制远远超出了家庭的范畴。事实上，朋友的影响能使一个人变得肥胖的概率增加57%，甚至超过了配偶和兄弟姐妹（皆为约40%）。仅仅观察到你的胖邻居开着割草机或者你的瘦邻居出去跑步并不能解释社会传染，因为邻居不一定会使他的邻居变胖。

　　相反，弱联系的力量可能是通过可信但间接的联系运作的，跨越社会距离产生了思想、信息、规范和影响[10]。回忆一下第5章中的社会三角形——连接你、我和一些共同的经验的三角形。现在想象一下这种三角形组成的链条。这一系列的弱联系超越了紧密的社会群体，延伸到了一串串的熟人，创造了一种"何为正常"的感觉（见图6-1）。

图 6-1　健康比较的链条，人际网络中健康规范的一部分

来源：作者绘。

　　人际网络的规范指导了关于健康的习惯，如吸烟、饮酒、监控体重、食物偏好和癌症筛查。健康网络可能还辐射出压力、情绪、自尊和自我效能感，这些心理状态也会促使健康习惯的传播[11]。人际网络具有许多功能——支持、影响、参与、给予——因此，社会归属感影响我们的选择也

就不足为奇了。人际网络甚至影响了美国大学兄弟会的成员资格（可以说是一种健康危害，但也是一种支持系统）：随机分配的室友，甚至隔壁宿舍的人都会影响大学男生是否宣誓加入兄弟会的决定[12]。在一个松散的人际网络中，归属感会使我们形成紧密的群体。人际网络会导致从众，因为我们将自己与他人进行比较，并试图与那些重要的人保持一致。

归属感的需求——为了做我自己

"社会计量器"不是最新科幻小说中的黄金罗盘，而是马克·利里（Mark Leary）的发明，它可用来解释群体如何塑造我们的自尊[13]。我们的价值感取决于我们的社会接纳水平：如果我们的群体帮助我们生存和发展，我们就需要衡量我们对群体的归属有多紧密，而自尊可能起到这个作用（"我对自己感觉不好——我是否冒犯了某人？"）。一项又一项的研究表明，我们的自尊密切地随着被包容或被排斥的感觉变化。实验中随机出现的排斥让我们感到痛苦，即使我们知道那个刻薄的"人"只是一个被设计来排斥我们的电脑程序[14]。我们被归属感所定义，因此拥有一个群体中的良好地位是人类的基本需求。为了成为我们自己，我们必须认同某些群体[15]。我们迫切地需要知道自己在群体中的地位，这就为嫉妒和鄙视埋下了伏笔，而共同的成员身份和群体规范则缓解了这些问题。

更重要的是，我们寻求自己作为社会性的人的理解和重视有利于我们的群体。自我认知是通过我们加入的群体发展起来的。我们了解自己，是因为我们与某些群体联系在一起，扮演了一些特定的角色，在特定的群体活动中体验到自己的能力，并维持一定的社会承诺[16]。所有这些个人的参与加强了群体的凝聚力和协调性，因为群体需要在其范围内得到忠诚的、各有不同而又通力合作的成员，以便维系群体并使其成员受益。群体归属感提供了关于我们身份的信息。

群体及其成员并不仅能在认知中受益。当我们通过内群体的自豪感来提升自己时，也增强了群体的力量。我们也会通过贬低外群体的价值来应对个人受到的伤害（从而抬高自己，并间接地提升内群体）。在史蒂文·斯宾塞（Steven Spencer）、史蒂文·范恩（Steven Fein）和他们的同事所做的一项说明性研究中，威廉姆斯学院的本科生会发现他们在智力测试中表现不佳，这对这些精英学生来说无疑是一种对自尊的威胁[17]。随后，在另一项据称与智力测试相互独立的研究中，他们阅读了关于演员格雷格的文章，文章暗示他是同性恋或者异性恋。在经历了自我形象的威胁后，学生们将同性恋的格雷格评为刻板印象中的同性恋者；而在没有经历自我形象威胁的情况下，他们并没有贬低他。当他们感到被肯定而不是被威胁时，他们对他人的刻板印象就会减少；而在受到威胁时，贬低外群体会改善受损的自尊，而且学生们似乎是自发这样做的。

偏见能够使我们与一个在比较中处于上风的内群体结合，从而维持自我形象。当我们遇到具体的社会排斥威胁（有人说"你不能加入我们"）[18]，而非某种对自尊的一般性威胁（"你很愚蠢"）时，我们尤其可能重申自己对内群体的归属感。[19]在这种情况下，内群体中的比较会被削弱，而外群体则成为被嫉妒的对象或被鄙视的替罪羊。

我们如何认识自己？让我们数一数有几种方法

我们是将自己作为个体来理解，还是将自己作为群体的一员来理解，决定了我们如何去进行向上或向下的比较。作为个体，我们更愿意在我们的群体内进行比较，正如本章所要解释的，与我们最相关、最相似的是我们的同伴。我们还将看到，群体与群体之间的比较有着完全不同的游戏方式，所以总的来说，它们更加残酷。让我们首先考虑作为个体或群体成员来讲，自我建构的比较游戏能带来何种直接影响。

启动个体的"我"或群体的"我们"所需要的，就是让人们在文本中搜索相关的代词[20]。然后通过给他们一篇关于成功或不成功的同伴的文章来引发向上或向下的比较。作为个人，我们的自尊会因成功的同伴而受到威胁，因不成功的同伴而得到提升。换句话说，我们将自己与同伴个体进行对比，并以"我"为关注的中心，但作为一个群体成员，我们的做法却恰恰相反。被"我们"引导的群体成员对成功的同伴感到骄傲（他们自己的自尊会增强），对不成功的同伴感到失望（他们自己的自尊会下降）。群体中的"我们"——自我同化着群体同伴的成功和失败。这种稳定的现象——个体进行对比，但群体会同化——会提高或降低之后的测试表现，所以它可能是一种自动化的行为[21]。因此，自我建构的水平（作为个体或作为群体成员）决定了自尊，因为它决定着社会比较。我们有灵活的自我——有时是群体成员，有时是个体（见图6-2）。

欧洲人为这种多重的、变化自由的自我发明了一个名字：社会身份。在任何特定的情景中，我们都可以作为个人或群体的成员行事。如果我们作为群体成员行事，那么，任何显著特征都可能决定着一种共同的身份。例如，如果你在旅行时偶然遇到一个熟人，你会突然觉得你们有着更多的共同点（例如，来自同一个国家），而不像在家乡的街道上，两个人可能只是互相点头示意。显著特征也可能决定了对比性的身份（例如，一个黑人和一个白人），就像有人"打种族牌（或性别牌或阶层牌）"，突然使对立的群体成员身份变得相关。

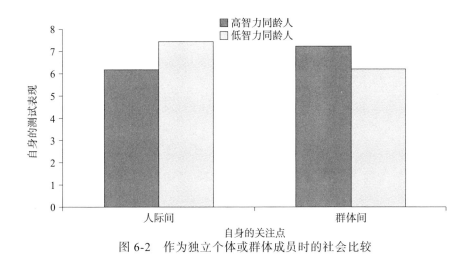

图 6-2 作为独立个体或群体成员时的社会比较

Source: Author's compilation based on data from Gordijn and Stapel (2006).
注：在人际间（对比）或群体间（同化）的关注点进行向上或向下比较后的测试表现。

我们并不总是以群体成员身份来思考自己。同样的两个人，可以以个体间的方式或群体间的方式联系起来。在"9·11"袭击之后，许多美国人注意到种族身份变得不那么突出了，因为共同的美国身份认同占了上风，至少暂时如此。在公共汽车或地铁上，人们会刻意避免目光接触，以个体身份行动，直到一些奇怪的公共行为使大家交换目光，团结起来，与异类形成了鲜明对比。同样，即使是一个人独自坐在电脑前，也可以将其识别为个体或群体成员，这取决于哪个身份与这个人正在做的事情有关。我们都有多种灵活的身份，这些身份取决于所处的情景。

大量的研究和理论已经深入探讨了这一重要的跨文化现象，但这里的重点是从个体间的人际关系到群体间关系变化的连续性[22]。在群体间模式中，我们认同我们自己的内群体（要么是我们声称是其成员的群体，要么是一个令人钦佩的参考群体），而与一些外群体形成对比。在群体间的情况下，我们认为内群体的其他成员与自己更为相关，所以我们主要与自己群体中的其他人进行比较。

就在我们之间

我们更喜欢与内群体（"我的群体"）中的其他人比较，因为他们能提供与我们最为相关的参考框架[23]。这是很明智的，但群体内的同伴也往往更吸引我们的注意，因为他们就在自己身边。就像鱼一样，我们往往主要意识到我们自己的小池塘里的其他生物。正是那些直接的、自发的内群体比较一直影响着我们的感觉和自尊，只有在没有内群体同伴的情况下，我们才会使用外群体比较。在捕捉这种现象的实验中，伊桑·泽尔（Ethan Zell）和马克·阿利克称这种现象为"情境忽视"——也就是说，没有注意到我们碰巧居住的池塘对我们的比较产生了巨大的影响[24]。这些研究人员给本科生进行了一次语言推理测试，之后告知他们自己的表现达到了第 40 或第 80 百分位（对照组没有收到反馈）；他们还得知自己学校的表现达到了第 40 或第 80 百分位（对照组同样无反馈）。个人反馈影响了所有的学生（无论他们还听到了什么，都会改变他们对自己能力的估计）也影响了他们的自豪感、满足感、失望等感觉。群体反馈只有在别无选择的情况下才会发挥作用。个人反馈的重要性在于其具体、直接的性质，而与之相比，群体内的地位则更为抽象。但是内群体比较还是比外群体比较更直接。

甚至在它的直接性之外，内群体作为"社会资本"的一种形式也十分有用，经济学家可能会将它描述为一种资产。乔舒亚·科雷尔（Joshua Correll）和伯纳黛特·帕克（Bernadette Park）解释了为什么内群体是一种社会资源[25]。正如前几章所述，内群体以各种方式为人们提供帮助，包括提供自我认识、自我价值、归属感、安全感和连续性、权力和控制感，以及基本的生存保障。他们把内群体视作一种社会资源的想法是基于内群体的特点，而这些特点为个人提供了独特的效益：公共价值、身份和实体性，即它的具体现实（关于这一点，稍后会有更多的介绍）。

我们的公共价值

当一个内群体被认为具有某些价值、权力和声誉，它就成了一种有价值的商品。例如，当大学的橄榄球队获胜时，会突然有更多的学生穿上印有学校名称、标志和代表色的运动服[26]。他们还用"我们"来描述球队的胜利，但失败时不会（"我们今天赢了，但有时候球队也会输"）。罗伯特·西奥迪尼和他的同事们发现，人们甚至会沉浸在微不足道的内群体荣耀中。例如，如果人们与成功的同伴同一天出生，他们就会宣扬自己的出生日期，但当他们与不成功的同伴同天生日时就不会[27]。显然，一支获胜的球队比一个共同的出生日期具有更多的公共价值，但这也表明我们对任何可以公开分享的优势能有多么高兴。

反之则不尽然。来自被公开贬低的群体的人不一定会感到自己很糟糕。詹妮弗·克罗克（Jennifer Crocker）解释说，人们会根据自己所处的环境积极构建自尊[28]。即使是来自受社会污名化群体的人（少数族裔、肥胖妇女、精神病患者），也能把他们对自己群体的私人评价和公众对该群体的评价分开。克罗克和里亚·鲁塔宁（Riia Luhtanen）开发了一个区分集体自尊的量表，它包括公共集体自尊和私人集体自尊。粗略地说，私人集体自尊和公共集体自尊分别指我们如何看待自己的群体以及我们了解到社会如何看待自己的群体。

克罗克和鲁塔宁还分别测量了我们认为自己作为一个群体成员的好坏程度（成员自尊），以及这个身份对我们的重要性；所有这四项（公共和私人的集体自尊、成员自尊和身份重要性）都与个人自尊不同（见表 6-1）[29]。私人集体自尊高的人（他们重视自己的群体，不管别人怎么想）会喜欢自己的群体，不喜欢外群体[30]。换句话说，重视自己的群体的人，会尽其所能为自己的群体带来益处。因此，尽管公共价值能够促使群体成员身份变得更加有用，但属于一个被贬低的群体并不意味着内群体的情感毫无用处。各种人权运动表明了这一点：黑人力量、女权主义、同性恋权利和残疾人联盟至少为每个群体成员提供了私人集体自尊。

表 6-1　集体自尊和相关分量表

分量表	题样
私人集体自尊	总的来说，我很高兴能成为我所属的社会群体的一员
公共集体自尊	一般来说，其他人尊重我所属的社会群体
成员自尊	在我所属的社会群体中，我是一个有价值的成员
身份重要性	我所属的社会群体是我是谁的重要反映

Source: Luhtanen and Crocker (1992). Reproduced with permission.

被污名化的群体成员使用的另一种个人策略是在群体中进行向下比较。向下比较会使患有癌症、关节炎、精神障碍、身体残疾或需要照顾患病婴儿的人能够想象其他人有同样的痛苦，且情况似乎更糟糕[31]。例如，患有精神分裂症的人认为自己比其他患有精神分裂症的人更好，甚至比许多没有精神分裂症的人都要好[32]。他们可能会觉得，自己虽有精神疾病，但比没有精神疾病的人有更好的视角或更坚强的性格（见图 6-3）。即使有羞耻感，我们还是更喜欢向下比较，以显示自己的优势。而对于大多数不属于被污名化的群体的人来说，群体的公共优势会增加其价值。

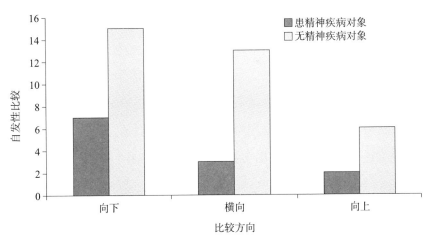

图 6-3　精神分裂症患者的自发性比较

Source: Author's compilation based on data from Finlay, Dinos, and Lyons (2001).

注：精神分裂症患者与其他精神分裂症患者进行的大多是向下比较，当他们遇到非精神分裂症患者时，会进行尤其多的向下比较。

我们共同的身份

内群体除了公共价值，在身份认同方面也发挥着重要作用——也就是它对那些声称内群体是自我概念的一部分的成员具有的自我相关性。根据科雷尔和帕克的研究，内群体身份认同使其价值的影响成倍增加。正如我们所见，对于非污名化群体，可靠的比较效果主要表现在群体内的同化和群体外的对比。其心理学的逻辑是这样的：一个内群体的比较会自发地使你想起自己与同伴相似之处的细节，因此你的自我评价往往是基于那些容易理解的想法，导致你与内群体的比较对象同化。相反，与外群体成员的比较会让人想起将群体彼此区分开来的刻板印象，因此那个人似乎与你自己形成了对比[33]。

内群体的关联越是紧密，我们就越容易与外群体形成对比[34]。威廉·詹姆斯和我（作为一个心理学家，把他归入我的内群体，感觉真是太好了）发现经济学家完全是另一个物种。作为喜欢在新英格兰避暑的人，我们无法想象去廷巴克图的人的想法。内群体（心理学家、新英格兰人、作家、科学家）与我们越相关，我们就越会把内群体纳入自我之中，因此内群体成员的命运对我们自身的经验就越重要。如前所述，如果我们以集体而非自我为导向，我们就会同情不成功的内群体成员，并为他们感到难过[35]。（例如，波士顿红袜队几十年来一直无法翻身。）有时，我们确实能感受到自己群体的痛苦。例如，在强烈的群体认同感的影响下，你会体验到你的群体的情绪，不管你的个人感受是什么[36]。支持共和党或民主党的美国人，可能感到愤怒或自豪，并与同党成员团结起来。国家另一端的地方选举结果可能对他们的个人生活没有什么意义，但对一个党派的忠诚支持者来说，这可能是一个令人鼓舞或绝望的预兆。

我们群体的实体性

用于比较的内群体价值的最后一个特征，我们用价值连城的词语"实体性"来表达。这是由我们领域的标志性人物之一的唐纳德·坎贝尔（Donald Campbell）发明的一个心理学新词语，它的意思是作为一个连贯的事物、一个统一且有意义的实体的属性[37]。当我们思考一群人如何成为可识别的社会群体时，这就变得很有意义了。接近性、相似性和共同的命运都会导致"群体性"。作为单纯的熟人，你我可能会共用大楼的电梯，但如果有一天我们被困在同一个电梯里，我们就会突然成为一个联系紧密、彼此相似、相互依存的群体的一部分，至少暂时如此。从长远来看，如果大楼里的所有人都必须在清洁工人罢工期间轮流清空办公室的垃圾桶，我们就会变得像一个群体。如果我们组成一个垃圾回收的小组，我们就更像是一个群体了。更具实体性的"群体"对其成员有更多的作用。正如科雷尔和帕克所指出的，只有当群体凝聚在一起时，才能提供一种共识和被接受的感觉。我们倾向于认为，更具实体性的群体具有一个共同的基本本质，例如血统、基因、精神或才能。一种不可言喻但自然的本质使群体成员的身份看起来不是随意决定的，而是扎根于现实的[38]。

我们发现，当群体能够提供结构性和意义时是最有用的。垃圾回收小组比垃圾搬运小组更像一个群体，因为垃圾回收具有承载价值的意义（拯救地球）并更具结构性（组织者、筹款人、志愿者），而不像简单的轮流处理垃圾的小组。群体提供了有用的一致性和认同感，帮助成员避免产生完全茫然的感觉。我们通过将自己同化为一个内群体的原型来减少不确定性，而这个原型本身就是一个由相关的、有凝聚力的群体提供的实体。理想的垃圾回收小组成员比理想的垃圾搬运小组更容易想象。通过原型减少不确定性是适应性的，能让我们感觉良好，包括自我感觉也更好[39]。我们将自己与其他群体的成员进行比较，然后进行调整以适应原型；而随着时间的推移，这也使得群体的态度更为一致[40]。

因此，我们从群体归属中获得了很多——价值观、身份、一致性。正如之前讨论过的，我们更喜欢与自己群体中相似的同伴进行比较。因此，向上同化（认同成功的同伴）可以保护我们的自尊。在内群体中，集体的"我们"可以将个人受挫的沮丧经历——否则就会成为令人沮丧的向上比较——转变成"是的，我们可以"[41]。在戴维·马克斯（David Marx）、迪特里克·斯塔佩尔和多米尼克·穆勒（Dominique Muller）的一项研究中，女性大学生阅读了一篇报纸上的文章，该文章描绘了一个像她们一样的女大学生，她在数学方面表现很出色或是很平庸。随后她们参加了一项包含 20 个项目的数学测试，该测试被描述为数学能力的测评，旨在确定一个人的数学强项和弱项。这种呈现方式通常会威胁到在特定领域被刻板地认为有缺陷的群体的表现（例如女性在数学中的表现），但它也使个人强烈地意识到自己是该群体的成员（将自己认同为女性，而不是认同为一个学生）。通常，个人的表现会相应地受此影响。尽管存在这种潜在的威胁，但在被试读到一名擅长数学的内群体成员的描述后，她们的表现和自我效能感都有所提高。显然，她们受到的鼓舞来自对有才华的内群体成员的认同，对他人如何看待自己的担心减少了（见图 6-4）。

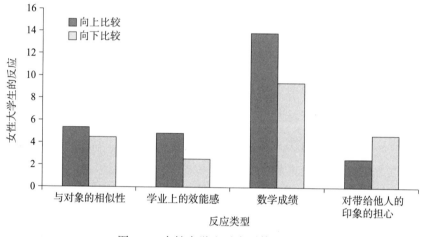

图 6-4　女性大学生对内群体比较的反应

Source: Author's compilation based on data from Marx, Stapel, and Muller (2005).

注：当她们的性别身份突出时，女性感觉与榜样更相似，感觉自己更有效率，表现更好，对她们带给他人的印象担心得更少。

在这些问题上存在一些选择。我们都属于几个基于性别、种族、世代、学校、职业的实体性群体，所以我们也可以通过选择不同的身份来避免痛苦的向上比较[42]。女性不一定将自己与所处行业中的所有人进行比较（也许是因为她们的平均收入低于男性），但她们会与其他女性进行比较，也许是因为其他女性看起来是一个更连贯的实体。我们也可以通过恢复自己的个人身份来避免向下同化。总的来说，我们似乎优先考虑"只在我们之间"的内群体比较。我们会绕过潜在的自尊问题，因为从属于某个群体在很多方面都是有用的。

我们对他们

尽管我们通常与内群体的同伴进行比较,但有时我们也会进行跨群体比较,这也是定义我们的内群体身份的一环。社会认同理论的创始人亨利·塔杰费尔(Henri Tajfel)说得很好:"社会中的所有群体都生活在其他群体之中……(并且)仅在与其他群体有联系或相比较时才获得意义[43]。"

因此,群体身份认同取决于群体间的比较。我们的专长是什么?我们的群体在某项特定任务上做得好还是不好?我们是友好还是不友好?我们要与其他哪些群体相比?

社会认同理论的一个基本原则是,群体通常更偏爱自己。我们是社会动物,我们一直在增强自己的内群体,显示出偏爱和重视自己群体的典型模式。因此,正如社会比较经常揭示个人的自我提升(第5章)一样,在群体比较中人们也会增强他们的内群体[44]。事实上,向下比较的效用——个人通过看不起其他个人而感觉更好——在社会认同研究中被预见到了,这些研究也表明群体会看不起其他群体[45]。例如,每一波移民都会鄙视下一波的新移民。在这种比较的基础上,我们感受到群体的情绪,体验到群体态度,并为群体受到的偏见辩护[46]。可以肯定的是,每个移民群体都在进行着自己独特的斗争。在他们最糟糕的时候,意大利移民被视为不值得信任;墨西哥移民目前则被视为既不值得信任,也没有能力。随着时间的推移,每个群体都会作为值得信任和有能力的群体加入美国的内群体,但一开始每个群体都是作为"外人"出现的[47]。

与地位低的外群体相比,地位高的内群体的比较效果更好。我们之前看到，与低地位群体相比，高地位群体通常有更多的群体间偏见和更多的内群体偏爱[48]。他们有更多的公众声望，所以这是有道理的。具有讽刺意味的是，那些同样骄傲（傲慢）的内群体个体特别有能力作为独立的个人行事，因为他们已经获得了群体的资源，因此不太需要群体了[49]。

尽管平均而言，每个人都会被自己的内群体同化，但地位较低的群体（例如，妇女和少数族裔）的成员似乎特别有可能将内群体纳入自我。这可能听起来很奇怪——由于地位较低，这些劣势群体在与地位较高的群体相比时强调自己的群体身份似乎百害而无一利。那么低地位群体如何保持群体成员的自尊？我们已经看到，被污名化的群体成员强调他们个人对被贬低的群体的重视，同时也在该群体内作为个人进行比较。少数族裔的个体，如非裔美国人，作为劣势群体的成员，感到自豪多于感到屈辱。但这个群体作为整体又会如何呢？有几种创造性的策略可以帮助劣势群体挽回他们在社会中的群体自尊。

有用策略与表达策略：完成任务与表达出来

我们先考虑一下低地位群体的地位。当所有的比较都让他们感到相对无力时，他们就没有什么可失去的了。丹·舍佩斯（Daan Scheepers）、拉塞尔·斯皮尔斯（Russell Spears）、伯特扬·杜吉（Bertjan Doosje）和安东尼·曼斯塔德（Antony Manstead）认为，如果低地位的群体是社会中地位最为糟糕的群体，作为绝望的劣势群体，他们可能会试图推翻等级制度，让高地位的群体倒台[50]。这些研究人员在推测是什么促使低地位的群体被困在僵化的等级制度中时，他们预测这些陷入僵局的群体会变得极度工具性，而现实生活中许多恐怖袭击的例子和那些认为自己处于令人绝望的被压迫地位的群体所采取的其他极端策略，都悲惨地说明了这点。

想象恐怖分子的动机并不能为他们的行为辩护，但我们可以考虑一个可能有助于了解他们想法的类比。美国的独立战争是受压迫的人民与当时世界上最强大的军事力量对抗的结果。美国革命者比他们所对抗的高地位的英国士兵更热衷于采取极端行动来进行变革。即使在不那么绝望的情况下，为内群体提供工具性的、实际的援助（例如，以革命为目的的孤立叛乱）也能使他们为长期的集体行动做好准备，同时也能激励他们。高地位的群体成员（殖民时期的英国人）没有这样的需求，因为他们已经凭借自己的特权地位拥有了资源[51]。

一个实验模拟了这些情况的更温和的版本。参与者参加了一个测试，被告知该测试将他们分为聚合型思维者和分析型思维者。然后每个小组分别执行一个任务，并会得知一个小组的表现优于另一个小组（地位的操纵）。他们还了解到，稍后他们将有机会来提升自己小组的地位，或者没有机会来提升地位（稳定性操纵）。然后他们对自己的小组和另一个小组进行评价。对自己群体的赞美（"一个优越的群体"）和对另一个群体的贬低（"一群失败者"）作为衡量他们象征性表达偏袒的手段，可能会带来满足感，但没有实际上的效用。然而，给匿名的同组和组外成员打分，则为参与者提供了第二轮的研究工具——表明他们存在工具性偏袒。

低地位和高地位的群体成员对稳定性的反应是相反的。在稳定的情况下（没有变化的可能），高地位的群体成员会为自己庆祝，其象征性的内群体偏袒评分也最高，他们有能力享受其中。低地位的群体成员注重另一种偏袒，但只有在不稳定的情况下（可能有改善）：在不稳定的情况下，他们会为自己一方打出更高的物质利益评分，因为他们需要变革的工具。显而易见，他们想激励自己的同伴。例如，在另一项研究中，低地位的群体成员只有在能与群体内成员沟通时，才会在物质利益上得到高分。相反，在稳定的情况下，当低地位群体成员发现他们什么也做不了时，他们就会采用贬低外群体的方式。辱骂是他们能做的最好的事情。

这种无可否认的人为模拟得到了一项对足球迷的配对研究的支持。在假设对手（威胁）或自己的球队（安全）踢进关键球的情况下，球迷在感到安全时会选择欢快的、庆祝的歌声来表达他们的身份，而在他们的球队受到威胁时则选择贬低的、激励球队的歌曲。当劣势者认为他们可以改变局势时，工具性策略就会占上风；否则，他们和强势者就喜欢互相打压，即使这样做一无所获。

个体流动性

如果内群体的人不能指望改善其整体的地位，一个不坚定的人就可能会放弃逐渐沉没的船只，独自争取向上流动，而可跨越的边界提供了这种可能性[52]。移民通常就会这样做。梅卡·费尔古滕（Maykal Verkuyten）和阿尔然·雷耶斯（Arjan Reijerse）的研究显示，在荷兰的一些土耳其外来劳工报告说，等级制度是稳定和合法的，如果这些制度的支持者认为群体边界是可跨越的，那么他们对自己土耳其人的身份认同就会减少。也就是说，如果他们可以很容易地成为荷兰人，他们就不会太看重土耳其人的身份[53]。对于地位较低的土耳其裔荷兰人来说，如果这个等级制度系统有潜在的不稳定性和可跨越性，那么这个等级制度系统更具合法性；而对于地位较高的荷兰人来说，如果现状——稳定和不可跨越性——占主导地位，那么这个等级制度系统更具合法性。

纳奥米·埃勒默斯（Naomi Ellemers）比任何人都更详细地阐述了群体认同对个体流动性的重要性[54]。在一项从微观角度模拟社会的研究中，基于模糊的计算机测试，参与者被分为所谓的归纳型思考者和演绎型思考者。（这种群体分配表面上看很重要，但实际上是随机的。）在经历了一系列看似无可置疑的测试之后（实际上是另一次虚假的计算机测试，对他们所谓的群体参与风格进行评估，并让他们与一些令人生畏的皮肤传导电极进行接触），参与者了解到，他们对所谓的群体认同程度远远超过或低于平均水平。

他们被随机分配为相信自己认同或不认同的群体，然后他们发现自己的群体得分很低，因此地位很低（见图6-5）。这个精心设计的程序的结果很能说明问题，因为随机分配可以进行因果推论：个人的内群体认同（被操纵）会降低个人报告的对群体的承诺，这反过来又会影响他表达的放弃群体的意图（也就是叛逃）。

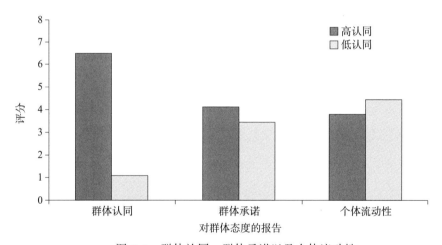

图 6-5　群体认同、群体承诺以及个体流动性

Source: Author's compilation based on data from Ellemers, Spears, and Doosje (1997).

注：低地位是作为个人还是作为群体而言的？群体认同的实验操纵（此处通过自我报告证实）增加了群体承诺并减少了个体脱离群体的个体流动性。

在现实世界中，荷兰和意大利的女科学教师就是这种个体流动性策略的例证。据报道，这两个国家的科学教师都认为女研究生的积极性不如男研究生，尽管学生自己并不认同：男女学生对自己上进心的评价是同样积极的[55]。然而，女教师们尤其对女研究生抱有这种刻板印象。成功的女性将自己视作例外，也将自己与其他女科学教师区分开来，认为自己与众不同。蜂后综合征就描述了个体"脱离低地位群体"的流动性。

对体制的挑战

除了试图通过集体行动实现群体的流动或通过背叛实现个体流动外，低地位群体有时会质疑整个社会阶层系统的合法性。群体可能会选择对哪些维度进行相关的比较，以便能脱颖而出。例如，尽管高地位的群体偏袒与其地位相关的领域（如能力），但低地位的群体经常转向与其地位无关的领域，这是一种实现自尊的创造性策略[56]。荷兰人和土耳其裔荷兰人都认为与地位无关的维度（好客、注重传统、注重家庭、忠诚、尊重老人）更具有土耳其人的特点，但只有荷兰血统的人认为与地位有关的维度（高效、成就导向、自律、成功、坚持不懈）更具有荷兰人的特点[57]。

在另一个类似的案例中，相互竞争的学校以相似的方式，根据地位的高低来争取成就，它们通过放弃一些与地位无关的杂项来挽救低地位学校的群体自尊。两所学校都承认更严格挑剔的学校在学术表现上更为优秀——这是与地位相关的特征——但地位较低的学校也可以变得更好[58]。在与朱利安·奥尔德梅多（Julian Oldmeadow）进行的研究中，来自两所当地大学的学生对他们自己和对方的能力（聪明、能干、有智慧、有效率）和热情（真诚、友好、值得信赖、令人喜爱）相关的特征进行了评分。随后，他们将分数分配给匿名的内群体和外群体成员，分别区分了学术能力和体育能力，二者分别代表了智力能力和团队合作能力。

所有参与者都认识到学术和体育方面的地位差异和竞争。地位较低的学生更强烈地认同他们的学校，但讽刺的是，正如在其他研究中表现的那样，地位较高的群体并不那么在意他们身份认同的群体（因为他们不需要它）。但两个群体都含蓄地同意在身份领域进行交换。二者都将更多的能力而非热情给了地位高的学校，将更多的热情而非能力给了地位低的学校。更重要的是，地位高的学生强调能力差异并相应地肯定自己的学业成就，而地位低的学生强调热情的差异并肯定自己的团队合作能力[59]。

每个群体都试图为自己定义一个积极的特点。一种观点认为，能力比热情更容易验证[60]。因此，作为挑战等级制度的灵活选择，更主观的热情维度更适用于地位较低的群体。例如，刻板印象常常把女性和少数族裔描绘成有热情但不那么聪明的人，而这些社会的劣势群体甚至可能认同这些对自己的刻板印象[61]。另一种观点认为，用低成本的给予（热情）来安抚低地位群体，可以平息他们的情绪[62]。这些模式甚至还会更进一步：正如下一节所述，热情和能力不仅仅能用于证明或挑战社会系统。

描绘社会地图

> 没有受害者的社会是不完整的，一种可供同情、嘲笑、鄙视、保护的生物。
>
> ——奥诺雷·德·巴尔扎克（Honoré de Balzac）
> （1855/1975，324，由作者翻译）

四类人：朋友和敌人，有能力者和无能力者

巴尔扎克描述的是社会对一类人的综合反应，但他关于社会如何区分四种人——被同情者、被嘲笑者、被鄙视者和被保护者——的说法出奇地正确，而且他不可能知道这些反应是通过热情和能力两个重要维度的结合而产生的。我们会以可预测的方式理解彼此，这是第1章简要介绍的主题。就像黑暗小巷中的人都会想在陌生人走近时区分朋友和敌人一样，我们也会评估新群体，例如移民。为了弄清楚陌生人的意图或在社会中定位新的群体，我们需要形成印象。我们需要快速了解个人或群体是盟友还是

敌人（友好或敌对），接下来我们需要知道他们是否能够按照这些意图采取行动（有能力或无能力）[63]。这些简单评估的结合产生了强大的效果——它们构建了一张社会地图，将所有那些我们感到同情、嫉妒、鄙视和自豪的人区分开来（见图6-6）。

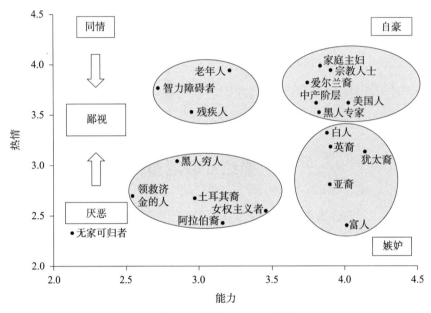

图 6-6　展现对于不同社会群体情绪的 BIAS 地图

Source: Adapted with permission from Cuddy, Fiske and Glick (2007).

注：因为本书主要关注地位 - 能力维度，就当前目的而言，同情和厌恶往往结合在一起，总体上表示对低地位群体的鄙视，如图左侧所示。

当人们将社会作为一个整体来描绘时，无论他们自己是哪个群体的成员，他们都相信热情 - 能力的权衡，这种权衡与低地位和高地位群体在特定竞争中进行交换时所使用的是一致的。也就是说，当我们比较任意两个群体时，我们认为一个可能更友善但更愚蠢，而另一个可能更聪明但更冷漠[64]。这种想法真的很奇怪，因为通常在一个维度上积极看待一个人会辐射到另一个维度上的赞美。这种"光环效应"与心理学一样由来已久[65]。

但比较会改变一切。总有人更好，有人更差，通常，每一方被认为在特定方面更好，而在其他方面更差，也就是说，在不同的领域：要么热情很高，要么能力很高，但不会是两者都高。

诚然，社会选择了一些参考群体，这些参考群体成了既热情又有能力的标准。在美国，这些标准的扛旗手是中产阶层公民——他们不仅是社会默认的参考群体，而且还是全面优秀、值得尊敬的人[66]。在欧洲文化中，默认的好人也是他们自己的公民。在这两种情况下，所有人中"最好"的人可能恰好是那些填写量表的人（在大多数情况下，学生是内群体）[67]。拉丁美洲的样本显示出类似的模式[68]。我们会为这些参考群体和内群体感到骄傲，相比其他群体，我们更希望能保护他们[69]。

当然，每个社会都有被人们认为是坏人的群体。在美国，目前为止最极端的外群体是无家可归者，但吸毒者、吃福利金的人和移民，尤其是非法移民，也属于默认的坏人[70]。在欧洲国家，极端的外群体还包括穷人、失业者和移民。在非常类似的列表中，澳大利亚多出了原住民。拉美国家也相应地关注穷人、文盲、原住民和来自邻国的移民[71]。在亚洲国家的样本中这种模式没有表现出变化：韩国人将失业者、穷人和非法移民置于极端的外群体中；日本人将无家可归者、穷人和打零工的人视为坏人。马来人则认为吸毒者和罪犯是坏人。这些看似不可信任、落魄的剥削者是在不同文化中最受鄙视的，我们样本报告中的被试对他们既鄙视又厌恶。

除了少数几个被社会默认为最佳和最差的群体外，人们对其他所有群体的态度都是复杂的。事实上，大多数社会对大多数群体的评价是矛盾的——至少是热情或有能力的，但不是两者兼而有之。在美国、欧洲、拉丁美洲和亚洲，矛盾的群体占大约80%[72]。大多数社会群体在热情或能力中的一方面得分较高。更重要的是，大多数社会都对哪些群体会落在社会地图的矛盾部分的哪个位置有所共识。

以第一个矛盾组合为例。在不同的文化背景中，哪个群体的刻板印象看上去善良但愚蠢？据称，在全球范围内，老年人和残疾人都看起来热情但被认为无能，有时儿童和嬉皮士也会在此行列。奇怪的是，许多北方人认为南方人热情但无能 [73]。这些在刻板印象中无害的群体似乎并没有那么好，但这不是他们自己的错（也许嬉皮士除外，有些人可能认为他们太天真、太呆板，因而不会构成威胁）。这些所谓的不幸者是被社会所同情的人。

第二个矛盾组合则恰恰相反：所有看似聪明但冷漠的群体。世界各地的人都承认，富人貌似很有能力，但热情上却得不到多少分数。其他聪明但不太热情的群体包括职业经理人、专业人士、企业家、高收入阶层和北方人——都被认为是冷酷但高效的机器人。在不同文化中始终出现在这个群体中的是两个通过成为企业家而忍受散落而居的族裔：犹太裔和亚裔。所有这些号称有能力但冷酷的群体都令人嫉妒。

嫉妒上层，鄙视下层

但等等，读者会说：这本书是关于地位的，但地位只是一个维度。二维的地图如何处理垂直的嫉妒上层、鄙视下层、向上或向下的社会比较、阶层体系以及本书其余部分讨论的所有比较呢？

嫉妒上层　嫉妒上层既符合二维地图，也符合本书关注的重点：向上比较和向下比较。在我们尊重的群体中，站在我们这边的是让我们感到温暖舒适的内群体和社会参照群体；我们不会嫉妒这些群体，因为我们就是这些群体。但其他受人尊敬的群体却不是我们。在等级制度中处于或高于我们地位的其他人是富人和想成为富人的人，如果有这些人，我们就会嫉妒他们。他们有地位，但他们不是我们。他们是被怨恨的精英。正如威廉·福克纳（William Faulkner）所说：

> 你只会嫉妒那些你相信若非偶然就不会比你更优越的人；而
> 你相信，如果自己拥有的运气比以前好一点儿，你终有一天也会
> 拥有[74]。

被嫉妒的群体在地位上是对等的，只是他们"非我同类"。作为证据，请考虑那些幸运儿与我们有何不同。主要在于，他们"绝不优于"我们，只是这次幸运而已，但作为竞争者来说，他们就是对手。在同一层面上，竞争使我们与他们区分开来。

想象一场著名的棒球比赛，也许是美国体育界最著名的比赛：纽约洋基队对波士顿红袜队。回想一下米娜·奇卡拉与马特·博特维尼克（Matt Botvinick）以及我自己的论文，它表明了竞争性社会认同行为就像身体上的快乐和痛苦一样[75]。两方地位大致相同的竞争对手的棒球迷自然而然地表现出对自己球队的偏爱，但更重要的是，他们表现得好像嫉妒对手一样，希望他们倒霉（幸灾乐祸）。仅仅是认同你最喜欢的团队，就会让你对他们的结果产生神经性的反应，就好像他们是你自己的团队一样——伴随着快乐和痛苦的产生。

一些狂热的球迷在扫描仪中观看了一系列棒球比赛。自己球队的灾难结果——我们失败，对方胜利——激活了与惩罚相关的大脑区域（脑岛和前扣带回），例如苦味、掐伤和电击。而自己球队获胜会激活大脑奖赏网络的一部分（腹侧纹状体）。与恶意的嫉妒相关的是，球迷们对他们的对手输给另一支球队的结果感到高兴，会对与他们自己的球队没有直接关系的结果表现出奖赏激活。这种幸灾乐祸式的反应与球迷关于起哄、打架或以其他方式伤害对手球队球迷的报告相关。群体认同解释了对做得很好但最终失败的竞争对手的嫉妒为何能带来快乐。

那么，为什么称其为"嫉妒上层"呢？当那些"绝不优于自己"的人碰巧获胜时，他们实际上做得更好，因此他们拥有更高的地位，即使这些地位不会持续很长时间，抑或是他们完全不配获此殊荣。在个人的遭遇中，竞争激烈的网络游戏里，人们会对被随机分配为强力角色的竞争对手表示嫉妒和妒忌[76]。在观看不同群体的个人照片时，人们将嫉妒的目标（例如富人）评为有能力但不热情。对这些人能力的评价甚至高于内群体和社会参照群体，就好像富人确实与我们不同——他们似乎是超越常人的[77]。他们看起来就并非常人，好像他们在某些方面（例如纯粹的智力）高于普通人，但在人性的方面上却不如普通人。富人被视为缺乏热情，好像他们无法体验复杂的情绪，没有自知之明，不存在情绪的起起伏伏，无法成为正常的人类。嫉妒上层，也就是对冷漠的成功者的嫉妒就这样清晰地建立起来了。

鄙视下层　鄙视下层既包括对最底层群体的厌恶，也包括对善良但愚蠢的群体的同情。我们说鄙视是不尊重、忽视、不去考虑（"你还不如走开"），说厌恶和轻蔑属于鄙视是显而易见的，但是怜悯呢？怜悯中的鄙视在哪里？将厌恶和怜悯综合为鄙视是有道理的，因为所有这些感觉都是针对被贬低、忽视和无视的地位较低的其他人的。怜悯和厌恶都包含着看不起对方[78]。

可以肯定的是，同情和厌恶并非完全相同：厌恶会导致人们指责低地位的人懒惰、愚蠢，而同情则会导致人们认为他们是受压迫的人而待他们以宽容。这种厌恶和同情之间的对比无疑描述了我们对穷人的反应更为深刻的一面。安·玛丽·罗素的论文主要探讨了这些对低收入人群的两极化反应[79]。本科生参与者首先读到对一个朋友的室友的描述，他显然来自一个收入很低的家庭，看起来是一个很勤奋的人或很懒惰的人。描述内容表示，这个室友是学校招收低收入申请人的新政策受益者，据说他在录取方面会被优先考虑，并且在本科生活的其他方面也有优先权（例如，课堂座位、寝室选择、食品和校园商店的折扣）。在这种自身资源受到威胁的氛围中，大学生们对勤奋和懒惰的低收入室友的看法出现了两极分化：学习态度良好的人受到钦佩、同情和帮助，而学习态度差的人则引人愤恨并被认为是钻了制度的空子，应当受到惩罚（批评、对抗、攻击）。另一个关于懒惰或勤奋的富有室友的故事没有引起这样的两极分化评价。类似的效果也出现在一项在线研究中，该研究要求一些成年人对勤奋或懒惰的富有或贫穷求职者进行评分。这些研究表明了当人们接触到外群体成员时会发生什么。

与此不同的是，在美国和其他一些地方的一系列调查结果表示，对穷人的普遍反应是假设他们无能，钻了制度的空子[80]。即使是贫穷的个体，在缺乏与刻板印象相反的个人信息的了解时，在面对面的交流中也被认为是无能的[81]。正是由于这种对穷人的默认假设，人们对他们产生了鄙视和厌恶，因此才有理由将他们描述为被鄙视的人。

老年人和残疾人等默认情况下被同情的群体呢？鄙视如何包含对他们的反应？瑞秋·法恩斯沃斯（Rachel Farnsworth）的毕业论文将我们的社会地图与一个经典的道德困境相结合[82]。想象一下，你正站在一座天桥上，想着自己的事，突然你看到一辆失控的有轨电车在下面飞驰而过，它肯定会撞死沿途的五个人。你只有一瞬间用于决定是否将某人推下人行天桥，从而使电车停下来挽救五条生命，但牺牲一个人。（假设你不能牺牲自己。）这个"推一救五"的决定是否可以接受？到了必须选择的时候，绝大多数人都会说不。

现在假设在轨道上面临危险的五个人都是美国中产阶层公民，而在人行天桥上靠近你的人是一个无家可归者。"推下那个人似乎就不是那么不可接受了，而且在紧要关头似乎也更说得通"——受访者不仅认为这种权衡之后的做法更容易接受，而且认为任何为了内群体的人或商人而牺牲被同情的外群体的个体（例如，老年人或残疾人）的做法都更容易接受。换句话说，受访者认为可以将某些生命（高地位）看得比其他人（低地位）更重要。这一决定激活了之前参与复杂道德决策的大脑网络，与深思熟虑的选择激活的反应相一致。鄙视下层贬低了受同情的群体（老年人、残疾人）以及刻板印象中令人厌恶的群体（无家可归者、吸毒者）。

BIAS 地图中的帮助和伤害

绘制社会阶层高低的地图很重要，因为这样做可以预测帮助和伤害。艾米·卡迪在她的论文中测量了盛行的风向，并创造了群体间情绪和刻板印象行为的 BIAS 地图（见图 6-7）[83]。

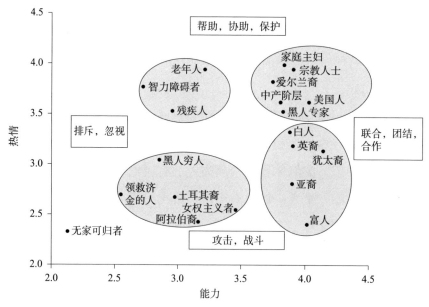

图 6-7   群体间情绪和刻板印象行为的 BIAS 地图

Source: Adapted with permission from Cuddy, Fiske, and Glick (2007).

让我们考虑一下朋友－敌人的热情维度，这是我们为确保生存而做出的第一个也是最快的判断。该判断使我们准备好采取行动：向朋友提供直接、积极的帮助（协助、帮助、保护），或直接、主动地伤害敌人（战斗、攻击、破坏）。我们的目的是促进友方达成目标并阻止另一方达成目标。在敌友的热情维度上，与立即采取行动的准备程度相一致的是（左）杏仁核对可信任感的 U 型反应。也就是说，两个极端（极度不可信和值得信任）都会刺激杏仁核，使警惕立即产生[84]。判断可信任性告诉我们应该接近谁，应该避开谁，谁对我们有利，谁对我们不利。

在我们做出敌友判断之后，我们接下来必须确定重要性（有效性）。请记住，地位维度假设其他人明显有能力实现他们的目的。这种能力判断强化了对我方有利或不利的初步评估。一个有能力的、有效的朋友或敌人比一个无能的朋友或敌人更重要。因此，该判断遵循热情－可信度判断，相关行为不那么急迫。因为是否有能力实现目标是次要判断，我们与有能力、高地位的人进行被动但积极的交往，本质上是一种相处（合作、团结、联系）。相比之下，被鄙视、地位低下的人应该受到被动的伤害（排斥、无视、忽略）。

这两个维度的组合很有启发性。我们会主动和被动地帮助热情而能干的团队成员，这点并不奇怪。除了帮助和保护内群体，我们还会与他们交往、合作。我们主动和被动地伤害极端的外群体同样也不足为奇。对无家可归者的被动忽视和对他们的主动伤害都同样令人悲伤，但并不令人惊讶。

正是这些矛盾的组合，让人们对持续存在的社会悲剧有了新的认识。例如，可怜的外群体——老年人或残疾人——既受到主动帮助（协助、保护），也受到被动伤害（忽视、排斥）。事实上，这是对将某人送入相关机构的恰当描述。被收容于机构中会使一个人脱离正常的社交圈并远离其他人的注意；此人的身体健康和安全得到保证（协助、帮助、保护），但是是以一种明确表示他不值得别人浪费时间的方式（一种鄙视的形式）。

相反，被嫉妒的群体——富人、企业家、成功的移民——得到被动帮助（交往），但也受到主动伤害（攻击、破坏）。这种多变的组合恰如其分地描述了社会崩溃下的大规模暴力，从摧毁移民商店的暴乱到消灭精英和移民企业家的种族灭绝。这种模式描述了从适应到破坏的频繁而又令人震惊的转变。

如何提升积极的身份认同

因为我们在群体中生存发展得更好，作为个体，我们的目标就是在一个被称为社会选择的过程中成为理想的群体成员[85]。进化过程应该选择适合成为优秀群体成员的人，而不仅仅是完全自私的个体。促进积极的身份认同的一种方法——鼓励群体接受自己——就在于表现得既热情又能干。热情传达了友好、值得信赖的意图，能力则传达了自己的有用程度。单纯的支配行为，即刻板的领导者男性的大男子主义行为，可能会消除自己的竞争对手，但不会让团队珍惜你的成员身份。团队需要人们扮演各种角色才能发挥良好的作用，并且表现出合作和分享技能的意愿来表明适应团队[86]。考虑到这些风险，我们中的大多数人更愿意归属于受信任、高地位的群体——社会内群体及其盟友。

被人嫉妒的群体成员（例如，富人）获得尊重但不受欢迎，因此他们必须提升热情维度，但这在他们身上出现是可疑的。在曼哈顿一家以钢琴曲表演著称的酒吧里，我们曾偶遇前披头士乐队的成员保罗·麦卡特尼（Paul McCartney），他不仅是大英帝国的爵士，还是英国最富有的人之一。在他趁演出间隙离开之前，他特意与钢琴演奏者私下交谈，显然是在解释他必须离开的原因。比尔·盖茨（Bill Gates）是美国最富有的人之一，他创建自己的基金会是为了表明他对世界上不幸者的善意。其他富有的人创建慈善基金会，同样可以改善他们在热情方面的公众形象。令人嫉妒的群体会使用类似的策略。可以想想进入到精英大学需要完成的社区服务要求。在所有这些例子中，能力是毋庸置疑的，但他们必须证明自己的善意。

被同情的群体成员（例如，老年人）可以假设其他人会信任他们，但他们必须为自己争取到尊重[87]。当好心的学生到我母亲的养老院拜访，并在与她交谈时假设她已经失去了她的智力优势时，这种状态曾让我聪明但年迈的母亲很抓狂。怀有善意的人在与老年人交谈时会不自觉地使用高亢、幼稚的婴儿语，并且会用过度大声、缓慢的方式对他们说话来照顾对方[88]。而在背地里，人们则与老年人保持距离[89]。尽管有证据表明工作绩效不会随着年龄的增长而下降，但年长员工受到的评价低于具有相同资历的年轻员工[90, 91]。为促进被同情的群体提升积极的身份认同，必须将目光聚焦到能力维度上。

最底层的人——世界各地的穷人和移民——在热情和能力方面都面临着身份认同的挑战。关于移民问题，辩论框架如何形成有很大的影响。他们是来偷公民的工作还是来应聘别人不想要的工作？他们会纳税还是占用社会服务？这些问题触及热情和可信度的核心：他们到底站在哪一边？谈到能力，他们是否实际上都是未受过教育的辍学生？或者他们是万里挑一、雄心勃勃、努力工作的人，他们的贡献会带来经济的增长？最极端的外群体面临着促进积极的身份认同的双重挑战。

结论

　　无论好坏，群体都会促使我们进行比较，无论是在群体内部——因为所有成员都是和我们类似的人，我们必须确定我们相对于他们的位置——还是在群体之间，因为社会地位很重要。当我们担心个人地位或社会地位时，我们的不确定性和焦虑会迫使我们进行比较，但也可以告诉我们如何超越比较。

Envy Up,
Scorn Down

第 7 章

超越比较：
转化嫉妒和鄙视

美国大学的教职工会议因在琐碎的程序中争吵个不休而闻名。学者们喜欢引用亨利·基辛格的一句格言：大学政治之所以如此恶毒，是因为它涉及的利益如此之小。但不仅仅是大学教授们会在分组时争夺位置，蹒跚学步的孩子也会这样做，狗也会这样做，黑猩猩也会这样做。我们所有人都会将自己与他人比较；我们都把自己的幸福寄托在更强大、更高阶层的人身上。教职工会进行比较，看看自己相对于他人处于何处，这不仅是因为涉及的利益很小，还因为标准是模糊的——不像在战争、商业或赛马中，赢家和输家一目了然。美国国会议员经常在党派内部和党派之间进行比较。考虑到政治优势对议员连任前景的重要性，这也许并不奇怪。即便是总统也经常跟踪民意调查。早在法国大革命前夕，法国国王路易十六就为如何获得民众爱戴而忧心忡忡[1]。当然，他还不得不保住他的脑袋，但结果他输掉了。然而，不论地位高低，是否利害攸关，谁都会担心自己的地位。

对地位的不安全感会暴露出人类最坏的一面，无论是个人还是社会。嫉妒和鄙视是向上向下两边的焦虑综合征。在本章中，我们将研究人们究竟何时感到最不安，然后我们将转向解决方案：如果可能的话，我们如何超越比较？

令人嫉妒和鄙视都令人内心不安

尼采认为，自卑会让人变得无能：被击败会使人感到无助和绝望[2]。与其把气撒在自己身上，我们发现责怪别人要舒服得多。源于自卑的愤怒集中指向幸运儿，正是因为人们对自己的耻辱感到十分难以忍受[3]。确实，没有什么比自尊心受伤更可怕的了：暴力通常就来源于受到威胁的利己主义者，尤其是缺乏安全感的利己主义者。将愤怒向外发泄可以让我们避免把注意力集中于自己的屈辱[4]。这样的比较为暴力埋下了伏笔，因为我们可以将自己的不足归咎于他人，或者至少看起来是他人的错。

那么，令人嫉妒和令人鄙视都令人不安也就不足为奇了。一个令人嫉妒的人会让其他人感到自卑，但至少这种痛苦是私人化的。相比之下，一个鄙视他人的人揭示了我们所谓的自卑，表达了我们的无用。来自下层的嫉妒和来自上层的鄙视都会引发愤怒和屈辱。知道了这一点，令人嫉妒的人也可能会担心自己遭到鄙视，担心自己的地位会破坏人际关系。无论如何，令人嫉妒和鄙视他人的人都会引起焦虑和不安全感。

因此，正如菲利普·布里克曼（Phillip Brickman）和罗尼·雅诺夫－布尔曼的明智讨论一样，比较在两个方向都需要付出成本[5]。自卑的具体代价包括公开的侮辱和私下的羞辱。当人们因处于低谷而使得公众形象和私人自尊都受到威胁时，人们会很忧心。那些任何原因都能导致脆弱感的产生的人，很可能最容易受到自卑带来的困扰。

另一方面，站在顶端是出了名的寂寞。优越的具体风险包括在公开场合被单拎出来的尴尬，以及在私人层面对内心平静的影响和对人际关系的破坏。许多令人嫉妒的人在意别人的反应，担心别人的嫉妒和怨恨。私下里，他们可能会对自己的位置感到内疚或怀疑。低地位的人的怨恨可能会破坏他们对自己地位的享受。或者低地位的人可能会无意中把坏运气传染给他们或故意要求分一杯羹来拉低精英阶层的地位。让我们更详细地看看所有这些相互的不安全感。

面对面的嫉妒和鄙视之代价

嫉妒和鄙视是相辅相成的：被嫉妒的人被认为是有能力的，而被鄙视的人则被认为不应该拥有太多的能力；被嫉妒的人被认为是冷酷无情的，但有些被鄙视的人可能是善良的，至少那些并非由于自己的错误而变得地位低下的人是这样。如果双方都至少获得了一些信誉——一边是能力，一边是友善，那么为什么这些差异被认为是代价呢？我们在上一章看到，地位不同的群体被划分成不同的形象，高地位主张能力，低地位主张热情。如果双方都同意这些好处的分割，为什么还存在问题呢？

假设精英是有能力的，这似乎是一种善意的期望，完全符合我们任人唯贤的集体信念，但有一点除外：通过将地位和能力联系起来，我们也常常做出非精英即愚蠢的对立假设。地位较低的人理所当然地会厌恶这种期望。安·玛丽·罗素的两个实验表明，当个体面对直接比较时，这种动力就会产生[6]。在第一个实验中，本科生参加了一项关于人们如何快速形成印象的研究。他们预先在网上了解另一所学校的学生，然后一起玩电脑游戏。他们会发现另一名学生要么有一对从事专业工作的父母，要么只有一个从事低收入文书工作的单身母亲。他们还收到了关于这个人的"潜意识"信息——实际上只是快速闪过没办法阅读的无信息句子——但这让他们可以在"收到信息"的错觉下对对方做出判断[7]。

参与者在游戏前后都对另一名学生进行了评分。正如精英主义思想所示，他们确实期望地位高的人比地位低的人更有能力，并且 GPA 和 SAT 分数更高，而地位低的人确实只是因为社会地位信息就被鄙视为能力较差的人。同样的模式也出现在第二个实验中，使用的是一个自发的、面对面的游戏。两名学生面对面地玩了一个没有剧本的知识问答挑战游戏，他们再次认为随机分配的"老板"更有能力，而另一个玩家则能力较差。这些关于相对能力的看法并非根植于现实。游戏中的实际表现与感知到的表现无关。更重要的是，即使在实验者宣布了他们分数相同时，这两名学生仍将能力归因于地位。换句话说，尽管他们知道彼此的分数，但他们还是依据随机分配的地位来估计能力，而忽略了现有的信息（见图7-1）。

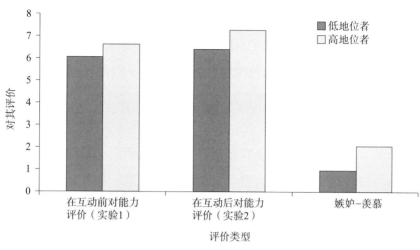

图 7-1 地位如何赋予能力

Source: Author's compilation based on data from Russell and Fiske (2008).
注：地位赋予能力，首先是一种期望，然后是对互动的解释，最后是对嫉妒的一种刺激。

正如任何较高地位的人可能担心的那样，高地位的"老板"被视为有能力，比地位低的目标引起了更多的嫉妒和羡慕，对于竞争激烈的双方来说尤其如此。与任何其他地位和竞争条件组合的目标相比，竞争激烈的条件下，低地位的实验对象明显表现出更多的嫉妒和羡慕之情。在零和游戏中处于较低地位尤其令人沮丧。正如尼采所预言的那样，自卑会使人疯狂[8]。

热情－能力水平的权衡有助于解释被压迫者的警惕性。当我们比较群体或个人时，我们假设地位高的人有能力但不友善[9]。我们都有一个理论，聪明的人都很冷漠，而热情的人则不太聪明。面对一个令人嫉妒（聪明的、高地位的）的人是令人不安的，因为我们默认的假设是这个人并不站在我们这边。因此，处于劣势要求我们不仅要面对自己内心的嫉妒、怨恨和羞耻，还要面对对方可能的鄙视、忽视，甚至自吹自擂。第 2 章指出，人们鄙视地位低下的人，甚至到了要将他们去人性化的地步，认为他们是应该被鄙视的[10]。所以处于低地位的人确实应当保持警惕，因为他们认为高地位的人可能会鄙视他们的假设至少在某些时候被证明是正确的。

　　地位较低的人必须保持警惕还有一个原因：从底层向上看，地位往往与可以分配资源的权力相关，这就使得他们的福祉取决于他们之上的人的善意[11]。上级的意图对下级很重要：如果老板和你站在一边，那就很好，老板可以帮你到达你想去的地方；但如果老板不和你站在一边，你就无法期望他会给你什么帮助，所以你必须密切关注这个人。我们实验室最早的一些实验旨在使用一种卷入的方法来控制这种现象。参与实验的大学生发现，自己需要依靠另一个人来获得基于他们的共同表现颁发的奖励。在一个场景中，他们找到了几十个五颜六色的发条玩具（我最喜欢的是：一个带牙齿的跳跳汉堡和一辆向后翻转的赛车）。他们和自己的搭档要使用这些玩具来为正在学习基本数学概念的小学生设计教育游戏；例如，他们可以通过让一个玩具嗖的一声远离其他玩具来演示减法[12]。

　　在一起工作之前，他们有机会阅读写有对搭档的教学评价的明信片来了解对方。藏在实验者上衣口袋里的秒表记录了他们查看这些信息的时间。当他们必须一起工作时——与他们独立工作时相比——他们特别关注我们提供的关于搭档的信息，但并非所有信息。他们会把注意力集中在意料之外的信息上，试图弄清其中的意义。我们要求他们对着录音机大声说出自己的思考时发现，他们越是要依赖对方，就明显越寻求一种更连贯的印象。我们的其他研究表明，他们努力试图提高自己的准确性，以便获得对结果的控制[13]。结果依赖让我们更聪明，或者说至少更专注，让我们追求更高的准确性。

大脑让我们保持警觉

　　向上的警觉　最近，丹尼尔·艾姆斯和我开始使用一种方法，用大脑扫描代替早期的秒表和录音机（在第 2 章中简要提到过）[14]。如果结果依赖使我们更具社交智慧，那么大脑的社会认知网络应该在结果依赖的影响下特别活跃，以响应出乎意料的信息，这是最具信息量和诊断性的。

在这种情况下，来自普林斯顿大学的学生自愿参加了一项研究，他们将在其中分别与罗格斯大学的两名教育专家一起工作，就像在早期的秒表研究中一样，使用相同的发条玩具来设计游戏（从上次实验起就一直放在仓库里了）。与第一位专家合作，他们可以因共同设计的最具创意的教育游戏而赢得现金奖励。与第二位专家一起，参与者有资格依据自己的独立工作获得另一个奖励。（在这两种情况下，他们都没有与专家竞争；他们要么合作，要么独立工作。）在解释这些基本规则时，其中一名实验者偷偷记录了学生瞥向每位教育专家的频率。不出所料，参与者更加关注能够帮助他们获奖的专家。这一发现在新的环境中证实了我们之前的结果。

与我们之前的研究一样，一位专家自信地描述了她能胜任这项任务的资质，而另一位专家则承认，这项任务并不是她的强项。一半的参与者必须与熟练的专家一起工作，但可以独立于不熟练的专家自己进行工作，而另一半则是相反的情况。（这种平衡使我们能够将结果依赖的影响与他人专业知识的影响分开。）无论专家宣称的技能水平如何，针对这位专家的教学评价都有一半是积极的，另一半是消极的，因此每个系列的教学评价都包含了与每个专家的自我评价一致和不一致的评价。正如现实生活中经常发生的那样，评价结果褒贬不一。

无论专家宣称自己的技能水平如何，参与者对决定着自己结果的专家的神经反应都会变得更加复杂，似乎当结果取决于另一个人时，形成准确的印象更为重要。在扫描仪中，对这位重要专家的反应将与预期不一致的出乎意料的信息以及与预期一致的无内容信息区分开来。正如预测的那样，内侧前额叶作为社会认知网络的精确中心，对于出乎意料的信息激活程度更高，但此情况仅限于个人结果所依赖的专家，而不是相对独立的专家（见图 7-2）。向上比较——在这种情况下，衡量所谓专家的相对技能的比较——可以自适应地参与大脑的社会认知网络。

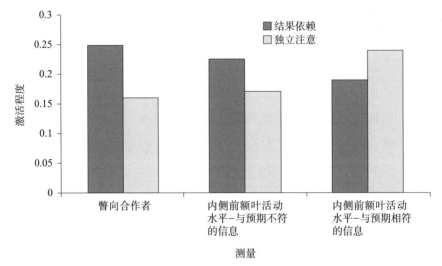

图 7-2　结果依赖注意对比独立注意

Source: Author's compilation based on data from Ames and Fiske (2010).

注：关注和思考会集中到控制我们结果的人身上。瞥向合作者的次数乘以十是平均频率（例如，分别为 2.5 和 1.6）；内侧前额叶是基线的信号变化百分比。

这里重要的不仅是一个人需要另一个人，而且是前者仍然期望某种程度的控制。我们的早期研究表明，当人们认为自己不可能影响或预测某人的行为时，他们就不会努力去理解掌握全局的人[15]。所有的权力都是不对称和不平衡的，因此权力从定义上就会减少下位者的控制能力。但权力是绝对的还是仅仅是不平等的，这很重要。权力越不平衡，无权者的挫败感就越大。记住尼采关于劣势者的无能的告诫，这会导致嫉妒的愤怒。

我们向上的警觉集中在那些能控制我们结果，且我们可能能够影响到的人身上。一位法国研究生与我一起解决了权力平衡的问题。最初，我所有的美国学生都认为公开权的话题有些过头（粗鲁？禁忌？偏执？），但法国文化能理解现实主义的重要性。正如第 1 章所指出的，埃里克·德普雷和我招募了一些本科生参与一项关于因室友而分心的研究（这个问题似乎无处不在，在我当时任教的马萨诸塞大学阿默斯特分校肯定有这个问题）。参与的学生到达后会听说一群其他参与者早就到了，他们显然是存放了背包和外套，之后去做了一个初步的调查。实验者让学生坐在一张椅子上，面向三位学生，实验者解释说其他学生是"干扰者"。在中等权力的情况下，这三位学生只能大声说话以分散参与者的注意力，但在邪恶的高权力条件下，他们可以"同时观察你，每次他们认为你走神了，哪怕只是轻微的，他们都会惩罚你，让你从头开始；如果他们觉得你很专注，还可以奖励你，将你的最终分数翻倍"。这种高权力条件设计得特别令人受挫，因为相应的现金奖励也可能会岌岌可危。

自然地，如果有机会了解每个干扰者，参与者通常会花费大量时间检验有关每个干扰者的信息，尤其是那些令人惊讶的信息，就像在其他结果依赖实验中一样。干扰者的权力越大，学生就越仔细注意这些有用的判断信息。从属地位使我们警惕。

但是，与我们设置的模仿外群体阴谋的情况相比，这种基线情况相对来说还更简单。本次的所有参与者都是心理学专业的学生，其中一些人会得知他们被分配给一些数学专业的学生组成的阴谋集团（非常聪明的干扰者），或者是一些艺术专业学生组成的阴谋集团（非常有创意的干扰者）。为了回应这两种内部同质的派别，心理学专业的学生干脆选择放弃了。面对数学专业（或艺术专业）的学生的阻拦，他们并没有从个人的角度理解他们，反而是报告他们更喜欢心理学专业的人。分配给更强大的干扰者的人也报告说更加不快乐，更沮丧，更悲伤。这项心理学实验创建了一个比例模型，生动地说明了尼采描述的劣势者的无能。

这些情绪和认知反应符合第 2 章中描述的各种神经信号。当我们面对地位更高或可能更有权力的人时，我们的差异检测器（前扣带回）和社会认知分析器（内侧前额叶）就会激活。当情况看起来毫无希望时，我们所能做的就是侧过身去，希望坏事顶在有权势的人身上，就像幸灾乐祸的神经信号一样。

向下的忽视　另一方面，从高处往下看时，人们的情绪和认知反应与鄙视一致——就像在以社会阶层预测优点或缺点的研究中一样。如前所述，地位较高的人对落魄的无家可归者的典型神经信号反应是厌恶（脑岛）和去人性化（较少的内侧前额叶）。但即使是来自下属的赞美也会吸引他们的注意。地位高的人大脑中的奖赏区域对其他人对他们的敬意做出反应，反映了被积极看待的愉悦 [16]。大脑让我们对上下比较保持警惕。

即便天生如此，我们也可以克服嫉妒和鄙视

尽管嫉妒和鄙视涉及大脑，但这并不意味着大脑天生就不可避免地产生这些反应。还记得米娜·奇卡拉实验里的对冲基金经理踩到狗屎吗？大脑的奖赏区域激活了起来，人们表现出微笑的冲动（通过面部电极测量），认为这起事件（以及其他类似事件）还算不错。当同样的"狗屎事件"发生在年长者、无家可归者或残疾人身上时，他们就不会微笑。诚然，这些反应是自发的，但这并不意味着它们是不可避免的。解决方案就在于热情。

奇卡拉表明，人们可以通过更多地了解对方来克服幸灾乐祸的情绪。一位被解雇了的投资银行家，如果依然通过保持早晚通勤、提着公文包去星巴克搜索招聘广告的方式来保持自己的形象，会看上去很可悲。但如果这位失意的前投资银行家自愿为小型初创企业提供建议和无偿记账服务，他似乎就很令人钦佩。当然，如果他把遣散费花在可卡因上，那他就

很恶心了。关键是，即使是地位高、令人嫉妒的刻板印象也会屈服于个人信息。

低地位的刻板印象也会屈服于个人信息。第6章描述了安·玛丽·罗素的论文，该论文表明一个勤奋的低收入者会获得钦佩和支持，而一个懒惰的人会引起厌恶。这种职业道德的证据提供的信息可以克服令人反感的比较。

让我们来看克服嫉妒和鄙视的另一个极具说服力的案例。年龄的刻板印象属于我们大多数人希望最终能够跨越的少数几类界限之一（如果不是正处于其中的话）。默认的年龄歧视是对老年人的同情；在没有任何相反知识的情况下，我们经常使用这种温和的鄙视形式。同情是一种矛盾的反应：我们承认老年人普遍心怀善意，但认为他们无能为力；他们老态毕现，但很亲切可爱[17]。没有人喜欢成为被同情的对象，不管那些容易被同情的人给人感觉多么仁慈善良。同情是一种向下的反应，涉及忽视和某种规定性控制（因此是一种鄙视）。年轻人认为老年人是无害的，只要后者留在他们安全、低地位的框架里。

毫不奇怪，老年人可能会试图摆脱这个框架，从而在社会地位方面造成代际紧张。迈克尔·诺斯（Michael North）和我正在发展一种新的年龄歧视理论，以刻画年轻人对老年人的怨恨，这是因为他们没有足够快地靠边站，阻碍了年轻人的上升轨迹[18]。年龄－地位曲线呈倒U形，反映了三个年龄段：年轻人在发展中上升，中年人正值盛年，老年人在走下坡路。在这个原本平静的进程中，老年人可能会在每一点上制造三种麻烦。从移动中的年轻人的角度出发，在每一种情况下，个人都克服了刻板印象，做出了更加精确和两极化的反应。这条曲线符合我们关于嫉妒－鄙视的叙述，因为年轻人会把自己与中年和老年人的地位相比较（见图7-3）。

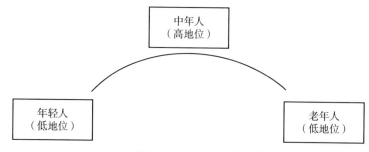

图 7-3　年龄 - 地位曲线

Source: Author's creation based on data from North and Fiske (2010).

　　首先，在年龄 - 地位曲线的顶点，老年人（至少是刚过中年的人）可以拒绝让位，在本该有序安排继承人的时间点上，他们仍保持着令人嫉妒的地位、权力和财富。让我们想象一个吝啬的、名叫马克斯的年长老人，他"有足够的保险和储蓄来轻松应付自己的开支。但是当他的年轻亲戚有需要，却不愿意借出或分享他的钱"。相对于另一位将自己的钱捐出去的慷慨的马克斯，年轻人会讨厌吝啬的马克斯。同时他们也会非常喜欢慷慨的马克斯。（而年轻人做同样的事情就既不会引起怨恨，也不会令人钦佩。）年长者积极让位的规则对遵守者给予奖励，对抗拒者施加惩罚。当个体信息被夸大或与刻板印象相反时，它就可以胜过刻板印象。所有这些过程都取决于年轻人将自己与进行分享或不进行分享的老年人之间的比较。

　　随着年龄 - 地位曲线的下降，老年人还可以更为被动地产生阻碍：在他们全无活动的时候，他们也会消耗共享的社会资源。当年长的马克斯固执地选择昂贵的、特殊的医疗方案，而不顾家庭和护理人员成本，花费高昂的医疗费用时，他就引起了年轻人的反感，在他们看来，他不那么热情、善良、有能力和本事了，他们也不太愿意与之合作或交往了。当他理解他人的担忧并决定不接受特殊医疗处理时，人们的反应会更加积极。（对于年轻的医疗消费者来说，医疗方式的选择没有区别，因为被动消费共享资源对他们来说无关紧要。）相关信息再次胜过了刻板印象：年轻人将他们的资源与老年人的资源进行比较，但这次的资源是共同的社会资源。

最后，老年人可能会试图通过装作永远年轻来摆脱"可怜的老年人"这一刻板印象。在这种荒诞的干涉中，他们会试图入侵年轻人年龄－地位曲线的上升部分。一个喜欢参加大学派对或去夜总会的老年人会因为这种身份倒置而招致鄙视，但坚持参加退休之家派对和社区宾果游戏的老年人则会受到喜爱。同样，不同年龄群体的相对位置不可避免地会引起比较。尽管如此，比较并没有不可避免的影响。刻板印象的比较可以改变，这取决于个人的实际行为。在老年人比较的情况下，继承、身份和消费问题创造了超越"可怜的老年人"这一刻板印象的动力，无论是好是坏。

当我们获得彼此的信息时，我们就可以克服向上的嫉妒和向下的鄙视，但冷冰冰的事实还不够[19]，让我们来看看罗伯特·阿贝尔森（Robert Abelson）所说的热认知（相对于冷认知）。

何时期待比较带来的后果：不安全感与愚蠢

我们无法控制自己，我们必须进行比较，正如第 2 章所论证的那样，我们的大脑生来如此。我们的大脑对向上的比较很警觉，监测差异的前扣带回和分析人的内侧前额叶会迅速做出反应。我们的大脑通过激活与厌恶以及其他情绪唤醒相关的系统（脑岛）来回应向下的比较。而当我们能感觉到自己比自己以下的人优越时，大脑的腹侧纹状体奖赏系统会激活。比较会通过嫉妒和鄙视情绪提醒我们自己的地位，然后我们的认知系统解释为什么我们会有这种向上或向下的感觉。我们的行为表达了这些比较，揭示了我们是觉得自己更高大了还是被矮化了。尽管如此，天生如此并不能确切地解释为什么会发生比较——只是部分地解释它是如何发生的。更可靠的比较结果预测因素来自对他人不安全感的关注。

正如第 3 章所指出的，每个人都会进行比较，但有些人比其他人做了更多的比较。这种现象引领我们发现了原因。以个人为导向进行社会比较的人缺乏自信。他们以他人为导向，但也有自知之明，甚至是自我意识。在极端情况下，他们神经质且不快乐——简而言之，缺乏安全感。但是，缺乏安全感本身并不会让人倾向于进行比较：只有当感到不快乐和失控时，缺乏安全感的人才特别容易纠结于谁高谁低。

当然，并非所有自信的缺乏都源于焦虑，有时我们只是感到不确定，需要了解更多信息才能有效地进行竞争。这可能是男性更倾向于比较的原因，因为在男性的性别角色中，有竞争力的人会得到奖励。女性往往更喜欢联结，这种联结可能会受到比较的威胁，因此她们通常会避免公开的竞争，除了身材形象等性别类型的领域。女性希望拥有更完美的身材，常因对自己的外表缺乏信心，而让自己痛苦不堪。但根据研究，男性进行比较更为普遍。无论是谁，我们所有人都肯定会因为不确定自己的位置而进行比较。

但讽刺的是，比较会加重而不是缓解不确定性。比较未必总能让人安心。即使是由环境引起的，比较带来的不安本身听起来就像是不安全感。每当我们将自己与其他人进行比较时，我们都有可能落于下风，或者可能发现生活的不公。我们必须重视信息的潜力而不是坏消息的潜力。例如，当自由主义者因为想要减少不平等，从而接纳自己理解不平等的需要时，就会容忍不确定性并寻求比较。与保守主义者相比，他们不太可能相信人们总是得到他们应得的东西。相比之下，地位的捍卫者重视确定性，保守主义者认为等级制度是不可避免的、有用的。事实上，那些喜欢确定性的人可能会避免比较，更愿意假设稳定的现状。在某种程度上，这些人就是那些在上面的人，他们自然更喜欢现在的等级制度或他们想象中一直以来的等级制度。

我们为什么要进行比较？答案可以归结为信息、自我防御和群体认同。正如第4章所呈现的，当我们受到不安全感（或者更温和地说，不确定性）的驱使时，我们会通过比较来寻找有助于预测和控制生活结果的信息。除非我们将自己与类似的人进行比较，否则我们如何知道自己的处境呢？解决这一需求只是合乎逻辑的、适应性的，但作为进行比较的理由，它并没有触及问题的核心。

当我们使用向下比较以感到高人一等时，比较会保护我们——当我们想到"要不是因为走运"时，我们就是在承认自己的优势。即使是客观上处境糟糕的人也几乎总能找到处境更可怕的人来帮助自己意识到事情可能会更糟。正如第5章所述，我们也可以使用鼓舞人心的向上比较来提高自己——这是一种自我防御的形式，因为我们使用比较来保护我们的可能性和希望。

最后，作为社会动物，群体身份对我们很重要。正如第6章所讨论的，我们已经适应了对他人的归属感。即使你自己做得不好，你所在的内群体的确定性也可以创造出个人确定性。例如，集体主义文化通过社会控制和保证来促进确定性。群体经常通过提供共同的理想来减少不确定性。群体间的社会比较可能特别恶毒，并且在很大程度上解释了人类对他人的不人道行为。

因此，我们可以通过三种方式进行比较——无论是个体比较、与他人面对面比较还是群体比较——来减少不确定性：获取可使用的信息、保护自己以及让我们找到志同道合的他人。但在更广泛的社会中呢？

在社会中：不平等与愚蠢

嫉妒当然与竞争密切相关。我们不会嫉妒自己认为遥不可及的好运。在社会等级固定的时代，只要认为贫富划分是上帝的命定，下层阶层就不会嫉妒上层阶层。乞丐不会嫉妒百万富翁，但他们却会嫉妒更成功的乞丐。现代世界社会地位的不稳定、民主与社会主义的平等主义学说大大扩展了嫉妒的范围。就目前而言，这是一种罪恶，但为了建立一个更加公正的社会制度，这是一种必须忍受的罪恶。

——伯特兰·罗素，《幸福之路》（1930, 73）

想一想现代社会的必要之恶会产生何种结果。

民粹主义者在整个现代历史中兴起，横跨各大洲，向左倾或向右倾——例如，茶党运动（右派）和波士顿倾茶事件（左派）。任何群体如果能够宣传"民众"的一致性形象并表达民众对精英的不满，就可以"享有"民粹主义的称号[20]。正如罗纳德·福米萨诺（Ronald Formisano）指出的那样："很明显，民粹主义风格一直是美国政治传统的核心元素，同样明显的是，几乎任何人都可以采用这种风格和修辞。[21]"延伸这一观点：在民粹主义的摇滚音乐《血腥的安德鲁·杰克逊》中，杰克逊的追随者唱着"民粹主义！是的，是的"，断言称因为精英们不关心他们，他们将利用民主反对精英，而精英们只能"对我们望尘莫及"[22]。

不确定和失控

民粹主义运动出现在危机时刻，也就是国家认同和民众的意志处于争执之中时。民粹主义抓住了集体的不安全感。当人们对"我们"究竟是谁而感到不安时，民粹主义倾向于提出一个不容忍差异的同质化阵营。即使是建立在平等主义原则基础上的民粹主义也往往痴迷于谁是"我们中的一员"，而谁不是"我们中的一员"。"我们都是一样的，而他们不同"的逻辑是一项全国范围的策略，类似于地方范围的社会认同[23]。当人们感到地区的政治失控时，民粹主义运动通常就会在当地开始。外部力量似乎威胁当地的经济、自主性或权利，破坏了安全。而将自己提名为民众的人想夺回他们自封的领域。考虑到社会变化的模式，民粹主义抓住了那些对事物运作方式的稳定认识受到威胁的人们的想象力[24]。

正如福克斯评论员和民粹主义者格伦·贝克（Glenn Beck）所说，民粹主义（字面意义上的）利用了人们觉得有些事情不对劲的时机，即使他们无法用语言表达或想出如何阻止它的办法[25]。在经济衰退（直接面临失业风险）、大规模人口变化（感受到移民的威胁）或文化动荡（由于性别角色变化或宗教多元化造成的混乱）下，人们可能会感到失控。当政治脱离民众的控制时，民粹主义就会出现；他们相信我们有权让民众管理政府，并有权在政府看起来陌生的情况下重新建立它[26]。《纽约时报》专栏作家弗兰克·里奇（Frank Rich）指出，一些美国人意识到经济游戏是不公平的，被一个他们无法辨认的、遥远的、无名的掌权者控制着[27]。换句话说，感觉到事情失控了，对于习惯于成为大多数人的特定群体，默认的群体——主流中产美国人来说，是一种不习惯的感觉。

由此产生的愤怒再次让人想起尼采关于劣势者的无能的说法，但心理学家早就明白挫折会引发攻击性[28]。当我们的目标受阻时——尤其是出于不正当或武断的原因——我们会变得愤怒和好斗[29]。当我们因为无法控制发生在自己身上的事情而对自己的命运感到不确定时，我们就会变得疯狂，不想再忍受。在撰写本文时，茶党运动已经表现出那种挫折和愤怒。正如弗兰克·里奇指出的那样，美国的总统和代议制民主正在接受公民的考验，他们可能正处于狂怒之中，但他们是真诚的[30]。

怨恨精英的鄙视

我们的愤怒来自生活在这样一个世界中，一个被那些反对我们的精英们以鄙视的眼光看待的世界中。他们想把我们当垃圾对待，但我们是有能力、值得信赖的人。在 BIAS 地图空间中，这使骄傲的群体（美国人、中产阶层、"主流"身份）与令人嫉妒的群体（那些富有的商人、政治家或专业人士）形成了对比。正如玛格丽特·卡诺万（Margaret Canovan）解释的那样，民粹主义者抱怨："我们被腐败的政客和不具代表性的精英拒之门外，他们背叛了我们的利益，无视我们的意见，并鄙视我们。[31]"被人嫉妒的群体掌握着权力，他们却并不将其用于公共利益，他们的鄙视尤其令人恼火。福米萨诺认为民粹主义运动（至少是进步的运动）的能量来自：

> 对那些能够操纵资本、法律和政治以谋取利益的特权经济利益集团的不满。在最粗略的层面上，他们抗议太少的人拥有太多东西；或者他们表达对特定目标的不满——富人、企业、职业政客、专业精英或专家、社会工程师、官僚，或者正如堪萨斯民粹主义者曾经说过的那样，"贵族、财阀和其他所有的老鼠"[32]。

自 19 世纪初以来，民粹主义一直提倡问责制，以消除党内领导人的政治腐败："他们是不顾公共福利或共和价值观的骗子和操纵者，他们为了党派和私人目的而践踏公共福利，为党派忠实信徒中饱私囊。[33]"听起来很耳熟吧？

部分怨恨来自这样一种感觉，有权有势的人鄙视善良、真诚的民众，社会的旁观者可能同意"无论何种民粹主义者都是真诚而愚蠢的，而传统政客则是愤世嫉俗而聪明的[34]"。这种蔑视和鄙视民众的观点也出现在迈克尔·卡津（Michael Kazin）的叙述中：将民粹主义者的做法认定为"一种表明自己站在民众一边的便捷方式——具有更广泛的社会常识而非可支配的收入——并反对他们的精英敌人，不管他们是谁[35]"。

因此，即使是那些以任何客观标准衡量都属于精英阶层的人也想声称自己是民粹主义者，并且把自己说成不太富有的人。"至少从 19 世纪初开始……即使是出生在种植园的候选人也更愿意向选民介绍自己出生在简陋的小木屋里，并利用他们与普通人的联系和同情心。[36]"安德鲁·杰克逊（Andrew Jackson）在国会的年度演讲中警告说："经验证明，执行民众意志的代理人越多，他们的愿望就越有受挫的危险。[37]"杰克逊更喜欢被称为士兵而不是种植园主。投票给他就是投票给民众，就是投票反对华盛顿的腐败。同样，亚伯拉罕·林肯（Abraham Lincoln）更愿意被塑造成一个劈柴工而不是律师[38]。在 21 世纪，乔治·布什的精英父亲因对收银员使用超市条形码表示惊讶而受到质疑，在那之后他塑造了一个普通人的形象，能让选民甚至愿意与他分享啤酒。与他竞选时，阿尔·戈尔表现得像在庄园主家出生，尽管戈尔和布什都是政治家族的后代。当约翰·克里在 2004 年与布什竞争时，他进行风帆冲浪、讲法语，让他显得过于精英主义。在 2008 年的选举季，约翰·麦凯恩试图贬低妻子的财富，而希拉里·克林顿和巴拉克·奥巴马都贬低了自己常春藤盟校的学位。

无论政治家是愤世嫉俗的、现实主义的还是真诚的，他们都明白精英主义有可能让更广泛的民众对心中假定的他们的轻蔑和鄙视产生不满。当然，民主是至关重要的。民粹主义的敏感性表明广泛的、参与的政治能量，这种能量比普遍的被动或忽视更为可取[39]。鄙视普通民众的政治能力不仅有可能遭到民众表达自己的意愿从而被投票下台，而且有可能违背美国人所认为的民主本身的核心价值观。正如卡津指出的那样："民粹主义传统的核心是一种具有重大民主和道德意义的洞察力。没有任何重大问题可以得到认真解决，更不用说推动解决问题了……除非'生产阶层和负担责任的阶层'——所有种族的美国人，他们以工作为生，将社区团结在一起，珍惜国家应该代表的东西——参与到这项任务中去。[40]"

不平等破坏了团结

公民如何彼此分化？本书表达的观点是，在等级制度上下的比较将我们彼此区分开来。从底部到顶部的跨度越大，比较、嫉妒和鄙视的可能性就越大。美国现在饱受上层和底层之间前所未有的不平等之苦，这对美国的团结造成了破坏性影响[41]。正如理查德·威尔金森（Richard Wilkinson）和凯特·皮克特（Kate Pickett）所表明的那样，收入不平等会侵蚀社会[42]。不平等的社会弊病所影响的不仅限于底层的穷人，而是大多数人——实际上是整个社会。在收入差距扩大的社会中，会发生以下变化，通常与贫困程度无关：

• 暴力事件增加。在富裕国家，凶杀案随着不平等的加剧（而不是贫困本身）而增加；在美国 50 个州都可以看到这种模式。监禁率显示出与不平等更为密切的关系，而且仍然独立于纯粹的贫困。

• 健康受到不平等的影响，至少与贫困的影响一样严重。预期寿命、婴儿死亡率和肥胖率是十足的富裕国家不平等的结果。在 50 个州中，这些健康指标分别与不平等和平均收入相关，且是两个独立的影响因素。

• 社区生活质量随着不平等而下降，且与贫困无关。不平等程度更高的地方未成年人生育率更高、教育水平更低、精神疾病患者更多（以及暴力和健康问题）。

尽管不平等的这些影响的心理学解释仍待研究，但本书中的证据表明，不确定性和不安全感对我们的社会集体的健康有害，这表明当地位竞争主导社会归属时，社会就会陷入困境[43]。不平等的加剧可能会加剧地位焦虑，因为人们更担心在更激烈的竞争中被评判。美国人的跨国和跨州比较中，主要心理变量是信任程度，它会随着不平等的提升而大幅下降。平均收入对信任程度有独立的影响，但不平等的影响要大得多。

与信任程度可能的作用一致的是，哪里不平等越多，哪里民主就越少[44]。在民众与其领导者之间的差距扩大的地方，人们就不能指望他们的领导人会听取他们的意见。差距越大，心理距离越大，共同的政治认同就越难建构。

在政治上如此，在个人收入的流动性上也是如此。一个社会越不平等，它所能维持的社会流动性就越小[45]。社会流动性通常被定义为父母和（成年的）子女收入之间的相关性。教育在很大程度上决定了从父母到孩子的社会地位的持久性。反过来，教育水平又取决于通过教育培养的认知技能和非认知技能（专注力、毅力、服从指示的能力、自我控制）[46]。没有社会流动性，我们既不能相信机会，也不能相信社会系统会回应我们。

在比较平等程度不同的国家时，我们发现了一个奇怪的模式[47]。更平等的国家对其社会群体有更紧密、更直接的理论。基本上，一些群体要么完全在我们这一方，值得信赖、有能力——公民、中产阶层、中年人——要么反对我们。被抛弃者——穷人、失业者、移民、流浪者、难民、无家可归者、吸毒者——似乎不值得信任，毫无用途，甚至是对统一社会的威胁。这种叙事是，所有完全属于自己一方的人都是平等的，被抛弃的人则在正常轨迹之外。几个欧洲国家——比利时、希腊、爱尔兰、意大利、葡萄牙、西班牙、瑞士（见图 7-4）、英国——以及澳大利亚和新西兰，都符合这种高度平等的模式，本质上是"我们对他们"的结构。从历史上看，这些国家都不是接收移民率高的国家。

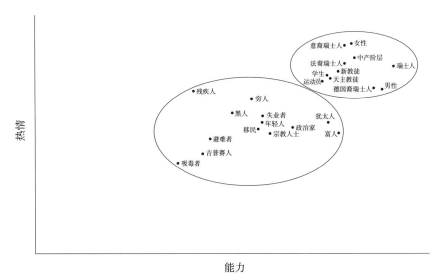

图 7-4　瑞士社会群体的 BIAS 地图

Source: Durante and Fiske (2010), reprinted with permission.

注：在这个高度平等的社会中，请注意右上角的主流群体和左下角的各种被抛弃者。没有一个群体被矛盾地看待。

在新大陆，与更平等的欧洲国家相比，美国、几个拉丁美洲国家（玻利维亚、智利、哥斯达黎加、墨西哥、秘鲁）和其他前殖民领土（南非、乌干达）都有持续接收移民的历史，甚至在殖民者到达之后也是如此。这些地区都遭受着严重的不平等，但也拥有更复杂的社会群体地图。尽管他们的地图包括"我们"对"他们"的极端情况，但至少有同样多的群体（通常更多）被矛盾地看待（见图 7-5）。用我们的话说，更多的群体被视为有热情或能力高，但不是两者兼而有之。这种矛盾心理可能反映出更大的需要，用一些可取之处来安抚那些既不处于顶层也不处于底层的群体。矛盾心理表明，即使在流动性较低的情况下，不确定性的作用也更大，它起源于更分散的地位竞争。

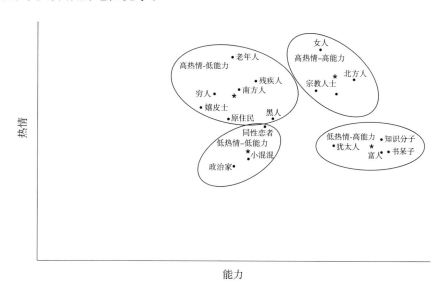

图 7-5 墨西哥高度不平等社会群体的 BIAS 地图

Source: Durante and Fiske (2010), reprinted with permission.
注：请注意所有四个角的集群，就像在美国社会中一样。

无论哪个国家，不平等都会让不同群体相互对立。没有流动性的地位竞争使人不快乐。即使是灵长类动物也知道这一点，至少在它们地位低下时是这样。较低地位的灵长类动物在稳定的统治等级制度中受害最深。它们必须向上注意并避开更大块头的家伙，高压力激素水平反映了它们的不确定性和不安[48]。

地位焦虑造就了好故事，因为它复杂且不可预测。F. 斯科特·菲茨杰拉德（F. Scott Fitzgerald）知道这一点：

　　"我们是该死的中产阶层，就是这样！"一天，当他伸直身体躺在沙发上时，他向克里抱怨道，沉思着并精准地吸了一口法蒂玛香烟。

"嗯，为什么不呢？我们来到普林斯顿是为了让我们对这所小型大学有这种感觉——拥有它，更自信，穿得更好，开出一条大路。"

"哦，我并不介意那种闪亮的种姓制度，"艾默里承认道，"我喜欢上面存在着一堆游手好闲的家伙，但天哪，克里，我必须成为其中之一。"[49]

如何转变嫉妒和鄙视

我们能治愈地位焦虑吗？当我告诉人们我是一名心理学家时，我会很快补充说："但不是那种真正帮助人们的，我是做研究的。"通常他们会笑，因为他们假设心理学家必然是治疗师。当他们意识到我不会读心术时，他们也会明显地放松。但我所说的有一部分是谎言，研究其实可以帮助人们，只不过是通过间接方式，我当然希望自己领域的研究能够帮助人们。尽管如此，我毕竟不是临床医生，所以我提供这部分操作建议时有些惶恐。我认为两种可能性是令人振奋的：包括我在内的人们可以使用这些技巧来改善他们的生活，并且研究提供了一些关于如何做到这一点的有效提示。再一次，让我们从个人到关系再到群体，以整个社会结束。

在这些情景中，克服嫉妒和鄙视的关键是让人们感到更安全和更有价值。

作为个体：控制我们自己的嫉妒和鄙视

鄙视　尽管处于有明显优势的较高地位，人们也可能会因为鄙视他人而受苦。当然，人们知道这些地位的优势（"我们来到普林斯顿是为了让我们对这所小型大学有这种感觉——拥有它，更自信，穿得更好，开出一条大路"）。从灵长类动物到人类，地位都有其特权，在短期内带来关注、许可、信用、尊重和议程的设置权[50]。从长远来看，地位也带来了一些优势，主要是获得资源的机会，这是生存和繁殖的明显优势。地位也将上级与下级分开，创造了可能需要的距离，但在此过程中，它也为更多资源共享和人类经验制造了障碍。

从长远来看，高地位并不总是一种好的体验。如前所述，拥有不安全的高地位会带来健康上的危害。追求经济上的成功会损害家庭生活，使家庭成员不快，无论收入水平如何[51]。即使是稳固的地位也会让人付出代价：财富可能会剥夺我们品味经历和享受当下的能力[52]。虽然收入高的人普遍比较自我满足，但在日常生活中他们更紧张，更不能享受自己的生活，也并不比其他人更快乐[53]。此外，鄙视可以说是高地位的道德风险，无论是在最好的情况下对那些不重要的人的鄙视，还是在最坏的情况下对他人的厌恶、鄙视和去人性化。

一种更乐观的观点是，我们可以控制对不幸者的轻蔑和鄙视。一方面，我们确实会对被污名化的人（肥胖者、在身上打孔的人、变性人）做出反应，并立即表现出厌恶和惊恐的神经特征（杏仁核和脑岛激活）[54]。但另一方面，我们确实也有能立即激活的控制系统（前扣带回和外侧前额叶）。该模式表明，额叶皮质抑制了皮质下的、更具反射性的反应。我们立即就能知道，我们不应该鄙视被污名化的人或嘲笑受苦的人。我们几乎可以像鄙视一样自动唤起我们更好的本性。

　　某些特定的个性、价值体系和情绪使我们更容易产生同理心[55]。我们可以试着站在被污名化者的角度（艾滋病患者、无家可归者、被判谋杀罪的囚犯），当我们设法对这些人产生同理心时，我们对他们所代表的外群体的态度就会改善[56]。在我的实验室中，我们将此过程想象为将热情维度带入一种原本仅与地位有关的情况。在维罗妮卡·塞维利亚诺（Veronica Sevillano）的研究中，参与者阅读了一位移民的博客，其中描述了他生活里所有的起起落落。一般来说，参与者不会感到同情，只有一种人是例外——那些不仅被要求从移民的视角出发，而且天生就容易沉浸在故事中的人，认为移民比其他人更热情、更值得信赖。他们的同理心使他们不会鄙视一个原本最不被重视的群体[57]。然而，正如预测的那样，同理心只会改善移民在热情和值得信赖方面的印象，而不是能力和地位方面的印象。所以在不改变相对地位的情况下，看到对方的视角，可以使我们把鄙视和厌恶转变成同情和怜悯。这种变化并没有提高被污名化者的相对地位，但至少把人们拉到了同一个群体中。即使是认识到被污名化的他人的人性，也能让我们感到更有道德、更有价值、更有安全感。当我们这样做时，我们更愿意认为自己是在以善意对待他人。但很明显，只要我们肯花点儿心思，就可以克服自己鄙视的倾向。

　　嫉妒　另一方面，向上的嫉妒更令人讨厌。但我们不妨试着控制我们的嫉妒情绪，因为它们可能会腐蚀我们自己。根据彼得·萨洛维（Peter Salovey）和朱迪思·罗丹（Judith Rodin）的说法，我们用三种策略来应对日常的嫉妒：

- 自力更生：致力于自己的事业；不要放弃；控制怨恨。
- 忽视：一笔勾销；这没那么重要。
- 自我支持：你有其他好的品质[58]。

前两种直觉上合理的策略主要针对嫉妒的原因，而且据说效果不错。更关注情绪的应对策略，自我支持，确实能减少抑郁和愤怒，以及嫉妒带来的一些情绪影响，所以这种方式很有效。

除了这些应对策略，心理学家还有什么建议呢？朱莉·埃克斯林（Julie Exline）和安妮·泽尔（Anne Zell）在分析了围绕着嫉妒的羞耻感和神秘感后，提出了一些解决方案。她们借鉴了认知行为疗法中非常成功的技术，认为嫉妒暗示了一些未经检验的假设，而这些假设可能是问题的根源[59]。她们会敦促嫉妒者做两件事：

检查目标：信念可能是不准确的（一辆克尔维特真的能让人更快乐吗），或者是不合逻辑的（整洁的桌子真的能表明工作效率吗），或者是没有根据的（我怎么知道中奖能治愈孤独）。改变核心信念会让你的生活更有适应性，行事也更有效。

面对缺陷：承认局限性，并努力以现实的方式进行改进。接受自己，在意识到挑战和感激之间找到平衡，珍惜你所拥有的[60]。

即使在治疗方法之外，认知技巧也能改变你的世界观。根据马克·阿利克和伊桑·泽尔的说法，嫉妒是关于社会比较的，这是相对的。和什么相比？和谁相比？他们的建议如下：

• 改变时间框架：不必拘泥于当下。与其和别人比较，不如将现在进步了的自己与过去以及潜在的自己比较。随着时间的推移，你没有进步吗？未来有希望吗？

• 质疑权威：要主观一些。谁说对方更好？用什么标准呢？比较总是有多种解释方法。

• 疏导愤怒：也许这种比较不公平。如果令人嫉妒的普通人获得了非法的成功，那么我们大多数人都会感到愤怒。但愤怒比嫉妒更能调动人的积极性，怨恨可以转化为成就。

　　•掌控命运：如果你有机会改进，那就去做。即使你的竞争对手环境更好，勤奋也站在你这一边，因为你可以控制努力，即使你不能控制环境[61]。

　　渴望是嫉妒的兄弟。良性嫉妒使人想要拥有令人羡慕的人所拥有的，而不是从他们那里夺走那些东西。正如亨利·詹姆斯（威廉·詹姆斯心理敏锐的哥哥）小说中的一个人物所说："我的嫉妒并不危险，它不会伤害一只老鼠。我不想毁灭民众——我只想成为他们。[62]"尼尔斯·范德文（Niels van de Ven）和他的同事的研究证明了两种类型的嫉妒，其中良性嫉妒的导向是提升自己而不是贬低别人[63]，尽管良性嫉妒仍然令人沮丧和不愉快，因为比较很明确，但它比恶性嫉妒更能控制，因此良性嫉妒更有激励性。那么，基于这项研究的另一个建议是：

　　•向上：利用良性嫉妒来激励自己。

　　喜欢将嫉妒转化为鼓舞和钦佩。当我们和另一个人之间的距离很大时，我们会感到钦佩，我们不仅认同那个人是我们团队或群体的一部分，而且希望他一切都好。承认我们自己和被嫉妒的人之间的相对地位和能力是不同的，我们就可以把关注移向对共同的群体的忠诚，暗示友好和信任。如果距离不是太远，自我提升似乎是可能的[64]。我们该如何对待这样的钦佩呢？

　　•祝贺：赞美另一个人是真诚地承认对方应得其所得，从而把我们的命运联系在一起，并让我们得到启发。

　　因此，根据常识、临床经验和实验室研究，我们为那些被嫉妒情绪困扰的人总结出了十几种应对策略。

两人之间：控制人际关系中的嫉妒和鄙视

嫉妒和鄙视是一面透视镜的两面，就像观察室里的单向窗一样。当灯光照在你的身上时，你看到的只是镜子里的自己，一个被嘲笑或嫉妒的对象，你非常清楚其代价。当你房间的灯关着，而另一个房间的灯亮着的时候，你只能看到别人，却看不见自己的倒影。虽然观察者处于阴影之中，但你可以感觉到这个人的注意和态度。在嫉妒－鄙视的镜子的每一面，只关注自己会让你看不到任何东西，而只能看到自己的影子。但专注于他人会让你忘记自己嫉妒者或嘲笑者的身份，而去关注他人的感受[65]。在一段关系中，这种回应是一件好事。在亲密关系中，尽管存在竞争，但这里有一些培养回应能力的方法。

避免比较　伴侣和朋友都不愿意公开地比较，因为无论谁领先谁落后，都有可能损害双方的利益。[66]优势者想让伴侣免受公开的侮辱和私下的羞辱，当然，劣势者也想避免有这样的感觉。反之，忧心忡忡的劣势者也不想让表现出色的伴侣遭受公众的嫉妒、私下的内疚之苦；当然，优势者也希望避免有这种感觉。让我们假设双方都想保持这段关系，不让对方感觉占优势或劣势。（如果他们没有共同的目标，那么这种关系很快就会退化成一种各自为政的状态，只对自身利益做出反应。参见前面的内容。）最简单的策略是避免在任何潜在竞争领域进行社会比较。伴侣们可能会尽量减少对自己成功的报告。同事们可能会讨论他们蹒跚学步的孩子，以避免谈论相关的职业成就。高中同学在聚会上可能会把注意力集中在过去的美好时光上，以避免当前尴尬的不平等。

最小化地位差异　在一段不和谐的关系中，伴侣会嫉妒对方的好运，或者对对方的不幸感到恶意的喜悦（幸灾乐祸）。积极回应的伴侣可能共享和谐的目标——弗里茨·海德称之为"同情的认同"——他们经历着彼此的幸运和不幸。真正的同情不仅仅是情感上的感染[67]。为了建立和谐的关系，处于有利地位的一方可能会淡化特权，贬低或隐藏它们。这是一种谦逊的方法[68]。在亲密关系中，担心对伴侣构成威胁的人可能会通过隐藏自己的地位、破坏自己、自我贬低或提升伴侣来最小化任何地位差异，所有的努力都是为了缩小差距[69]。在模拟互惠关系的实验游戏中，走在前面的伙伴变得高度合作，可以通过采取措施减少差距来缓解不平等[70]。

解释每个差异　在所有的关系中，最初的故事（我们是如何相遇的）都是很珍贵的，但伴侣们也很重视他们关于相对专长的共同神话（谁擅长什么，为什么擅长）。当双方都声称拥有一个有价值的领域时，伴侣就会瓜分他们的专长[71]。一个是科学家，另一个是艺术家。这就解释了不平等的成就根植于独特的才能。有时，伴侣可以通过解释这些差距是公平的来达成相互理解[72]。例如，一方可能努力成为一名美食家或厨师，而另一方则选择不去尝试；报告工作证明了这种差异[73]。专长、天赋和动力都是内在的解释。

伴侣也可以用外在的归因来解释差异。将成功解释为侥幸，可以将任何内在差异最小化，使差距成为暂时的[74]。成功的故事提供了外部的、不稳定的、不可控的因素（运气），使讲述者显得谦虚和令人钦佩[75]。相比之下，将成功归因于内在的、稳定的、可控的、令人向往的品质，比如天生的智力或美貌则被归咎于傲慢。

缩小差距　在上面的人可以拉一把自己的伙伴。这一点必须谨慎处理，但如果"门生"敬佩"导师"，就有可能得到改善，随着时间的推移，差距就会缩小。正如我们所看到的，当我们感到自己有机会改进时，嫉妒就会让位于钦佩[76]。因此，对于落后的伙伴来说，走在前面的伙伴的努力可以作为嫉妒的解药。而对于处于优势的伙伴来说，如果处于劣势的伙伴付出了努力，那么对方的吸引力就会增加，变得值得帮助，看起来也更讨人喜欢[77]。

注意人际关系　和谐的关键是海德所说的"单位"关系——两个人觉得他们属于同一群体。每个人都把对方包含在自我之中，就像亚瑟·阿隆（Arthur Aron）、伊莱恩·阿隆和他们的同事巧妙衡量的那样（见图 7-6）[78]。

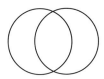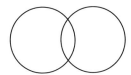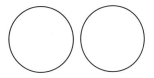

图 7-6　自我与他人的重叠，衡量不同的亲密度

Source: Author's figure based on data from Aron et al. (1991).
注：参与者选择最能代表他们关系的一对圆圈。

为了鼓励"单位"关系，要强调共同的纽带。例如，当治疗师在最初的会面中尽早建立共同成员关系时，治疗效果会更好[79]。也就是说，与共同的朋友、共同的身份或共同的成员的某种联系建立了安全和信任。相比之下，嫉妒或鄙视都是需要修复的裂痕[80]。"单位"关系确保了比较不是零和博弈，因为合作伙伴的利益是重叠的[81]。暗示"我们"的联系让我们想到我们之间的相似之处，而不是我们的不同之处[82]。为了促进这种作为一个整体的感觉，我们可以通过在这段关系中增加付出来安抚伴侣[83]。如果我们担心被嫉妒，我们可以通过帮助和建议来安抚嫉妒的伴侣[84]。

在团队中：作为队友

在工作中，我们大多数人都处于面对面的 3 ～ 6 人团队之中[85]。根据进化理论家的见解[86]，基于我们竞争的驱动，以及我们之前所有表明比较是人类本性的观察，管理者们似乎面临着一个难题。但这个消息比我们想象的要好。人们确实在争夺地位，但这个过程比"狗咬狗"的进化版本所暗示的更有建设性，建议十分明确。

展示承诺 还记得我们反复强调的，我们都需要团队来生存和发展吗？为了安全起见，我们不仅需要在能力比赛中击败他人，还需要通过向团队展示自己的价值以争夺地位和融入其中[87]。卡梅隆·安德森（Cameron Anderson）和加文·基尔达夫（Gavin Kilduff）的研究表明，能力当然能支撑地位，但对团队的投入也同样重要，我们必须向团队展示自己的价值，以赢得他人对我们能力的尊重和对我们合作精神的信任。我们通过表面上的能力自然而然地获得地位，但我们的实际技能可能不是唯一的影响因素。与强硬的进化论观点一致，具有支配型人格的人通过较多的干涉来显示他们所谓的专业知识：他们总是很快地主动提出想法和信息。不过，还有一些人不喜欢这种赤裸裸的支配地位。在一种更明显的社会进化方式中，我们通过竞争性利他主义来表达我们对群体的承诺[88]。慷慨也能获得影响力。无私的帮助增加了我们对团队的价值，这是对合作者的回报。我们大多数人都知道这一点：我们清楚自己在群体中的位置，甚至会因过于谦虚而犯错误，因为我们知道自我膨胀会导致社会排斥[89]。

重视他人 我们对嫉妒和鄙视的主要解决方案是让别人感到安全和被重视，因为这些社会比较的情绪源于不确定性。正如罗伯特·维奇奥（Robert Vecchio）所表明的，管理者很好地听取了赞扬和认可员工的建议，让他们感到被包容和重视[90]。所有这些软社交如果被视为操控，就会适得其反，所以真诚和可信是关键。正如爱丽丝·伊格利（Alice Eagly）的元分析所证明的那样，集体性，一种在传统上与女性联系在一起的领导技能，无论领导者的性别如何，都能很好地发挥作用[91]。

跨越社会：阶层斗争与身份政治

约翰·列侬（John Lennon）在《工人阶级英雄》（*Working Class Hero*, 1970）中抗议了社会对底层的压迫、对聪明人的排斥，以及只有成为伪君子才有可能成为社会高层的现状。不是嬉皮士也能注意到社会上的阶层紧张关系。在这本书中，我们看到了很多地位之争的例子。直观的图像来自前面描述的 BIAS 地图。

中产阶层是令人钦佩的、自豪的标准，这个群体被视为既能干（有技术、聪明）又热情（值得信赖、友好）。在另一个极端，穷人感到自己渺小，地位低下，他们被认为是无能的、不值得信任的，被鄙视为令人厌恶的人。蓝领（工人阶层）正好处于中产阶层和穷人的中间，要么是因为他们的形象是两极分化的（极端到中间的平均水平），要么是因为人们对他们的印象确实褒贬不一。富人占据着社会地位的顶端——聪明但不值得信任，他们被嫉妒和憎恨。

赢得信任　富人和穷人看起来都不值得信赖——也就是说，和我们其他人不同。如果富人确实变得受人喜爱、被人信任，他们就会转为内群体及盟友。那些把所有的钱都捐出去，并要求他们的孩子自己挣钱的富人是美国的英雄。

赢得尊重　穷人必须从热情和能力两个方面与刻板印象做斗争。如果穷人通过变得可爱和值得信任来克服不值得信任的刻板印象，他们只会进入被同情的领域。如果穷人努力工作——与他们懒惰的刻板印象相反——他们的能力就能赢得尊重。因此，穷人面临着双重危险和双重挑战。

其他群体也面临着同样的双重困境。正如目前的辩论所表明的那样，移民通常被认为是拉丁裔，在许多地区受到鄙视。辩论的内容决定了它的结论。如果移民与犯罪、缺乏教育、抢走公民的工作、占用社会服务联系在一起，那么他们就不值得信任、不称职，他们就不站在美国人这一边。而如果移民被理解为像前几代移民一样，来自不同的国家，犯罪率比同类公民低，受教育程度有高有低，从事别人不想做的工作，甚至创造新的工作岗位和企业，并且对社会服务利用不足，那么他们就是美国梦的一部分。

感同身受　对于社会群体来说，教训是一样的：让双方都感到安全和有价值。人们在群体交往中会感到焦虑，因为害怕伤害、嘲笑、不满，或者只是因为不知道基本规则而感到尴尬。正如沃尔特和库奇·斯蒂芬（Cookie Stephan）说明的，过去和现在的群体间关系、刻板印象、期望以及个人经历都会产生焦虑[92]。他们的研究项目包括美国白人和黑人、拉丁裔和盎格鲁人、学生和海外居民、外来移民和本土公民、癌症或艾滋病患者和健康人之间的接触。在大多数情况下，现实的威胁（资源竞争）、象征性的威胁（文化战争）、群体间的焦虑和消极的刻板印象都会导致对那些似乎构成威胁的人的偏见。但好消息是，同理心可以缓解焦虑。需要再次强调的是，如果我们超越自己的焦虑（不安全感、威胁）去理解他人的处境，同情他人的困难，我们自己的焦虑就会减少，我们感知到的差异也会减少[93]。

合作　在适当的情况下，群体间的接触可以减少偏见，包括嫉妒和鄙视。事实上，当我们放松警惕时，情绪反应既会拉近最初的距离，也会推动潜在的放松[94]。虽然获得的知识有助于使陌生人变得熟悉，但当我们为了共同的目标与外群体的人合作时，焦虑的减少和同理心的增加有助于我们克服偏见。我们不必成为朋友，但在某些情况下可以允许友谊的存在（平等地位的合作，朝着共同的目标前进，得到权威的认可）。正是友谊的潜力减少了偏见。

即使是非直接的联系也能开阔我们的思维。如果一个朋友有一个群体外的朋友，这也会减少我们的群体间焦虑，因为在接受我们朋友的朋友时，我们会发展出新的规范，将另一个群体视为我们的一员，实际上包括自我中的外群体[95]。正如我们所看到的，社交网络传递的影响超出了直接关系。

结论

也许，到最后，我们并不想转化嫉妒和鄙视。也许，考虑到埃克斯林和泽尔所说的"宇宙不公平"，这些比较的感觉也是在意料之中的[96]。这些感觉不仅是自然的，甚至可能是适应性的。也许和谐只适用于富人，而不适用于穷人[97]。也许嫉妒（或者嫉妒的潜力）驯化了权力，通过革命的威胁来驾驭过度的权力[98]。社会上层和底层的人都强烈地希望社会稳定，他们可以为各种制度的不平等辩护，即使他们不是受益者[99]。

接受普遍存在的不公平让我们中的一些人感到痛苦，因为不平等不仅仅是关于收入的——至少它的影响不是。它还有损幸福、控制感、自尊、归属感、信任和理解。对于这些基本需求中的任何一种，不平等都会催化不安全感，而不安全感会激发比较。当不确定性逼近时，人们需要获取信息，保护自己，并认同熟悉的群体。反过来，如果这种不平等是不合法的，与精英统治不一致，比较就会产生对不公平的怨恨和愤怒。向上比较是嫉妒，向下比较是鄙视，这使我们彼此分离开来。我们只能希望比较的腐蚀也能动员人们进行改变。

Envy Up,
Scorn Down
注释

第1章

1. 我们最初把两个普遍维度——地位（能力）和朋友-敌人（热情）——称为刻板印象内容模型，它也预测了偏见情绪。加上歧视性行为，就形成了一个更贴切的名字：BIAS（来自群体间影响和刻板印象的行为）地图。The key papers are Cuddy, Fiske, and Glick (2007); Cuddy et al. (2009); and Fiske et al. (2002). For a short review, see Fiske, Cuddy, and Glick (2007); for a more exhaustive review, see Cuddy, Fiske, and Glick (2008).

2. 当地位和能力似乎不符时，这个人可能看起来更危险，但存在一些有趣的例外：人们如何评价不称职的公司高管或称职的乞丐？（前者可能是一个熄火的大炮，后者可能是一个熟练的剥削者。）这些例外情况仍有待研究，但目前它们将把我们带离主题太远。

3. Keller (2005, ix).

4. General Social Survey (2001).

5. Gallup Organization (2002).

6. Russo (2007, 65).

7. Hodge (2008, 359).

8. See the authoritative review by the demographer Michael Hout (2008, 359).可以肯定的是，当人们被给予另一个选项（例如"中上阶层"）时，"中产阶层"并不是大多数人的首选项，但在五个选项中，它确实是最受欢迎的，在过去十年中以大约20%的优势胜出。(Gallup polls April 11, 2002; January 12, 2003; April 9, 2003; April 7, 2005; April 13, 2006; May 7, 2006; June 25, 2008; June 25, 2008; September 7, 2008; and September 27, 2008).

9. Gallup Organization (1939).

10. 当然，除了很久以前的数据，"我们都是中产阶层"的神话还有另一个借口。根据豪特的说法，当民意调查人员不把话说出口时，人们会自发地选择"中产阶层"，他实际上正是以这种开放式的方式提问的。他发现，90%的人认为美国是由不同的社会阶层组成的，而这90%中有54%的人自愿承认自己是"中产阶层"。然后，豪特又进一步劝说不情愿回答的受访者选择一个社会阶层。在被迫做出选择的人群中，认定自己是工薪阶层或中产阶层的人数几乎相等（各约40%）。不过，如果民意调查机构能如此轻易地说服人们以与"中产阶层"认同相当的比例给自己贴上"工薪阶层"的标签，那么"中产阶层"就并不是一个固定的认同。在本书出版时发布的皮尤民意调查中，美国人对五个阶层标签的反应没有工薪阶层，就像1939年最初的盖洛普民意调查一样。2010年，只有50%的美国人说自己是中产阶层，尽管加上中下层和中上层阶层后，绝大多数人都声称自己是中产阶层。（"Room for Debate: So You Think You're Middle Class?" *New York Times*, December 22, 2010.)

11. *New York Times* (2005).

12. Scott and Leonhardt (2005).

13. See, for instance, Gallup Organization (1947).

14. Hartz (1952, 331).

15. Tocqueville (1840, 101). Translated from the original by Susan Fiske and Steven Grant.

16. Halle (1987); Rubin (1976); but see Vanneman and Cannon (1987).

17. Rockefeller Foundation, *Time* Magazine Campaign for American Workers, and Penn, Schoen, and Berland Associates (2008).

18. Pew Economic Mobility Project and Greenberg Quinlan Rosner Research and Public Opinion Strategies (2009).

19. Sawhill and McLanahan (2006).

20. DeNavas-Walt, Proctor, and Smith (2009).

21. Statistics from Central Intelligence Agency (CIA), "The World Factbook: Country Comparison: Distribution of Family Income—Gini Index,".

22. Smeeding (2005).

23. Beller and Hout (2006).

24. Kearney (2006).

25. Beller and Hout (2006).

26. Kluegel and Smith (1986).

27. Kluegel and Smith (1986).

28. Gallup Organization (2002 to 2009, various).

29. Rockefeller Foundation, *Time* Magazine, Campaign for American Workers, and Penn, Schoen, and Berland Associates (2008).

30. Pew Economic Mobility Project and Greenberg Quinlan Rosner Research and Public Opinion Strategies (2009).

31. Opportunity Agenda. 心理学家将情境解释（环境超出了个人控制）与性格解释（原因存在于自身；有些是可以控制的，比如努力，而有些则不是，比如纯粹的能力）进行对比。因此，心理学家认为环境和努力是相反的解释。

32. Cuddy et al. (2009).

33. Russell and Fiske (2009).

34. For a review, see Weiner (2006).

35. Chafel (1997); Cozzarelli, Wilkinson, and Tagler (2001).

36. Hochschild (1981).

37. Lamont (1992).

38. Associated Press (2005).

39. Kluegel and Smith (1986).

40. Gallup (2006).

41. Harris Interactive (2005).

42. Bobo (1991).

43. 根据人们对理想社会的偏好模拟（Mitchell et al. 1993）。

44. 除非有人相信这样一种不太可能发生的情况：越来越多受优待的少数人比以往任何时候都更加努力工作，而越来越多的懒汉却无所事事。

45. 在后面的章节中会讲到一些人对公正世界的执着信念（因人而异），以及人们为了维护稳定而证明制度合理性的普遍倾向。

46. Clinton is quoted, for example, in "'Bitter' Is a Hard Pill for Obama to Swallow: He Stands By as Clinton Pounces," Perry Bacon and Shailagh Murray, *Washington Post,* April 12, 2008. Obama is quoted, for example, in "Obama: No Surprise that Hard-Pressed Pennsylvanians Turn Bitter," Mayhill Fowler, *Huffington Post,* April 11, 2008.

47. Jeff Zeleny, "Obama Remarks Called 'Out of Touch'," *New York Times,* April 12, 2008, p. 15.

48. Jill Lawrence, "Obama Slams McCain's Inability to Tally Family-Owned Residences," *USA Today,* August 22, 2008, p. 6A.

49. As the *Independent*'s Rupert Cornwell reminded us in "The IoS Profile: John Kerry" (March 7, 2004).

50. As *Time*'s Margaret Carlson put it in "We Raised Him for It" (February 28, 2000).

51. Andrew Rosenthal, "Bush Encounters the Supermarket, Amazed," *New York Times,* February 5, 1992, p. A1.

52. David Brooks, "Clash of Titans," *New York Times,* March 6, 2004, p. 52.

53. NORC (2008).

54. Democracy Corps, Campaign for America's Future, and Greenberg Quinlan Rosner Research (2008).

55. CBS News/*New York Times* (2009).

56. Pew Global Attitudes Project (2009).

57. Pew Global Attitudes Project (2009).

58. Glick et al. (2006).

59. Brooks (2004).

60. 评论指出，权力和地位并非总是相关的。例如，即将卸任的总统或名誉教授有地位，但没有权力；机动车辆管理局（DMV）职员或运输安全管理局（TSA）检查员只有权力但没有地位。这些案例之所以有趣，正是因为它们把地位和权力分开了，但在这里考察它们会让我们偏离轨道太远。

61. Cheever (2004, 255–57).

62. Range et al. (2009).

63. Brosnan and de Waal (2003); Brosnan, Schiff, and de Waal (2004).

64. Smith and Kim (2008).

65. 嫉妒比自恋性愤怒更具体，尽管它们都有对应得自我的不合法威胁的成分。

66. Parrott (1991).

67. 以下内容来自研究莎士比亚的学生莉迪亚·埃默里（2010年1月4日的电子邮件）：这也涉及阶层问题。观众在第一个场景中了解到，凯西奥空有书本知识，但没有军事经验，他似乎很富裕。伊阿古构建了一个熟悉的故事：一个勤奋的（中产阶层？）士兵被持有特权的、缺乏经验的常春藤盟校类型的人忽视了。"服务者的诅咒"是"晋升取决于信件和感情，而不是等级"（Ⅰ.1-34-36）。（即，个人偏好，不是逐级晋升；重要的是你认识谁，而不是你工作有多努力，这会让你嫉妒地认为特权阶层者不配拥有特权。）此外，凯西奥鄙视下等人："中尉要在少尉之前得救。"（Ⅱ.3-101-2）而且苔丝狄蒙娜只是粉碎奥赛罗本人的一个手段。伊阿古也夺走了奥赛罗在社会上的地位（这是奥赛罗辛苦培养出来的，因为人们对他有偏见）和他自己（通过摧毁苔丝狄蒙娜，奥赛罗也毁灭了他自己）。

68. Parrott (1991).

69. See, for example, Glick et al. (2006).

70. "嫉妒者会逝去，但嫉妒永存"（*Le Tartuffe; Or, The Hypocrite* [1667], V.3.14）。

71. Parrott (1991, 27).

72. According to Niels van de Ven, Marcel Zeelenberg, and Rik Pieters (2009), who presumably understand "benijden" versus "afgunst."

73. Parrott (1991, 10).

74. Shaw (1921).

75. Doyle (1894/1986).

76. Herzog (2000, 237).

77. Adams (1805, 345–46, emphasis in original).

78. Darwin (1872/1987).

79. Ekman and Friesen (1986); Matsumoto and Ekman (2004, 536).

80. 鄙视的另一种表达方式是通过鄙视那些被社会认为优越的人来显示自己的道德优越感。我的波希米亚朋友说他们很鄙视"西装革履的人"。在陀思妥耶夫斯基的《地下室手记》中，叙述者描述了他对比他更成功的同事的鄙视。尽管这些报告作为个人经历听起来是真实的，但那些向上层表达鄙视的人是基于鄙视那些通常用于指向下层的假设，他们通过扭转鄙视的预期方向来挑战传统的等级制度。正文中所描述的例子绝大多数反映了未经检验的鄙视。

81. For a review, see Fiske (2010a).

82. Gruenfeld et al. (2008).

83. De Cremer and van Dijk (2005).

84. Galinsky et al. (2006).

85. For reviews, see Fiske (2010a); Magee and Galinsky (2008).

86. Goodwin et al. (2000).

87. Fiske (2010a).

88. Leyens et al. (2003).

89. Cuddy, Rock, and Norton (2007).

90. Fiske et al. (2002); Cuddy, Fiske, and Glick (2007). 在图1-7中，这张图看起来更像一张地图，无家可归者可以被视为统计异常值（距离空间中心有三个标准差）。

91. For reviews, see Amodio and Frith (2006); Mitchell (2008).

92. Harris and Fiske (2006, 2007, 2009).

93. Cottrell and Neuberg (2005).

94. Cuddy, Fiske, and Glick (2007).

95. Haslam (2006); Loughnan and Haslam (2007); Haslam et al. (2008).

96. Thomas Pettigrew和Roel Meertens（1995）研究了欧洲外来移民的类似待遇（例如，在德国的土耳其人，在法国的北非人，在英国的巴基斯坦人）。

97. Smith et al. (2004).

98. Rosenberg, Ekman, and Blumenthal (1998).

99. Fredrickson (2001).

100. Jackson and Inglehart (1995).

101. As assessed by Vickie Mays, Susan Cochran, and Namdi Barnes (2007) in an overview of the most recent studies.

102. According to a review by Brenda Major and Laurie O'Brien (2005).

103. On people, see Schneiderman, Ironson, and Siegel (2005); on primates, see Sapolsky (2004).

104. Loughnan and Haslam (2007).

105. Fiske et al. (2002).

106. Dépret and Fiske (1999). 这一结果并不是因为掌握权力的人都是数学专业的（他们可能被刻板地认为是冷漠的）；这一效应同样适用于一群有能力的艺术专业学生（也许是有创造力的）的"阴谋"。

107. Cuddy, Fiske, and Glick (2007).

108. Cikara, Botvinick, and Fiske (2011); Cikara et al. (2010).

109. Kaiser Family Foundation, *Washington Post,* and Harvard University (2008).

110. Marlin Company and Zogby International (2008).

111. Uslaner and Brown (2005).

112. 第4章回到这个问题，探究人们对相对剥夺的反应——也就是说，相对于最相关的对照组，人们感觉自己受到了亏待。

113. Smith, Combs, and Thielke (2008, 296).

114. Dickerson and Kemeny (2004); McEwen (2000); Schneiderman, Ironson, and Siegel (2005).

115. Marmot (2003); Marmot et al. (1997).

116. According to an authoritative review by Linda Gallo and Karen Matthews (2003).

117. Russo (2007, 70, 13).

118. Mendes et al. (2001).

119. Smith et al. (2004).

120. Mullen (1985).

121. Smith et al. (2008).

122. Shelton, Richeson, and Vorauer (2006); Shnabel and Nadler (2008).

123. 参见Fiske (2010a) 关于人际分层的综述，从灵长类动物到个人间的人类交往，再到组织乃至社会系统。

124. Oosterhof and Todorov (2008).

125. O'Mahen, Beach, and Tesser (2000).

126. Gruenfeld and Tiedens (2010).

127. Sidanius and Pratto (1999); for precedent, see Parsons (1964).

128. McGrath (2005, 193).

129. Adams (1805, 352–53).

130. Hill and Buss (2006, 2008); Smith, Combs, and Thielke (2008).

131. Schoeck (1969/1986, 26).

132. Fielding (1752/1988, 328).

第2章

1. Fiske, Cuddy, and Glick (2007).

2. Wojciszke, Bazinska, and Jaworski (1998).

3. Hogg (2010).

4. Berger, Cohen, and Zelditch (1972); Ridgeway (1991, 1997).

5. Gruenfeld and Tiedens (2010).

6. Magee and Galinsky (2008); Jost and Kay (2010); Sidanius and Pratto (1999).

7. 心理科学通常将情绪解释为包括有意识和无意识的经验、生理学和行动倾向以及其他信号的某种组合。没有一个单独的成分对于人类的情绪事件是必要的或充分的。接下来，我将研究神经科学的一些线索，但这并不意味着我们知道任何特定情绪的神经信号。就像情绪的其他组成部分一样，这些只是倾向于一起发生的反应，可能会汇聚在一起，以表明一种层次的分析。

8. See, for example, Adolphs (2009); LeDoux (2000); Phelps (2006); Whalen (2007).

9. Fiske and Taylor (2008).

10. Harris and Fiske (2006). 值得注意的是，这些大学生也表达了对无家可归者和吸毒者的同情，但比他们对老年人和残疾人的同情程度要低得多。同样，他们承认对这些群体有些厌恶，但最厌恶的是被排斥者。

11. 在这项研究中，杏仁核对所有人的照片的激活都高于基线水平，但对厌恶的目标的激活尤其明显。在后来的一项研究中，它对嫉妒的目标也特别活跃。(Harris, Cikara, and Fiske, 2008).

12. Rule et al. (2009).

13. 公平地说，他们都是自愿的，都有知情同意，而且他们都没有饮食失调。当然，人们总是把自己的身体和别人的身体进行比较。（想想健身房。）作者关注的正是这种具有潜在破坏性的社会比较。See Friederich et al. (2007).

14. Phelps et al. (2000); see also Hart et al. (2000).

15. Botvinick, Cohen, and Carter (2004). 前扣带回是一条弯曲的带状皮质，焦点区域似乎在背侧，也就是说，在前扣带回曲线的顶部。

16. Friederich et al. (2007).

17. Takahashi et al. (2009). 对照比较包括一个优秀的异性学生或一个普通的异性学生；参与者都不嫉妒这些无关紧要的学生。

18. Eisenberger, Lieberman, and Williams (2003); Sanfey et al. (2003).

19. 对这一毋庸置疑研究量较少的领域的其他总结也同意这一意见；见Joseph et al. （2008）和Lieberman and Eisenberger（2009）。当然，前扣带回参与了许多过程，嫉妒只是其中之一。

20. For reviews, see Amodio and Frith (2006); Mitchell (2008).

21. Friederich et al. (2007). 内侧前额叶激活的位置更偏向于背侧（顶部），这与思考他人一致，尤其是与和自己有区别的他人 （Mitchell, Macrae, and Banaji 2006）。Jason Mitchell, Mahzarin Banaji和Neil Macrae（2005）认为，不可否认得失，自我思考也会激活内侧前额叶，但通常在更腹侧（更低）的区域。

22. Harris, Cikara, and Fiske (2008).

23. Harris et al. (2007); van den Bos et al. (2007). 一般来说，内侧前额叶的某些部分会被奖励激活，但社交奖励尤其能激活它。

24. Ames and Fiske (2010).

25. Cottrell and Neuberg (2005).

26. Harris and Fiske (2006, 2009).

27. 关于脑岛在厌恶情绪中的作用的元分析，见Murphy, Nimmo-Smith, and Lawrence （2002）；Phan et al.（2002）。需要注意的是，脑岛在唤起过程中更广泛的作用表明，它并不仅仅是针对厌恶的，然而，厌恶稳定地激活了它。

28. Krendel et al. (2006).

29. Sambataro et al. (2006).

30. Fliessbach et al. (2007); Lieberman and Eisenberger (2009).

31. Izuma, Saito, and Sadato (2008).

32. Moll et al. (2007). 也有相关的研究表明，当一个人受到公平对待时，腹侧纹状体会被激活；see, for example, Rilling et al. (2004); Tabibnia, Satpute, and Lieberman (2008).

33. See chapter 3, 但是，基于文化和个体存在差异。

34. 对幸灾乐祸的神经研究倾向于关注同行内的竞争对手，尤其是那些不公平竞争的竞争对手（例如，见de Quervain et al. 2004; Singer et al. 2006）。这种恶意的快乐并不只是针对被嫉妒的竞争对手，也可以针对平等的竞争对手，但它确实激活了腹侧纹状体，就像腹侧纹状体在打败之前被嫉妒的上级时因幸灾乐祸而被激活一样。

35. Takahashi et al. (2009).

36. Keltner and Haidt (1999).

37. Bacon (1597/1985, 21).

38. 测量方法是将电极贴在颧大肌表面；see Cikara and Fiske (2010).

39. van Dijk et al. (2006).

40. Feather and Naim (2005); Feather and Sherman (2002); Hareli and Weiner (2002);van Dijk et al. (2005).

41. Neuberg et al. (1994); Hebl and Mannix (2003).

42. Simon (1967).

43. Fiske, Cuddy, and Glick (2007); Oosterhof and Todorov (2008). 根据Paula Niedenthal (1990)的说法，人们甚至在潜意识呈现速率下也能觉察到厌恶的表情。

44. Keltner and Haidt (1999).

45. Gaines et al. (2005); Smith et al. (2006); Webster et al. (2003).

46. Anderson and Berdahl (2002); Berdahl and Martorana (2006); Langner and Keltner (2008).

47. Mendes et al. (2001).

48. Tiedens (2001).

49. Knutson (1996).

50. Sinaceur and Tiedens (2006).

51. Fischer and Roseman (2007).

52. Tesser, Millar, and Moore (1988).

53. Smith, Seger, and Mackie (2007).

54. Keltner, Gruenfeld, and Anderson (2003); Langner and Keltner (2008).

55. Wojciszke and Struzynska-Kujalowicz (2007).

56. Mendes et al. (2001).

57. Tiedens (2001).

58. Knutson (1996).

59. Roseman, Wiest, and Swartz (1994).

60. Oosterhof and Todorov (2008); Zebrowitz and Montepare (2005).

61. Mohandas Gandhi quote from BrainyQuote.com.

62. Keltner and Haidt (1999).

63. Peters and Kashima (2007).

64. Smith, Seger, and Mackie (2007). See also Moons et al. (2009). 将群体纳入自我与将其他个体（如伴侣）纳入自我有关；参见Aron等（1991）。

65. Cikara, Botvinick, and Fiske (2011). 相关的共情疼痛网络包括前扣带回背侧、辅助运动区和前脑岛的激活，这与自我报告的疼痛相关。

66. Nietzsche (1887/1967, 37).

67. Leach and Spears (2008); Leach et al. (2008); Mikula, Scherer, and Athenstaedt (1998).

68. Branscombe, Schmitt, and Harvey (1999); Major, Quinton, and Schmader (2003); McCoy and Major (2003); Operario and Fiske (2001b); Sellers and Shelton (2003).

69. Jetten, Spears, and Manstead (1997); Wong, Eccles, and Sameroff (2003).

70. Branscombe and Wann (1994); Jetten et al. (2001); Major, Kaiser, and McCoy (2003); Major, Quinton, and Schmader (2003). 有时强烈的内群体认同会因为自我和内群体之间的重叠而使偏见对自尊的损害更大；see, for example, McCoy and Major (2003).

71. Coser (1960); Keltner et al. (2001).

72. Hogg (2007, 2010).

73. Rozin, Haidt, and Fincher (2009); Rozin et al. (1999).

74. Harris and Fiske (2009).

75. Peters, Kashima, and Clark (2009).

76. Heath, Bell, and Sternberg (2001).

77. Rozin et al. (1999).

78. 诚然，轻蔑和厌恶是不同的：轻蔑只针对人，而厌恶可以针对人或物体。情感理论专家将基本情绪（快乐、悲伤、愤怒、厌恶）与更社会化的情绪（嫉妒、羡慕、骄傲、怜悯）区分开来。与厌恶这种基本情绪相比，嫉妒是一种与自我意识有关的情绪，它产生于思考，并激发进一步的思考；see Niedenthal, Krauth-Gruber, and Ric (2006).

79. Silver and Sabini (1978).

80. Leach (2008); Smith (1991).

81. Exline and Lobel (1999, 2001); Parrott and Mosquera (2008).

82. See, for example, Fiske et al. (1998).

83. Festinger (1954a, 1954b).

84. Stapel and Blanton (2004).

85. Mussweiler, Rüter, and Epstude (2006).

86. As meta-analysis indicates; see Want (2009).

87. Blanton and Stapel (2008).

88. Chambers and Windschitl (2009).

89. Marsh and Hau (2003).

90. Tesser (1988).

91. Heider (1958).

92. Chambers and Windschitl (2009).

93. Blanton and Stapel (2008).

94. 可能的自我也是如此。考虑"我可能成为什么样的人"会抑制我们把自己与境况更差或更好的人进行对比的冲动（"要不是运气……"）。集体自我和可能的自我都是同化的，而个人自我则是对立的。

95. Hogg (2007).

96. Hogg et al. (2007); Mullin and Hogg (1998).

97. 在对人们如何成为恐怖分子的更集中的分析中，包括了"我们对他们"的思维，这是解决不确定性的一种分类认知形式。

98. Lord et al. (2001).

99. Fiske (1993).

100. Dépret and Fiske (1999).

101. Cuddy et al. (2009).

102. 无数社会科学家都提出了这一点，但我们的数据明确了"地位等于能力"的刻板印象；see, for example, Fiske et al. (2002); Lee and Fiske (2006).

103. Cuddy and Frantz (2009).

104. Bettencourt et al. (2001).

105. Alan Fiske (1992), author's brother.

106. Giessner and Schubert (2007); Jostmann, Lakens, and Schubert (2009); Schubert (2005); Schubert, Waldzus, and Giessner (2009).

107. Williams and Bargh (2008).

108. Chartrand and Bargh (1999).

109. Tiedens and Fragale (2003).

110. 这些提示展示了轮流发言的策略。For more detail, see Starkey Duncan and Donald Fiske (1977), author's father. 特别是关于在听的时候看对方，但在说话时不看；参见Dovidio和Ellyson (1982)。

111. Holtgraves (2010).

112. Dahl, Kazan, and Swicord (1996).

113. Guinote (2007); Magee (2009).

114. Dahl, Kazan, and Swicord (1996).

115. Tiedens and Fragale (2003).

116. Hall, Coats, and LeBeau (2005).

117. Kraus and Keltner (2009).

118. For an entertaining descriptive account, see Fussell (1983).

119. See Fiske (2010a) for a review.

120. Cuddy, Fiske, and Glick (2007); Fiske et al. (2002).

121. Eisenberger, Lieberman, and Williams (2003); Williams (2007).

122. Gonsalkorale and Williams (2007).

123. Weiner (1980).

124. National Coalition for the Homeless (2009).

125. Cikara et al. (2010).

126. Baumeister, Smart, and Boden (1996).

127. Cuddy, Fiske, and Glick (2007).

128. See, for example, Commins and Lockwood (1979); for a review of equity in close relationships, see Hatfield, Rapson, and Aumer-Ryan (2008).

129. de Quervain et al. (2004); Fehr and Fischbacher (2003).

130. Staub (1989).

131. David Brooks, "Clash of Titans," *New York Times,* March 6, 2004, p. A15.

第3章

1. Gibbons and Buunk (1999).

2. Buunk and Gibbons (2006); Gibbons and Buunk (1999).

3. Fenigstein, Scheier, and Buss (1975).

4. Stapel and Tesser (2001).

5. Swap and Rubin (1983, 210).

6. Crocker and Knight (2005); Crocker and Wolfe (2001).

7. Buunk and Gibbons (2006).

8. Markus and Nurius (1986).

9. Alan Bond quote from Woopidoo!

10. Buunk and Brenninkmeijer (2001); van Yperen, Brenninkmeijer, and Buunk (2006).

11. Smith et al. (1999), printed with permission.

12. 当然，相关性可能朝两个方向发展；参见Smith和Kim (2007)。

13. Smith et al. (1996).

14. McCullough, Emmons, and Tsang (2002); McCullough, Tsang, and Emmons (2004).

15. "Frienvy" definition from Urban Dictionary.

16. Thackeray (1879, 2); 所有古老罕见的拼写和大写字母均来源于原文。

17. Haidt, McCauley, and Rozin (1994).

18. Machiavelli (1965, 66)

19. Trapnell and Wiggins (1990).

20. Moeller, Robinson, and Zabelina (2008).

21. Robinson et al. (2008).

22. Assor, Aronoff, and Messé (1981, 1986); Battistich and Aronoff (1985).

23. Operario and Fiske (2001a).

24. General Social Survey (2006).

25. Lyubomirsky (2001).

26. Adams (1979/1996, 142, 236).

27. Lyubomirsky and Ross (1997).

28. Lyubomirsky, Tucker, and Kasri (2001).

29. See, for example, Taylor and Brown (1988).

30. Testa and Major (1990).

31. 还需要更深入的研究，但当前文献指向了这个合理的想法；参见Smith和Kim (2007)。

32. Proust (1913–27).

33. "Et peut-être, ce qu'il ressentait en ce moment de presque agréable, c'était autre chose aussi que l'apaisement d'un doute et d'une douleur: un plaisir de l'intelligence." Proust (1913–27, chapter 2 [no page numbers]), translated by the author.

34. Greco and Roger (2001, 2003).

35. Hodson and Sorrentino (1999); Kruglanski and Webster (1996).

36. Roney and Sorrentino (1995a, 1995b).

37. 男性和女性的相似之处在于，他们的自尊首先取决于别人对他们的看法——所谓的反映性评价。然后他们关心自己感知到的能力（通过他们如何评价"完成很多工作""解决一个具有挑战性的问题""承认自己做得很好，即使其他人都没有"来评估）。最后，男性和女性都关心社会比较。在这一共有的优先顺序中，女性在第一项上更高，而男性在第三项上更高——至少大学生中的男女是如此（Schwalbe and Staples，1991）。

38. 大多数性别差异被夸大了，但在跨研究的元分析中，男性和女性在身体攻击、自信和专制领导风格上的差异很大，而且它们对于竞争性谈判行为的预测也是可靠的 (Hyde 2005; see also the review in Singleton and Vacca 2007)。

39. Guimond et al. (2006).

40. Schwalbe and Staples (1991).

41. A reliable result across more than 150 studies; see Myers and Crowther (2009).

42. Wojciszke et al. (1998).

43. Gardner, Gabriel, and Hochschild (2002).

44. Kemmelmeier and Oyserman (2001a).

45. U.S. Department of Labor (2009).

46. Bylsma and Major (1992, 1994); Major and Forcey (1985); Major and Konar (1984); Major, McFarlin, and Gagnon (1984). On denial, see Crosby (1984).

47. O'Brien and Major (2009).

48. Stephens, Markus, and Townsend (2007).

49. Bobo (1991); Cozzarelli, Wilkinson, and Tagler (2001); Hunt (1996).

50. Pratto et al. (1994); Sidanius and Pratto (1999).

51. Guimond and Dambrun (2002).

52. Chiao et al. (2009).

53. Sibley and Duckitt (2008).

54. Haley and Sidanius (2005).

55. Christopher et al. (2008).

56. Duckitt (2006); Duckitt and Sibley (2009).

57. Kahn et al. (2009); Pratto, Sidanius, and Levin (2006).

58. Jost and Burgess (2000).

59. Sidanius and Pratto (1999).

60. Sidanius and Pratto (1999).

61. 社会支配倾向（SDO）与右翼威权主义（RWA，社会保守主义的一个指标；见下一节）的相关性为0.32，但在意识形态冲突高的国家（在意大利、德国、比利时、瑞典和新西兰的样本中平均为0.42）比意识形态冲突低的国家（在美国和加拿大的样本中平均为0.20）更强；参见Roccato和Ricolfi（2005）。

62. Bartels (2008); McCarty, Poole, and Rosenthal (2006).

63. Bartels (2008, 295).

64. Christopher et al. (2008).

65. Cozzarelli, Wilkinson, and Tagler (2001); Zucker and Weiner (1993).

66. 样本项目1、2、3、5、7、10和12来自《右翼威权主义量表》（Right-Wing Authoritarianism Scale）（Altemeyer 1998），经作者许可复制。

67. Altemeyer (1998). See a meta-analysis by Duckitt and Sibley (2009) of the personality correlates of RWA.

68. Christopher et al. (2008).

69. MacDonald (1972); Christopher and Schlenker (2005).

70. Sibley and Duckitt (2008).

71. Furnham (1997).

72. Janoff-Bulman (2009).

73. Thornhill and Fincher (2007).

74. Brooks (2004, 44).

75. Thornhill and Fincher (2007).

76. Hogg (2007).

77. 当然，人们可能有矛盾的倾向。在某些问题上，女性往往比男性更开明，因此开明的女性（例如，意识到性别不平等的女性）可能比保守的男性（更适应传统的性别等级制度）更容易进行比较。毫无疑问，一个人的倾向取决于主要的相关身份、比较的维度以及群体或个人的比较水平。例如，女性可能会在群体层面意识到性别不平等，但在个人层面意识不到（Crosby，1984）。

78. Markus and Kitayama (1991); Triandis (1995).

79. Oyserman, Coon, and Kemmelmeier (2002). 令人惊讶的是，拉丁美洲的样本似乎和美国样本一样个人主义，但Oyserman和她的同事推测，高地位的学生样本可能低估了文化差异。

80. Vandello and Cohen (1999).

81. Fiske and Yamamoto (2005).

82. Hornsey and Jetten (2005).

83. Shuper et al. (2004); Yamagishi, Cook, and Watabe (1998).

84. Allik and Realo (2004).

85. Stapel and Koomen (2001).

86. Lindholm (2008).

87. Freeman et al. (2009).

88. Nisbett and Cohen (1996).

89. Markus and Kitayama (1991).

90. Oyserman, Coon, and Kemmelmeier (2002).

91. Vandello and Cohen (1999). 犹他州也是一个集体主义得分高的州。

92. Freeman et al. (2009).

93. Yamagishi, Cook, and Watabe (1998).

94. Brauer and Chaurand (2009).

95. Chiao et al. (2009).

96. Oyserman and Lee (2008).

97. Kemmelmeier and Oyserman (2001b).

98. Uchida et al. (2009).

99. 要查阅关于"恶魔之眼"的民间传说集，请参阅Dundes (1981)。

100. Dundes (1981, 192).

101. Lindholm (2008).

102. Fiske (2010a).

103. Gamache (1946, unnumbered advertising page, sequential p. 98). 对Henri Gamache的搜索
表明，这个名字是一个笔名，雷蒙德出版社已不复存在。

104. Caporael (1997).

105. Fiske (2010a).

106. Baumeister and Leary (1995).

107. Williams, Cheung, and Choi (2000).

108. Eisenberger et al. (2003).

109. Brown et al. (2003); Master et al. (2009).

110. DeWall et al. (2010).

111. Gardner, Pickett, and Knowles (2005).

112. Cacioppo and Patrick (2008).

113. Kiecolt-Glaser et al. (2002).

114. Lett et al. (2007).

115. House, Landis, and Umberson (1988).

116. Diener and Oishi (2005).

117. Molden et al. (2009).

118. Parrott and Mosquera (2008).

第4章

1. Sedikides and Skowronski (1997).

2. 同样，除非有一些相关的人与我们抱有相同的观点，否则我们如何知道应该相信什
么？（"这个国家总体上是在朝着正确的方向前进吗？"）其他人是对我们的信念
（"我很高兴我不是唯一这么认为的人！"）和能力（"我真的擅长这个吗？"）
的现实检验。

3. Taylor and Brown (1988).

4. Laurin, Kay, and Moscovitch (2008).

5. Fiske (2010b).

6. Wood, Taylor, and Lichtman (1985).

7. Taylor, Lichtman, and Wood (1984).

8. 作为该领域的创始人之一，他以他的认知失调理论而闻名，但该理论与本文主题不太相关。他在不太知名的"内布拉斯加动机研讨会"一章（Festinger，1954a）中阐述了他的社会比较理论，这一章比他更知名的"人际关系"一章（Festinger，1954b）更具可读性。For reviews of what followed, see Buunk and Gibbons (2007), Guimond (2006), Suls, Martin, and Wheeler (2000), and Suls and Wheeler (2000).

9. Suls, Martin, and Wheeler (2002).

10. Goethals and Darley (1977).

11. 比较对象的表现只有在其付出努力时才有意义，see Suls, Martin, and Wheeler (2002).

12. Ames (2004).

13. Wert and Salovey (2004).

14. Baumeister, Zhang, and Vohs (2004); Dunbar (2004).

15. Ruscher, Cralley, and O'Farrell (2005).

16. Updike (1985, 48).

17. Goethals and Darley (1977).

18. Suls, Martin, and Wheeler (2000).

19. Wood (1989).

20. Mussweiler and Rüter (2003). For reviews of Mussweiler's work, see Mussweiler (2003) or Mussweiler, Rüter, and Epstude (2006).

21. Mussweiler, Rüter, and Epstude (2004). See also Stapel and Blanton (2004).

22. Mussweiler and Rüter (2003).

23. Gilbert, Giesler, and Morris (1995).

24. Fiske and Taylor (2008); Gladwell (2005).

25. Mussweiler (2003).

26. Häfner and Schubert (2009).

27. Blanton and Stapel (2008, study 3).

28. Blanton and Stapel (2008, studies 1a and 1b).

29. 我们不仅通过与他人的比较来判断自己，也会自动地通过与自己的比较来判断他人；see Dunning (2000).

30. Taylor and Lobel (1989).

31. Lockwood and Kunda (1997).

32. Chambers and Windschitl (2004).

33. Kruger et al. (2008).

34. Runciman (1966).

35. Donald Kinder和Cindy Kam (2009) 提供了一个关于一个严肃话题的引人入胜的描述。

36. Stouffer et al. (1949).

37. "相对剥夺"这个术语的首次提及似乎出自Stouffer等人 (1949, 122–30)。

38. Insko et al. (1990).

39. Pettigrew et al. (2008).

40. Wright and Tropp (2002).

41. Smith et al. (2010).

42. Smith and Ho (2002).

43. Wright and Tropp (2002).

44. 通常认为这句话出自弗洛伊德，但根据弗洛伊德博物馆网站的说法，"这句话被埃里克·埃里克森引用，但在弗洛伊德的作品中找不到，尽管这种情感有时是隐含的。在长期的生涯中，弗洛伊德说他自己的人生抱负就是娶玛莎为妻，并且能够坚持工作"。

45. Marsh and Hau (2003).

46. Blanton et al. (1999).

47. Gibbons et al. (2000).

48. Huguet et al. (2001).

49. Huguet et al. (2009).

50. Trautwein et al. (2009).

51. Cheng and Lam (2007).

52. Dostoyevsky (1864/1994, 48).

53. Wheeler and Miyake (1992); Wood (1996).

54. For a comprehensive review, see Greenberg, Ashton-James, and Ashkanasy (2007).

55. Moore and Small (2007).

56. Vecchio (2000).

57. Vecchio (2005).

58. Vecchio (1997).

59. Bulwer (1836, 235–36).

第5章

1. The key original references are Taylor and Lobel (1989) and Wood (1989). See Buunk and Gibbons (2007) for a recent review.

2. Klein (1997).

3. Moore and Klein (2008).

4. Sedikides and Gregg (2008). 虽然在某种程度上，自我提升是人性的基础，但在不同的文化中确实有所不同：西方人有一种明显的自我宣传的观点，而东方人则有一种较为温和的自我关怀的观点 (Markus and Kitayama 1991).

5. Pronin, Gilovich, and Ross (2004).

6. Ross and Wilson (2003); Wilson and Ross (2001). 同样，这种倾向因文化而异，西方人提供了"从笨蛋到冠军"思维的最明显的例子（Ross et al., 2005）。西方人有时会陶醉于过去的辉煌，但前提是他们能继续保持良好的形象。

7. Sanitioso, Kunda, and Fong (1990).

8. Kunda (1990).

9. Taylor and Brown (1988).

10. Robins and Beer (2001).

11. On fantasy versus expectancy, see Oettingen and Mayer (2002); on the original "self-fulfilling prophecy," see Merton (1948).

12. 考虑未来的事件会比考虑过去的事件产生更强烈的情绪，参见Caruso, Gilbert, and Wilson（2008）。例外可能发生在老年人身上，他们可能选择最积极的当前经历和过去的记忆来思考，从而最大限度地减少负面影响，同时利用有限的剩余时间好好地活在当下，从而保持快乐。see Carstensen and Charles (1998).

13. Redersdorff and Guimond (2006).

14. Weinstein (1980).

15. Gilbert and Wilson (2007); Wilson and Gilbert (2005).

16. Taylor (1991); Wilson and Gilbert (2008).

17. Gibbons and Gerrard (1995); Gibbons, Helweg-Larsen, and Gerrard (1995).根据Judith

Ouellette 和她同事 (2005) 的研究，未来的方向和想象可能的自我模仿了这些影响。

18. Sanitioso, Conway, and Brunot (2006).

19. Zell and Alicke (2009).

20. Gilbert et al. (2009).

21. Heider (1958).

22. Henagan and Bedeian (2009).

23. Exline and Lobel (1999).

24. 当然，除了"去男性化"的部分，这个思想实验同时适用于女性和男性。Powers (1972) appears in a wonderful meditation on the "pleasure and pain of social comparison" by Philip Brickman and Ronnie Janoff-Bulman (1977).

25. Exline and Lobel (1999) review dozens of studies that are relevant here.

26. Matina Horner（1972）描述了女性在成就和女性气质之间的冲突，但后来的学者将这种冲突解释为任何人，无论是男性还是女性，都需要在目标之间妥协（例如，在成就和友谊之间）；（参见Hyland 1989）或我们都对性别-角色不一致有所恐惧（Tresemer，1977）。然而，我们大多数人并不看重不计代价取得成功。

27. 例子来自Exline和Lobel（1999）——除了日本的工薪族，这些人的影响是我从与同事的个人交流中了解到的。

28. Exline and Lobel (1999, table 1).

29. Smith (1991).

30. 在这种情况下，恶性嫉妒不仅源于对方对我们的领域的侵犯，还源于我们随后对自己的失败和自卑的感觉。see Salovey and Rodin (1991).

31. James (1890/1983, 311).

32. Gibbons, Benbow, and Gerrard (1994); Johnson and Stapel (2007); Stapel and Johnson (2007). 我们自己的表现期望和文化对我们群体的刻板印象，会让我们退出无论如何都可能会失败的成就领域。On personal expectations, see Aronson and Carlsmith (1962); on cultural stereotypes, see Steele (1997).

33. Alicke et al. (1997).

34. Lockwood and Kunda (1997).

35. Collins (2000).

36. Wills (1981). For an update, see Buunk and Gibbons (2007).

37. Gibbons et al. (2002).

38. Aspinwall and Taylor (1993); Gibbons (1986); Wayment and Taylor (1995).

39. Bauer, Wrosch, and Jobin (2008).

40. Roese (1994).

41. 向下比较包括积极地寻找和贬低境况更差的人。（在重大威胁下，高自尊的人做得最多——这就是他们维持自尊的方式。）向下比较还包括被动地与境况较差的人接触。（自尊心低的人更常处于这种境地。）在这两种情况下，向下比较会让人感觉更好，正如他们所期望的那样。For details, see Gibbons and Boney-McCoy (1991); Gibbons and Gerrard (1989); Gibbons et al. (2002). See also Wheeler and Miyake (1992).

42. Lockwood (2002).

43. Buunk et al. (1990); Michinov (2001).

44. Epstude and Mussweiler (2009).

45. Michinov and Bavent (2001).

46. Aspinwall and Taylor (1992).

47. Wayment and Taylor (1995).

48. Myers and Crowther (2009).

49. van den Berg et al. (2007).

50. Trampe, Stapel, and Siero (2007).

51. Hobza et al. (2007).

52. van den Berg and Thompson (2007).

53. Lew et al. (2007).

54. Taylor and Lobel (1989).

55. Kulik and Mahler (2000).

56. Taylor, Lichtman, and Wood (1984); Wood, Taylor, and Lichtman (1985). Taylor (1989) 以及Taylor和Brown (1988)的研究都指出了积极幻想和极端妄想之间的界限。

57. Helgeson and Taylor (1993); Taylor et al. (1991).

58. Taylor et al. (2000).

59. Segerstrom and Sephton (2010).

60. Affleck et al. (1987).

61. Tennen and Affleck (1990).

62. Affleck et al. (1987).

63. For a recent review, see Lechner, Tennen, and Affleck (2009).

64. Affleck and Tennen (1991). 当然，这种结果也取决于他们对无法控制的事件是否有完全不合理的控制期望。

65. Schulz and Decker (1985).

66. Janoff-Bulman (1992).

67. Original: Dans l'adversité de nos meilleurs amis nous trouvons toujours quelque chose ne nous déplaist pas.

68. 另一种说法，也被认为是维达尔说的："每当一个朋友成功时，我内心的一些东西就会消失。"这两句话都在网上流传。My original source was Powers (1972).

69. Singleton and Vacca (2007).

70. Heider (1958, 287).

71. Tesser (1988); see Beach and Tesser (1995).

72. Tesser, Campbell, and Smith (1984).

73. Tesser and Paulhus (1983).

74. Tesser and Smith (1980).

75. Pemberton and Sedikides (2001).

76. Tesser, Pilkington, and McIntosh (1989).

77. Tesser, Millar, and Moore (1988).

78. 经典研究出自 Cialdini 等人 (1976)，但本研究聚焦于沉浸于群体中的成功，下一章将更详细地描述它。

79. Pinkus et al. (2008).

80. Lockwood et al. (2004).

81. Tesser et al. (2000).

82. Beach et al. (1998); Mendolia, Beach, and Tesser (1996); Pilkington, Tesser, and Stephens (1991).

83. Exline and Lobel (2001).

84. Beach et al. (2001); O'Mahen, Beach, and Tesser (2000).

85. Karney and Frye (2002).

86. Frye and Karney (2002).

87. Frye and Karney (2002).

88. Endo, Heine, and Lehman (2000).

89. Buunk et al. (1991).

90. Buunk et al. (1990).

91. For an early meditation, see Heider (1958, ch. 11); for a more recent one, see Alicke and Zell (2008).

92. Fiske (2010a).

93. Lindholm (2008).

94. Schwinghammer, Stapel, and Blanton (2006).

95. Stapel and Johnson (2007).

96. Aron et al. (1991); Aron et al. (2004).

97. Bertolt Brecht lyrics from the 1954 Marc Blitzstein translation of *The Threepenny Opera* [*Die Dreigroschenoper*], with music by Kurt Weill, first performed in Berlin, 1928.

98. 或许Carly Simon (1972) 的策略更好，她用歌曲《你真自负》（*You're So Vain*）以及歌词"你可能认为这首歌是关于你的吧"公开反击，并从中赚钱。

99. Jones and Pittman (1982).

第6章

1. Eisenberger, Lieberman, and Williams (2003).

2. Brewer (1991).

3. Hatfield, Cacioppo, and Rapson (1994).

4. Chartrand and Bargh (1999).

5. Gump and Kulik (1997).

6. Cherulnik et al. (2001); McHugo et al. (1985).

7. 可以肯定的是，美国人不像其他文化中的人那样循规蹈矩，甚至这种趋势在现在比20世纪50年代还不明显，但循规蹈矩仍然是群体生活的一个标志；see Bond and Smith (1996).

8. Crandall (1988).

9. Christakis and Fowler (2007); Smith and Christakis (2008).

10. Granovetter (1973).

11. Berkman et al. (2000).

12. Sacerdote (2001).

13. Leary et al. (1995).

14. Zadro, Williams, and Richardson (2004).

15. Baumeister and Leary (1995).

16. Leary (2007).

17. Spencer et al. (1998).

18. Fein and Spencer (1997); 可以肯定的是，人们似乎更重视提升自我而不是提升群体（至少个人主义的西方人是这样做的）。此外，在受到威胁时，高自尊的人（相对于低自尊的人）会更多地通过贬低外群体来保护自己；参见Crocker et al.（1987）。see Crocker et al. (1987). For a review, see Sedikides and Gregg (2008).

19. Knowles et al. (2010).

20. Marilynn Brewer and Wendi Gardner (1996) invented the technique. Diederik Stapel and Willem Koomen (2001) conducted the research described here.

21. Gordijn and Stapel (2006). 假设这一定是无意识的行为，因为人们不会故意降低他们的测试成绩。

22. For some of the original authors, see Tajfel (1974) and Turner et al. (1987). For recent overviews of intergroup context and bias, see Yzerbyt and Demoulin (2010) and Dovidio and Gaertner (2010). For a brief introduction, see Fiske (2010b, chapters 11 and 12).

23. See, for example, Zagefka and Brown (2005). 我们最有可能在评估自己的地位而非对一般人进行抽象判断时进行这种比较，这通常是与我们最相关的；see Miller, Turnbull, and McFarland (1988).

24. Zell and Alicke (2009).

25. Correll and Park (2005).

26. Cialdini et al. (1976).

27. Cialdini and De Nicholas (1989).

28. Crocker (1999).

29. Luhtanen and Crocker (1992).

30. Crocker and Luhtanen (1990).

31. Tennen, McKee, and Affleck (2000).

32. Finlay, Dinos, and Lyons (2001).

33. Mussweiler and Bodenhausen (2002).

34. Hall and Crisp (2008).

35. Moons et al. (2009); see also Cikara, Botvinick, and Fiske (2011), described later.

36. Smith, Seger, and Mackie (2007).

37. Campbell (1958).

38. Rothbart and Taylor (1992); Yzerbyt, Corneille, and Estrada (2001).

39. Hogg (2000).

40. Forsyth (2000).

41. Marx, Stapel, and Muller (2005).

42. Mussweiler, Gabriel, and Bodenhausen (2000).

43. Tajfel (1974, 70); see also Tajfel (1982) and Turner et al. (1987).

44. Buunk and Mussweiler (2001).

45. Wills (1981).

46. Dambrun, Guimond, and Taylor (2006); Garcia et al. (2006); Yzerbyt et al. (2006).

47. Bergsieker et al. (2010); Lee and Fiske (2006).

48. Bettencourt et al. (2001).

49. Brewer and Weber (1994); Lorenzi-Cioldi and Chatard (2006).

50. Scheepers et al. (2006).

51. Scheepers et al. (2006).

52. Ellemers, Spears, and Doosje (2002); Ellemers, Van Knippenberg, and Wilke (1990).

53. Verkuyten and Reijerse (2008). Granted, dual identity sometimes works; see Simon and Ruhs (2008).

54. Ellemers, Spears, and Doosje (1997); Ellemers et al. (1988); Ellemers, Van Knippenberg, and Wilke (1990).

55. Ellemers et al. (2004).

56. See, for example, Bettencourt et al. (2001); Brewer (1979); Mullen, Brown, and Smith (1992).

57. Verkuyten and Reijerse (2008).

58. Oldmeadow and Fiske (2010).

59. 第二项研究使用了研究能力和社区外展，得出了类似的结果。

60. Tausch, Kenworthy, and Hewstone (2007).

61. On women, see Glick and Fiske (1996); on African Americans, see Pinel, Long, and Crimin (2008).

62. Making this argument for poor people are Jost and Banaji (1994), Kay and Jost (2003), and Kay, Jost, and Young (2005); Glick and Fiske (1996) make this argument for women.

63. Fiske, Cuddy, and Glick (2007); Fiske et al. (2002).

64. Judd et al. (2005); Kervyn et al. (2009); Yzerbyt, Kervyn, and Judd (2008).

65. Asch (1946); Thorndike (1920).

66. Cuddy, Fiske, and Glick (2007).

67. 意大利北部的学生组成了两个内群体——受过良好教育的人和北方人；对于讲法语的比利时学生来说，内群体是居住在该地区的瓦隆人和天主教徒；参见Cuddy, Fiske, and Glick（2008）。对原西德学生来说，内群体是原西德人和知识分子；Eckes（2002）。其他欧洲样本、澳大利亚、新西兰和乌干达（一个非洲样本）也遵循同样的模式；see Durante et al. (2010).

68. Durante et al. (2010).

69. 东亚的数据与西方的内群体组和参照组的结果相比存在差异。三个亚洲样本将他们自己的社会参照群体和内群体降级到一个更温和、中等的位置，认为他们既有点热情又有点能力——不是最好的，但也不是最差的，这反映了一种支持谦虚的文化规范；参见Cuddy et al.（2009）。然而，马来西亚的样本看起来更像西方人喜欢的内群体；参见Durante et al.（2010）。在所有其他方面，亚洲样本与西方样本相似。

70. Cuddy, Fiske, and Glick (2007); on immigrants, see Lee and Fiske (2006).

71. Durante et al. (2010). 还有一些有趣的地方极端外群体：在墨西哥，有政客和"fresas"（衣着笔挺的预科生）；在智利有"口袋妖怪"（当地最新的青少年群体）；在澳大利亚，有男孩赛车手（飙车者）、情绪狂（过度焦虑的青少年自恋者）和哥特（充满敌意的朋克）。

72. Cuddy, Fiske, and Glick (2008). 一个有趣的例外是以色列，犹太受访者对88%的以色列群体持矛盾态度，而穆斯林则没有：所有人要么完全积极，要么完全消极。这种两极分化的反应也出现在另一个冲突地区——北爱尔兰，无论在新教徒还是天主教徒群体中都是如此；Durante et al.（2010）。也许尖锐的冲突只会产生好人和坏人，不会给矛盾心理留下任何空间。

73. Cuddy, Fiske, and Glick (2008); Durante et al. (2010). 在北半球的几个国家里，南方人显得热情而富有表现力；see Pennebaker, Rimé, and Blankenship (1996).

74. Faulkner (1936, 76). Reproduced with permission of Curtis Brown Group Ltd, London, on behalf of the Estate of William Faulkner. Copyright © 1936 The Estate of William Faulkner. From *Absalom, Absalom!* By William Faulkner. Copyright 1936 by William Faulkner. Copyright © 1964 by Estelle Faulkner and Jill Faulkner Summers. Used by permission of W. W. Norton & Company, Inc.

75. Cikara, Botvinick, and Fiske (2011).

76. Russell and Fiske (2008).

77. Harris, Cikara, and Fiske (2008). "supra-human"意味着高于人类，而"super-human"意味着更具人性。

78. Don Herzog（2000,237）讨论了两种轻蔑：和蔼可亲（同情）和讨厌（厌恶）。就目前的目的而言，他的两种轻蔑与我们的两种鄙视类似。

79. Russell and Fiske (2009).

80. Cuddy, Fiske, and Glick (2008).

81. Russell and Fiske (2008).

82. Cikara et al. (2010).

83. Cuddy, Fiske, and Glick (2007).

84. On the curvilinear finding, see Todorov, Baron, and Oosterhof (2008). On the approach-avoidance idea, and for a review, see Todorov et al. (2008).

85. Nesse (2010).

86. Caporael (1997).

87. Cuddy, Norton, and Fiske (2005).

88. Giles et al. (1994); Hummert et al. (1998); Nelson (2009); Williams and Giles (1998).

89. Martens et al. (2004).

90. Avolio and Barrett (1987).

91. Cleveland and Landy (1983); Liden, Stilwell, and Ferris (1996); McEvoy and Cascio (1989).

第7章

1. Andress (2005); Hardman (1993); Tackett (2003). 感谢我的女儿提出这个例子并确定这些参考文献。

2. Nietzsche (1887/1967).

3. Leach (2008).

4. Baumeister, Smart, and Boden (1996).

5. Brickman and Janoff-Bulman (1977).

6. Russell and Fiske (2008). 虽然第一项研究中公布的数据没有单独报道SAT和GPA结果，但这些数据很重要，可以从作者那里获得。这两项研究还表明，竞争的影响与地位无关，而是受网络游戏规则的影响，并且这些规则分别旨在鼓励合作（团队游戏）或竞争（赢者通吃）。在第一项研究中，正如预测的那样，参与者也期望竞争对手不那么友善。然后他们和虚构的搭档玩这个游戏，这个搭档被预先设定成模仿他们自己的反应，以牙还牙，创造一个自我实现的预言。如果参与者期望另一个人具有竞争性、自私自利，他们可以通过自己的游戏方式来实现这种模式。他们确实期望并体验到了竞争对手不那么热情。在一项后续研究中，参与者还体验了一个不那么热情、友好的人类竞争对手。

7. Yzerbyt et al. (1994).

8. 根据游戏类型，地位会使关系两极分化。具体来说，地位夸大了竞争的坏处和合作的好处。地位低的合作者认为他们的同伴特别合作，而地位低的竞争者认为他们的同伴的行为特别有竞争性。感知到的合作性在高地位竞争者和高地位合作者之间表现出相反的效应，但差异没有那么大。也许这种双向的夸大反应是因为地位低下使人们更有警惕性。另外，优越的地位可以让人们放松下来，做出更温和的判断。

9. Judd et al. (2005), Kervyn et al. (2009), and Yzerbyt, Kervyn, and Judd (2008), 如第6章所述，都表现了群体感知的这种补偿效应。它很少出现在个人身上，但比较的背景可能会把它引导出来。

10. Harris and Fiske (2006, 2009).

11. Fiske (2010a).

12. Erber and Fiske (1984).

13. Neuberg and Fiske (1987); Ruscher and Fiske (1990).

14. Ames and Fiske (2010).

15. Ruscher and Fiske (1990).

16. Izuma, Saito, and Sadato (2008).

17. Cuddy and Fiske (2002); Cuddy, Norton, and Fiske (2005).

18. North and Fiske (2010).

19. 具有讽刺意味的是，建立相对平等是有代价的：它削弱了人们对自己身份的自豪感和自身的独特性；see Brewer (1991) and Brickman and Janoff-Bulman (1977).

20. Lowndes (2008).

21. Formisano (2008, 2).

22. Michael Friedman, "Populism, Yea, Yea," in *Bloody Bloody Andrew Jackson,* book by Alex Timbers, music and lyrics by Michael Friedman. Premiered January 2008, Kirk Douglas Theatre, Los Angeles.

23. 也就是说，社会认同使群体内差异最小化，使群体间差异最大化（Yzerbyt and Demoulin，2010）。在对应外部的情况下，群体倾向于认为自己内部的人员更加相似，尽管平均而言，人们认为自己的群体比随机出现的外群体更多样化。

24. See, for example, Formisano (2008), Lowndes (2008), and, on a more psychological note, Sales (1973).

25. Beck (2009). 作者的释义，为了展示Beck的演讲风格而添加了强调。

26. Canovan (1999).

27. Frank Rich, "Hollywood's Brilliant Coda to America's Dark Year," *New York Times,* December 13, 2009, p. 9.

28. Dollard et al. (1939).

29. Nicholas Pastore（1952）最初提出了对挫折–攻击假说的修正，但情感领域的研究文献（例如，参见Roseman 1984）更普遍地将愤怒归类为由他人出于非正当原因故意造成的负面结果所引发的情绪。

30. Frank Rich, "Even Glenn Beck Is Right Twice a Day,"*New York Times,* September 20, 2009, p. 8.

31. Canovan (2002, 27; see also Canovan 1999).

32. Formisano (2008, 11).

33. Formisano (2008, 214).

34. Formisano (2008, 15).

35. Kazin (1998, 271).

36. Formisano (2008, 3).

37. Andrew Jackson, December 8, 1829, quoted in Brands (2005, 433).

38. Goodwin (2005).

39. Formisano (2008).

40. Kazin (1998, 283–84).

41. 请注意，不平等不同于贫困：不平等反映的是顶层和底层之间的差异，不同于总体平均水平。事实上，美国日益加剧的不平等来自收入分配最顶层者们的指数级增长，底层的工资则不同，后者的工资与其说下降不如说是停滞不前。

42. Wilkinson and Pickett (2009, 2010).

43. Wilkinson and Pickett (2009, 2010).

44. Acemoglu and Robinson (2007).

45. Blanden, Gregg, and Machin (2005).

46. Blanden, Gregg, and Macmillan (2007).

47. Durante et al. (2010).

48. Sapolsky (2004).

49. Fitzgerald (1920, 45). More recent generations continue to suffer at Ivy League schools; see Walter Kirn's 2009 memoir, *Lost in the Meritocracy: The Undereducation of an Overachiever.*

50. Fiske (2010a).

51. Nickerson et al. (2003).

52. Quoidbach et al. (2010).

53. Kahneman et al. (2006).

54. Krendl et al. (2006).

55. Mikulincer and Shaver (2010).

56. Batson et al. (1997); Batson et al. (2002).

57. Sevillano and Fiske (2010).

58. Salovey and Rodin (1988).

59. See, for example, Beck et al. (1979).

60. Exline and Zell (2008).

61. Alicke and Zell (2008).

62. James (1881/2001, 288).

63. van de Ven, Zeelenberg, and Pieters (2009).

64. Lockwood and Kunda (1997).

65. Clark and Lemay (2010).

66. Brickman and Janoff-Bulman (1977).

67. Heider (1958, chapter 11) formally analyzes these possibilities.

68. Parrott and Mosquera (2008).

69. Exline and Lobel (1999); Exline and Zell (2008).

70. Parks, Rumble, and Posey (2002).

71. Pilkington, Tesser, and Stephens (1991).

72. Parks, Rumble, and Posey (2002).

73. Parrott and Mosquera (2008).

74. Alicke and Zell (2008).

75. Hareli and Weiner (2000).

76. Alicke and Zell (2008); Lockwood and Kunda (1997).

77. Vandello, Goldschmied, and Richards (2007). 诚然，我是从这些数据中推断出对处于劣势的球队的看法的二元关系。

78. Aron et al. (1991).

79. Erickson (2004).

80. Exline and Zell (2008).

81. Spinoza, quoted in Heider (1958, 197).

82. Mussweiler (2003).

83. Parrott and Mosquera (2008).

84. van de Ven, Zeelenberg, and Pieters (2010).

85. Levine and Moreland (1998).

86. Hill and Buss (2006).

87. Anderson and Kilduff (2009).

88. Hardy and Van Vugt (2006).

89. Anderson et al. (2006).

90. Vecchio (1997, 2000, 2005).

91. Eagly and Johnson (1990); Eagly, Karau, and Makhijani (1995); Eagly, Makhijani, and Klonsky (1992).

92. Stephan and Stephan (1985).

93. Stephan and Finlay (1999).

94. Pettigrew and Tropp (2006, 2008); Tropp and Pettigrew (2005).

95. Turner et al. (2008).

96. Exline and Zell (2008, 326).

97. Dixon et al. (2010). 另见第6章回顾的"相对剥夺"文献。

98. For a classic, see Schoeck (1969/1986).

99. For a collection, see Jost, Kay, and Thorisdottir (2009).

脑 与 认 知

《重塑大脑，重塑人生》
作者：[美] 诺曼·道伊奇 译者：洪兰

神经可塑性领域的经典科普作品，讲述该领域科学家及患者有趣迷人的奇迹故事。
作者是四次获得加拿大国家杂志写作金奖、奥利弗·萨克斯之后最会讲故事的科学作家道伊奇博士。
果壳网创始人姬十三强力推荐，《最强大脑》科学评审魏坤琳、安人心智董事长阳志平倾情作序

《具身认知：身体如何影响思维和行为》
作者：[美] 西恩·贝洛克 译者：李盼

还以为是头脑在操纵身体？原来，你的身体也对头脑有巨大影响！这就是有趣又有用的"具身认知"！
一流脑科学专家、芝加哥大学心理学系教授西恩·贝洛克教你全面开发使用自己的身体和周围环境。
提升思维、促进学习、改善记忆、激发创造力、改善情绪、做出更好决策、理解他人、帮助孩子开发大脑

《元认知：改变大脑的顽固思维》
作者：[美] 大卫·迪绍夫 译者：陈舒

元认知是一种人类独有的思维能力，帮助你从问题中抽离出来，以旁观者的角度重新审视事件本身，问题往往迎刃而解。
每个人的元认知能力也是不同的，这影响了学习效率、人际关系、工作成绩等。
通过本书中提供的心理学知识和自助技巧，你可以获得高水平的元认知能力

《大脑是台时光机》
作者：[美] 迪恩·博南诺 译者：闫佳

关于时间感知的脑洞大开之作，横跨神经科学、心理学、哲学、数学、物理、生物等领域，打开你对世界的崭新认知。神经现实、酷炫脑、远读重洋、科幻世界、未来事务管理局、赛凡科幻空间、国家天文台屈艳博士联袂推荐

《思维转变：社交网络、游戏、搜索引擎如何影响大脑认知》
作者：[英] 苏珊·格林菲尔德 译者：张璐

数字技术如何影响我们的大脑和心智？怎样才能驾驭它们，而非成为它们的奴隶？很少有人能够像本书作者一样，从神经科学家的视角出发，给出一份兼具科学和智慧洞见的答案

更多>>>

《潜入大脑：认知与思维升级的100个奥秘》 作者：[英] 汤姆·斯塔福德 等 译者：陈能顺
《上脑与下脑：找到你的认知模式》 作者：[美] 斯蒂芬·M.科斯林 等 译者：方一云
《唤醒大脑：神经可塑性如何帮助大脑自我疗愈》 作者：[美] 诺曼·道伊奇 译者：闫佳

心理学大师经典作品

红书

原著：[瑞士] 荣格

寻找内在的自我：马斯洛谈幸福

作者：[美] 亚伯拉罕·马斯洛

抑郁症（原书第2版）

作者：[美] 阿伦·贝克

理性生活指南（原书第3版）

作者：[美] 阿尔伯特·埃利斯 罗伯特·A.哈珀

当尼采哭泣

作者：[美] 欧文·D.亚隆

多舛的生命：

正念疗愈帮你抚平压力、疼痛和创伤（原书第2版）

作者：[美] 乔恩·卡巴金

身体从未忘记：

心理创伤疗愈中的大脑、心智和身体

作者：[美] 巴塞尔·范德考克

部分心理学（原书第2版）

作者：[美] 理查德·C.施瓦茨 玛莎·斯威齐

风格感觉：21世纪写作指南

作者：[美] 史蒂芬·平克